2023

FOS · BOS 12

Fachabitur-Prüfungsaufgaben
mit Lösungen

Bayern

Pädagogik · Psychologie

STARK

22. ergänzte Auflage
www.stark-verlag.de

Inhaltsverzeichnis

Sobald die Original-Prüfungsaufgaben 2022 freigegeben sind, können Sie sie als PDF auf der Plattform MyStark herunterladen (Zugangscode vgl. Umschlaginnenseite)

Sollten nach dem Erscheinen dieses Bandes noch wichtige Änderungen in der Abiturprüfung 2023 vom Bayerischen Staatsministerium für Unterricht und Kultus bekannt gegeben werden, finden Sie aktuelle Informationen ebenfalls auf der Plattform MyStark.

Autorinnen

Barbara Becker	2014–2017
Eva Lachner	2014–2017
Christiane Köhler	2018–2022
Julia Schöne	2018–2022
Linda Kuhn	Übungsaufgaben

Vorwort

Liebe Schülerinnen und Schüler,

dieses Buch hilft Ihnen bei der Vorbereitung auf die **Abschlussprüfung zur Erlangung der Fachhochschulreife (Fachabitur)** im Fach Psychologie/Pädagogik in Bayern.

- Anhand der **Original-Prüfungsaufgaben** aus den Jahren **2014 bis 2022** können Sie realistisch die Prüfungssituation trainieren und optimieren. Ausformulierte **Lösungsvorschläge** mit **Tipps zur Bearbeitung** der Aufgaben geben Ihnen die Möglichkeit, Ihre eigenen Lösungen zu vergleichen und neue Impulse für Ihre Bearbeitung zu erhalten.
- Mit dem vorliegenden Band unterstützen wir Sie, Sicherheit im Umgang mit Prüfungsaufgaben zu erlangen, indem wir im Kapitel „**Hinweise und Tipps**" hilfreiche Informationen rund um die Prüfung kompakt zusammenfassen. Hier werden typische Fragestellungen und Tipps zur Herangehensweise und zur Darstellung Ihrer Ergebnisse angeführt. Sie können auch noch einmal genau nachlesen, wie die Prüfung abläuft, welche Themen vorkommen können und wie Sie sich am besten langfristig auf die Prüfung vorbereiten.
- **Übungsaufgaben** zu einzelnen Themengebieten mit Hinweisen zur Bearbeitung und ausformulierten Lösungsvorschlägen bieten Ihnen zusätzliches Übungsmaterial. Dabei handelt es sich um **einzelne Aufgabenstellungen** und nicht um vollständig nachempfundene Abituraufgaben.

Nun wünschen Verlag und Autorinnen Ihnen viel Erfolg bei Ihrer Fachabiturprüfung!

Stichwortverzeichnis 2014–2021

Hinweise und Tipps

Vor der Prüfung

- Bereiten Sie sich langfristig auf die Prüfung vor.
- Arbeiten Sie während des Schuljahres konzentriert mit und beteiligen Sie sich am Unterricht. Alles, was Sie während des Schuljahres schon sicher in Ihrem Langzeitgedächtnis speichern, müssen Sie vor der Prüfung nicht nachlernen.
- Üben Sie, mit der Zeitvorgabe für die Prüfung zurechtzukommen. Stellen Sie sich einen Wecker, damit Sie sehen, wie Sie mit der Zeit haushalten. Wenn Sie viel zu früh fertig sind, können Sie sich beim Entwickeln der Gliederung oder der Ausformulierung mehr Zeit lassen. Benötigen Sie mehr Zeit, prüfen Sie, an welcher Stelle Sie Zeit einsparen müssen.

Ablauf der Prüfung

- Die Abschlussprüfung zur Erlangung der Fachhochschulreife (Fachabitur) in Bayern können Sie am Ende der 12. Klasse der Beruflichen Oberschulen ablegen.
- Die schriftliche Prüfung dauert **180 Minuten**, also drei volle Zeitstunden.
- Sie müssen einen von zwei Aufgabenkomplexen (Aufgabe I oder II, davon ein Fallbeispiel) bearbeiten.
- Folgender inhaltlicher Hinweis gilt nur für die FOS: In jeder Aufgabe werden in einer der drei Teilaufgaben Themen der Klasse 11, in der anderen der drei Teilaufgaben Themen der Klasse 12 abgeprüft. Die dritte Teilaufgabe kann entweder Themen der Klasse 11 **oder** Klasse 12 behandeln. Somit werden in jeder Aufgabe tatsächlich Themen **beider Schuljahre** geprüft.
- Wenn Sie sich für **Aufgabenkomplex II** entscheiden, müssen Sie in die Bearbeitung der Aufgabe das beigefügte **Zusatzmaterial** einbinden[1].

1 Diese Regelung gilt seit Einführung des LehrplanPLUS, d. h. die Originalprüfungen 2014 – 2018 in diesem Band erfolgten noch ohne Zusatzmaterial.

1 In der Prüfung

- Lesen Sie die beiden Aufgabenstellungen genau durch und überlegen Sie, welche Aufgabe Ihnen mehr liegt. Schätzen Sie ab, zu welchem Themengebiet Sie über das meiste Fachwissen verfügen und welches Thema Sie mehr interessiert.
- Denken Sie die Aufgabe kurz bis zum Ende durch und entscheiden Sie sich nicht sofort. Überlegen Sie, ob Ihnen zu allen Aufgabenteilen etwas einfällt.
- Markieren Sie sich im Fallbeispiel relevante Aussagen oder Zeilen farbig. So finden Sie diese beim Ausformulieren Ihrer Antwort schneller wieder.
- Sie haben in der Abschlussprüfung nur das Medium der schriftlichen Sprache zur Verfügung. Ihre Ausführungen sollten daher in ganzen Sätzen und in möglichst klarer Struktur verfasst werden.
- Ihr Text sollte eindeutig sein und die Fachtermini beinhalten. Auf alltagspädagogische und alltagspsychologische Betrachtungsweisen sollten Sie verzichten.
- Verwenden Sie Beispiele nur im Zusammenhang mit der jeweiligen Theorie und erläutern Sie diese. Fachbegriffe sollten definiert und im Kontext der Fragestellung differenziert sowie umfassend und fachlich präzise dargestellt werden.
- Die Strukturierung Ihrer Lösung sowie deren Umfang sollte sich an der Aufgabenstellung und ihrer Gewichtung orientieren.
- Gewöhnlich wird bereits in Jahrgangsstufe 12 eine Bearbeitung der Aufgabe im „Reißverschlussverfahren“ empfohlen, da diese in Jahrgangsstufe 13 verpflichtend vorausgesetzt wird. Mit „Reißverschlussverfahren“ ist dabei die schrittweise Darlegung der Theorie mit der gleich darauffolgenden Anwendung der theoretischen Teilaspekte gemeint. Zum Teil kann es im Fachabitur jedoch sinnvoll erscheinen, Theorie und Anwendung nacheinander aufzuzeigen, um eine zusammenhängende Argumentation zu ermöglichen. In jedem Fall müssen beide Teile umfassend bearbeitet werden.

2 Aufgabenstellungen

Begriffsbestimmung

Hier wird von Ihnen verlangt, einen Begriff zu definieren und in seinen einzelnen Aspekten bzw. Merkmalen genau zu beschreiben. Weiterhin kann man diesen Begriff von anderen Begriffen abgrenzen. Es werden keine Unterschiede oder Gemeinsamkeiten verlangt, allerdings ist es sinnvoll, den definierten Begriff in den Gesamtzusammenhang der jeweiligen Theorie einzuordnen.

Beispiel: Bestimmen Sie den Begriff „Lernen“.

Beschreibung

Die Beschreibung als wichtiges Ziel der wissenschaftlichen Psychologie und Pädagogik meint, Beobachtbares, Messbares festzuhalten. Beschrieben werden können das

Erleben, Verhalten und Handeln eines Menschen sowie Situationen, Bedingungen und Ursachen, die ein bestimmtes Verhalten auslösen, und Persönlichkeitsmerkmale.
In der Prüfung ist bei der Beschreibung die differenzierte und genaue Wiedergabe eines Sachverhalts gefordert. Ihre Ausführungen sollen in eigenen Worten erfolgen. Häufig soll der Gegenstand der Beschreibung mit einem Beispiel erläutert werden.

Weitere **Fragestellungen**, die zum Leistungsbereich „Beschreibung" gehören und in der gleichen Fachsystematik zu bearbeiten sind:

- Erläutern Sie … (Beispiel: 2020, II/2)
- Zeigen Sie auf … (Beispiel: 2018, II/3)
- Stellen Sie … dar (Beispiel: 2014, II/1 b)
- Verdeutlichen Sie … (Beispiel: 2020, I/3)

Empfohlene Vorgehensweise:

- Schildern Sie das geforderte Merkmal, den Gegenstand oder Sachverhalt mithilfe Ihres Fachwissens genau.
- Führen Sie ein selbst gewähltes oder schon vorgegebenes Beispiel knapp aus und stellen Sie den Zusammenhang zum geforderten Fachwissen her.
- Erläutern Sie das zu bearbeitende Thema anhand des Beispiels.

Beispiel: Abschlussprüfung 2014, Aufgabe II/3
Beschreiben Sie – ausgehend von der in Teilaufgabe 1 dargestellten Person – ein günstiges Entwicklungsgeschehen.
Verdeutlichen Sie dabei zwei Entwicklungsbedingungen und deren Wechselwirkungen.

Erklärung

Erklären heißt für die wissenschaftliche Pädagogik und Psychologie, Beziehungen zwischen beschriebenen Merkmalen herzustellen, Ursachen und Wirkungszusammenhänge zu erkennen und daraus abgeleitete Gesetzmäßigkeiten zu formulieren. Diese Zusammenhänge zwischen Merkmalen dienen der Wissenschaft dazu, Annahmen über nicht beobachtbare Prozesse im Menschen gedanklich zu konstruieren. Die Pädagogik und Psychologie bezeichnen diese sinnvoll aufeinander bezogenen Annahmen über nicht beobachtbare Prozesse und Kräfte im Menschen, mit deren Hilfe eine Gesetzmäßigkeit erklärt wird, als Theorie.

Bei der Erklärung geht es darum, die Entstehung oder die Änderung von Erleben und Verhalten mithilfe einer Theorie deutlich zu machen. Dies kann nicht nur abstrakt erfolgen, sondern muss immer anhand des Fallbeispiels oder eines selbst gewählten Beispiels aufgezeigt werden.

Empfohlene Vorgehensweise:

- Stellen Sie die relevanten Annahmen, Gesetzmäßigkeiten und Fachtermini einer Theorie dar.

- Verdeutlichen Sie die in der Fragestellung geforderte Entstehung bzw. die Veränderung von Erleben und Verhalten mithilfe der Grundannahmen, Aussagen und Fachtermini dieser Theorie.
- Die Erklärung von Verhalten und Erleben kann abstrakt erfolgen (z. B. Entstehung einer psychischen Störung), oder anhand eines Fallbeispiels oder eines selbst gewählten Beispiels aufgezeigt werden.

Beispiel: Prüfungsaufgabe 2020, Aufgabe I/1
Erklären Sie Carlas Erleben und Verhalten mithilfe der Aufmerksamkeitsprozesse sowie zweier Erwartungshaltungen der sozial-kognitiven Theorie nach Bandura.

Anwendung

Ziel dieser Leistungsanforderung ist es,

a) **pädagogisches und psychologisches Fachwissen in konkreten Handlungssituationen anzuwenden.**
Ein Ziel der Pädagogik und Psychologie ist die Veränderung, d. h. dass das Erleben, Verhalten und Handeln eines Menschen bewusst, gezielt und geplant kontrolliert, beeinflusst und manipuliert wird. Diese Veränderung erfolgt durch die Anwendung pädagogischen/psychologischen Wissens.
Geht es um pädagogische oder psychologische Veränderungen des Erlebens und Verhaltens, sind folgende Fragestellungen denkbar:
   - Erklären Sie Carlas Erleben und Verhalten (ab Z. 22) mithilfe des Instanzenmodells nach Freud. Gehen Sie dabei auch auf einen Abwehrmechanismus ein. *(Beispiel: 2020, I/2)*
   - Zeigen Sie konkrete Möglichkeiten auf, wie Sozialpädagogen vorgehen können, damit Jugendliche umweltbewusst handeln. Beschränken Sie sich dabei auf den Schritt „Handlung" im Rahmen eines Handlungskonzeptes im Sinne der Einzelhilfe. *(Beispiel: 2018, II/3)*

b) **wissenschaftliche Erkenntnisse oder Aussagen an einem aussagekräftigen Beispiel darzustellen oder abzuleiten.**
An einem vorgegebenen oder selbst zu wählenden Beispiel sollen theoretische Erkenntnisse dargestellt oder erläutert werden.
Dies kann geschehen anhand
   - eines vorgegebenen Fallbeispiels *(Beispiel: 2020, II/2)* oder
   - am Beispiel einer konkreten sozialpädagogischen Einrichtung oder einer sozialen Situation: Erläutern Sie die drei Entwicklungsbedingungen anhand Kims Lebenssituation. Gehen Sie dabei auch auf das Zusammenwirken von zwei Entwicklungsbedingungen ein. *(Beispiel: 2021, II/3)*
   - Eine weitere Möglichkeit ist die Anwendung von Fachwissen an einem selbst gewählten Beispiel:
     Erklären Sie anhand eines geeigneten Beispiels mithilfe des Instanzenmodells der Persönlichkeit nach S. Freud, welche inneren Konflikte im Hinblick auf eine umweltfreundliche Lebensführung stattfinden können. Verdeutlichen Sie

in diesem Zusammenhang zwei Abwehrmechanismen anhand selbst gewählter Beispiele. (*Beispiel: 2018, II/2*)

Ein **selbst gewähltes Beispiel** soll für die darzustellende Situation aussagekräftig sein. Es sollte stets eine komplexe soziale Situation beinhalten (Interaktion). Es sollte bei der Auswahl des Beispiels darauf geachtet werden, dass die geforderten theoretischen Inhalte davon abgeleitet werden können.

Empfohlene Vorgehensweise:

- Stellen Sie wissenschaftliche Erkenntnisse und Theorien dar, die zur Bearbeitung der Frage notwendig sind.
- Stellen Sie Maßnahmen, Konsequenzen und Konzepte (Veränderungsvorschläge) dar.
- Begründen Sie Ihre Vorschläge mithilfe der wissenschaftlichen Erkenntnisse und Theorien.
- Wenn die Aufgabenstellung sich auf eine Einrichtung der Jugendhilfe bezieht, sollte diese Einrichtung als erstes kurz dargestellt werden.

Bei dieser Aufgabenstellung, bei der es um Anwendung von Wissen geht, wird die genaue differenzierte Anwendung und Begründung der Theorie höher bewertet als die darzustellende Theorie. Bei der Note „sehr gut" dürfen die angeführten Beispiele weder aus dem Lehrbuch noch dem Unterricht stammen. Die Theorie sollte vollständig dargestellt und das Beispiel eigenständig und aussagekräftig sein.

3 Inhalte der Prüfung

Die im Folgenden mit * gekennzeichneten Punkte sind nur Inhalt des FOS-Lehrplans.

Folgende Lernbereiche werden geprüft:

- ***Wesenszüge wissenschaftlicher Pädagogik und Psychologie begreifen***
  - Merkmale von wissenschaftlicher Theorie und Alltagstheorie
  - Gegenstand der Psychologie:
    Erleben, Verhalten und Handeln; Gegenstand der Pädagogik: Erziehungspraxis und -theorie
  - Prinzipien wissenschaftlichen Beschreibens und Erklärens

- ***Grundlagen des Erlebens, Verhaltens und Handelns analysieren, verstehen und anwenden***
  - Überblick über psychische Funktionen, Fähigkeiten (Kognition) und Kräfte (Emotion und Motivation)
  - **Wahrnehmung:**
    Begriff, dreistufiges Modell des Wahrnehmungsprozesses nach *Zimbardo*; Wahrnehmung als Konstruktionsprozess: biologische, psychologische und soziokulturelle Einflussfaktoren

- **Gedächtnis:**
  Begriff, Modell nach *Markowitsch* (Differenzierung des Kurzzeitgedächtnisses und der Langzeitspeicher sowie der Kontrollprozesse unter Berücksichtigung grundlegender neurobiologischer Aussagen)
- **Wissenserwerb** (elaboriertes Lernen, Lernstrategien)
- **Emotion:**
  Begriff, Komponenten, Angst als Beispiel für Emotion, Emotionsregulation
- **Motivation:**
  Motive, Motivationsprozess (Rubikon-Modell)
- Wechselwirkungen von Kognition, Emotion und Motivation am Beispiel des Zürcher-Ressourcen-Modells nach *Storch/Krause* (ZRM)

• ***Erziehungs- und Bildungsprozesse individuumsbezogen und verantwortlich gestalten***
  - **Merkmale von Erziehung**, wie beispielsweise:
    soziale Beziehung, emotionaler Bezug zwischen Pädagogin bzw. Pädagoge und Edukand, Fremdlernverhältnis, bewusste Zielvorgaben; Merkmale von Bildung, wie z. B. sozialer Prozess, mündiger Mensch, Selbst- und Fremdlernprozesse, individuelle Zielsetzungen
  - **übergreifendes Erziehungs- und Bildungsziel:**
    Selbst-, Sach- und Sozialkompetenz und Möglichkeiten der Umsetzung durch Erziehungs- und Bildungsmaßnahmen
  - **Dimensionen von Erziehungs- und Führungsstilen** (autoritär; laissez-faire; sozialintegrativ) nach *Tausch/Tausch*
  - **Aufgaben und Ziele** der Erziehungs- und Bildungsinstitution aus dem Bereich **Kindertageseinrichtung** (Förderbereiche laut Bayerischem Bildungs- und Erziehungsplan)
  - **Problemlagen** in der gewählten Erziehungs- und Bildungsinstitution

• ***Lernen als multidimensionalen und steuerbaren Prozess verstehen***
  - **Lernen:**
    Begriff, Abgrenzung von Reifung und anderen Einflussfaktoren
  - **klassisches Konditionieren:**
    Konditionierungsprozess und weitere relevante Begriffe (Reizgeneralisierung, Löschung, systematische Desensibilisierung und Gegenkonditionierung, Konditionierung erster und höherer Ordnung)
  - **operantes Konditionieren:**
    Versuch und Irrtum (Lernbegriff und Lerngesetze nach *Thorndike*); Verstärkungslernen nach *Skinner* (grundlegende Annahmen, Kontingenzschema, Verstärkerarten, Relativität von Verstärkern, kontinuierlicher und intermittierender Einsatz der Verstärkung, Löschung, differenzielle Verstärkung, Shaping)
  - **sozialkognitive Theorie** (nach *Bandura* u. a.):
    Phasen und Teilprozesse, Effekte
  - **Selbstwirksamkeit** nach *Bandura*:
    Erwartungshaltungen, Selbstbewertung, Selbstregulation

– **kognitionspsychologische Betrachtung des Lernens:**
  kognitive Wende (Leitgedanken des Kognitivismus)
– **Medien als Einflussfaktor für Lernprozesse** auf der Basis einer Lerntheorie

- ***Entwicklung als lebensumfassenden, multifaktoriell beeinflussten Prozess begreifen und pädagogisch gestalten***
  – Merkmale des **Begriffs Entwicklung**
  – **Bedingungen der Entwicklung:**
    Anlage, Umwelt, Selbststeuerung und deren Wechselwirkungsprozesse
  – **psychoanalytische Entwicklungstheorie nach *Freud*:**
    topografisches Modell, Trieblehre, psychosexuelle und Persönlichkeitsentwicklung (Instanzenmodell), Abwehr als Ich-Funktion zur Bewältigung von Angst (Verdrängung, Projektion, Fixierung, Regression, Identifikation); kritische Würdigung des Erklärungswertes der psychoanalytischen Theorie, z. B. mangelnde empirische Überprüfbarkeit der psychosexuellen Entwicklung
  – **sozialemotionale Entwicklung:**
    Bindungsbegriff und Phasen der Bindungsentwicklung, Bindungstypologie, primäre und sekundäre Bindungsbeziehungen (Jugend und Erwachsenenalter nach *Ahnert*), frühpädagogische Überlegungen zur Förderung gelungener Bindung
  – **typische Entwicklungsanforderungen** in der Lebensspanne *(Baltes)* aus einem der folgenden Bereiche:
    Jugend, ca. 11 bis 18 Jahre (z. B. Herausbildung der sozialen Fähigkeiten des moralischen Urteilens in den Kontexten von Freundeskreis und Bildungsinstitutionen), frühes Erwachsenenalter, ca. 18 bis 28 Jahre (z. B. Entfaltung der personalen Struktur von Selbst und Persönlichkeit)
  – **Vulnerabilität und Resilienz:**
    Schutzfaktoren, wie z. B. soziale Unterstützung, positive Peerkontakte, Selbstwertgefühl und Selbstwirksamkeitserwartungen

- ***Persönlichkeit und Identität beschreiben, erklären und reflektieren***
  – Begriff **Persönlichkeitspsychologie**, zentrale Merkmale des Begriffs Persönlichkeit (Stabilität, Veränderbarkeit, Einzigartigkeit)
  – **Persönlichkeitsstruktur:**
    Persönlichkeitseigenschaften und Verhaltensdispositionen („Big Five“ nach *Costa*, *McCrae*, Auszüge aus Persönlichkeitsinventaren)
  – **personenzentrierte Theorie nach *Rogers*:**
    Aktualisierungstendenz, Selbstaktualisierung, organismischer Bewertungsprozess, Bewertungsbedingungen, Selbst, Selbstkonzept (Real- und Idealselbst), Kongruenzen und Inkongruenzen (zwischen Selbstkonzept und Erfahrung sowie Ideal- und Realselbst), Wahrnehmungsverzerrung und Wahrnehmungsverleugnung, Selbstachtung
  – **sozial-kognitive Theorie nach *Bandura*:**
    Überzeugungen, Selbstwirksamkeits-, Ergebnis- und Kompetenzerwartungen, Selbstregulation (Self-Evaluative- und Self-Efficacy-Mechanismen)

- **Identitätsfindung:**
  Begriff Identität, Identitätsmodell nach *Marcia* (diffuse Identität, übernommene Identität, Moratorium, erarbeitete Identität) an einem Beispiel aus dem Jugendalter, wie z. B. sexuelle, ethnische oder berufliche Identität

- ***Aufgaben und Arbeitsfelder Sozialer Arbeit professionell einordnen***
  - **Aufgabenbereiche Sozialer Arbeit:** Sozialhilfe, Gesundheits- und Altenhilfe, Kinder- und Jugendhilfe
  - **verhaltensorientiertes Konzept** im Sinne der Einzelhilfe auf der Grundlage einer geeigneten Lerntheorie; Schritte des Vorgehens: Analyse, Planung, Verhaltensmodifikation, Evaluation
  - Annahmen und Begriffe des **Life-Models** nach *Germain/Gitterman*:
    Ökologie, Transaktion, Anpassung, Habitat, Nische, Lebens-Stress, Coping, Ressourcen
  - * **lebensweltorientierte Soziale Arbeit** nach *Thiersch*:
    Begriff Lebenswelt, Dimensionen der Analyse der Lebenswelt: erfahrene Zeit, erfahrener Raum, soziale Bezüge, Bewältigungsaufgaben, Hilfe zur Selbsthilfe, gesellschaftliche Bedingungen, Struktur- und Handlungsmaximen Sozialer Arbeit (Prävention, Alltagsnähe, Regionalisierung/Dezentralisierung, Integration, Partizipation, Vernetzung)

- ***In sozialen Beziehungen empathisch und zielführend kommunizieren und interagieren***
  - Begriffe **soziale Kommunikation** und **soziale Interaktion**; Organon-Modell nach *Bühler*
  - Grundlagen der **Kommunikationstheorie** nach *Watzlawick* und Mitarbeitern
  - **Entstehen von Kommunikationsstörungen** beim:
    1. Axiom (Abweisung, widerwillige Annahme, Entwertung, Symptom als Kommunikation);
    2. Axiom (Uneinigkeit auf der Inhalts-, oder Beziehungsebene, Konfusion zwischen den beiden Aspekten, unterschiedliche Ich- und Du-Definitionen, Beziehungsblindheit);
    3. Axiom (widersprüchliche Interpunktion von Ereignisabfolgen, selbsterfüllende Prophezeiung, Ausüben von Druck und Zwang);
    4. Axiom (Mehrdeutigkeit von digitaler und analoger Modalität, Überwiegen einer Modalität, Nicht-Übereinstimmung von digitaler und analoger Modalität);
    5. Axiom (symmetrische Eskalation, starre Komplementarität)
  - **gelungene Kommunikation** auf der Grundlage der Kommunikationstheorie nach *Watzlawick* und Mitarbeitern
  - **Kommunikationstechniken:**
    Metakommunikation, Ich-Botschaften, aktives Zuhören, Feedback
  - * **Besonderheiten und Missverständnisse in der Kommunikation aufgrund von kulturspezifischen Unterschieden**, wie beispielsweise:
    Werte und Normen (u. a. Gleichbehandlung der Frau), sprachliche Besonderheiten (unterschiedliche verbale und nonverbale Codes), Aussehen, Kultur in Sprache (u. a. Begrüßungsrituale, Körperkontakt, Nähe und Distanz)

*– **Besonderheiten** des Kommunikationsverlaufs bei der Nutzung von **digitalen Medien**, z. B. von Internetforen, sozialen Netzwerken, Chatrooms
*– **mögliche Gefährdungen**, z. B. Datenmissbrauch, Missbrauch der Anonymität (Cybermobbing), Vernachlässigen realer Beziehungen

Nach der Prüfung

Bewertung

- Die Besonderheit des Fachs Pädagogik/Psychologie liegt darin, dass die inhaltlichen und methodischen Freiräume und Interpretationsspielräume für die Lehrkräfte im Rahmen der gültigen Lehrpläne größer sind als in Fächern wie Mathematik oder Englisch. Aus diesem Grund gibt es auch bislang zu den Abschlussprüfungen im Fach Pädagogik/Psychologie keine verbindlichen Lösungen von der zuständigen Prüfungskommission, sondern lediglich unverbindliche Erwartungshorizonte. Aus diesem Grund gibt es zu den Abschlussprüfungen in Pädagogik/Psychologie zwar verbindliche Vorgaben für die Erwartungshorizonte, aber dennoch Spielraum für leichte inhaltliche Abweichungen und Schwerpunktsetzungen der jeweiligen Schule. Die Bewertungskriterien sind für alle Lehrkräfte festgelegt, deren Umsetzung und Veranschaulichung mit Hilfe von Bewertungsbögen weicht aber zwischen den einzelnen Schulen ab.
- Auch bei den Bewertungskriterien gibt es keine für alle Lehrkräfte verbindlichen Vorgaben. Es werden unterschiedliche Bewertungsbögen verwendet. Folgende Kriterien müssen bei der Bewertung der Abschlussprüfung allerdings von allen Lehrern berücksichtigt werden.

  1. Qualität der Darstellung
  Verlangt wird immer eine sinnvolle Struktur ohne explizite Gliederung. Außerdem wird die Erfassung der Aufgabenstellung, das themenbezogene Arbeiten und die aufgabenorientierte Gewichtung beurteilt. Des Weiteren sollte die sprachliche Gestaltung der Arbeit berücksichtigt werden.

  2. Qualität der Kenntnisse
  Dieses Kriterium fordert sachgerechte Begriffsbestimmungen, die korrekte Verwendung und Anwendung von Fachtermini sowie die umfassende und richtige Darstellung von wissenschaftlichen Erkenntnissen und Lehrmeinungen.

  3. Qualität der Anwendung
  Hier wird die konsequente Anwendung von Fachkenntnissen auf geforderte Bereiche bewertet, z. B. die Veranschaulichung fachlicher Aspekte an geeigneten Beispielen oder die umfassende Beweisführung am Fallbeispiel.
  Ferner wird das Erkennen von Ursache-Wirkungs-Zusammenhängen, also die wissenschaftliche Erklärung und Begründung, bewertet. Gefordert sein kann außerdem das sogenannte Konzepte-Denken. Und schließlich spielt auch die Ausführlichkeit der fachlichen Argumentation eine Rolle, also ihre Quantität.
  Zur Qualität der Anwendung in Aufgabe II zählt auch das aufgabenbezogene und sinnhafte Integrieren des Zusatzmaterials.

Im Idealfall wird eine Prüfungsarbeit allen drei Kriterien gerecht. Folgende Gewichtung ist festgelegt: Darstellung einfach, Theorie doppelt und Anwendung dreifach. Aus den obenstehenden Ausführungen wird aber ersichtlich, dass der Schwerpunkt auf der Qualität der Anwendung liegen sollte.
Es ist sehr hilfreich, wenn Ihnen die jeweiligen Bewertungskriterien, die der Benotung durch Ihren Lehrer zugrunde liegen, bekannt sind. Oftmals wird die letzte Schulaufgabe vor der Fachabiturprüfung bereits auf der Basis der dann geltenden Kriterien benotet, damit Sie Ihren aktuellen Leistungsstand realistisch einschätzen können.

Bayern – FOS ▪ BOS 12 ▪ Pädagogik/Psychologie
Übungsaufgabe 1: Pädagogische Mündigkeit (11. Klasse)

Text Projektwoche in der Grundschule

Sie absolvieren Ihr pädagogisches Praktikum im Hort einer Grundschule. Gerade führen Sie und Ihre Anleiterin mit den Kindern der Klasse 3a eine Projektwoche zum Thema „Gesunde Ernährung" durch. Im Rahmen dieser Projektwoche werden verschiedene Aktionen durchgeführt, zum Beispiel ein Besuch auf dem lokalen Bauernmarkt.

Gemeinsam mit der Klasse und Ihrer Anleiterin fahren Sie mit den öffentlichen Verkehrsmitteln zum Bauernmarkt. Dort werden die Kinder dann in zwei Gruppen eingeteilt, um als Team gemeinsam Quizfragen zum Thema „Gemüse und Obst" zu beantworten. Dazu müssen sie über den Bauernmarkt laufen, verschiedene Stände und deren Waren genauer betrachten sowie den Markthändlerinnen und Markthändlern Fragen stellen. Die Gruppe, die zuerst das Lösungswort herausfindet, erhält als Belohnung einen frisch gepressten Saft.

Sie bekommen von Ihrer Anleiterin die Aufgabe, eine der beiden Gruppen in einer beobachtenden Rolle zu begleiten. Ihnen fällt auf, dass sich einige Kinder, die auch im Unterricht sehr still sind, während der gesamten Arbeitszeit im Hintergrund aufhalten und sich nicht trauen, eine Frage zu stellen. Das ist auch kaum möglich, da es innerhalb der Gruppe Kinder gibt, die sich selbst als „Anführer*in" bezeichnen und sich sehr eifrig am Quiz beteiligen, da sie gerne den Saft haben möchten. Sie lassen die anderen Gruppenmitglieder kaum zu Wort kommen und Diskussionen um die richtige Antwort werden von ihnen nicht zugelassen.

Als die gegnerische Gruppe am Ende das Lösungswort schneller herausfindet und somit die Belohnung bekommt, kommt es zu einem Gerangel. „Das ist alles so unfair", schreien die „Anführer*innen" der Verlierergruppe, rennen auf die Kinder der Gewinnergruppe zu, schubsen diese und beschimpfen Ihre Anleiterin.

Aufgabenstellung

Verdeutlichen Sie, ausgehend von den Kindern der Klasse 3a und dem Besuch auf dem Bauernmarkt, die Kompetenzbereiche der pädagogischen Mündigkeit anhand von jeweils zwei passenden Qualifikationen.

Lösungsvorschlag

TIPP

In der Aufgabe wird erwartet, dass Sie je zwei Qualifikationen der Kompetenzbereiche der pädagogischen Mündigkeit am Fallbeispiel anwenden. Definieren Sie zuerst den **Begriff der pädagogischen Mündigkeit**. Erläutern Sie anschließend die **drei Kompetenzbereiche** und geben Sie zunächst zu jedem Bereich einen Überblick über die **Qualifikationen**, indem Sie exemplarisch einige aufzählen. Entscheiden Sie sich für die Anwendung nun für je **zwei Qualifikationen pro Kompetenzbereich**, die im Fallbeispiel besonders deutlich werden. Geben Sie in der Anwendung die konkreten Textbezüge anhand von Zeilenangaben an. Bei der Bearbeitung des Fallbeispiels haben Sie zwei Möglichkeiten: Entweder legen Sie die fachwissenschaftlichen Kenntnisse zunächst vollständig dar und beziehen diese dann auf das Fallbeispiel oder Sie erläutern die fachwissenschaftlichen Kenntnisse einzeln und beziehen sie dann direkt auf das Fallbeispiel.

Einleitung

Der Begriff der „Mündigkeit“ stammt ursprünglich aus der Rechtslehre, worunter zum Beispiel die Fähigkeit fällt, eigene Rechtsgeschäfte abschließen zu können. Neben der Rechtslehre befasst sich auch die Pädagogik mit der sogenannten **„pädagogischen Mündigkeit“**, die als **oberstes Erziehungsziel** angesehen wird. Diese gliedert sich in **drei Kompetenzbereiche**, die im Folgenden erläutert werden. Anschließend wird die Förderung aller drei Kompetenzbereiche anhand jeweils einer auf das Fallbeispiel passenden Qualifikation dargestellt.

Relevante Theorie

Mündigkeit als pädagogische Zielvorstellung ist als ein Prozess zu verstehen, der lebenslanges Um- und Weiterlernen vom Menschen erfordert. Er meint die Bereitschaft und Fähigkeit eines Menschen, das eigene und das soziale Leben sowie die Sachwelt bewältigen zu können.

In der Definition von pädagogischer Mündigkeit wird deutlich, dass diese drei Kompetenzen umfasst: Die **Sozialkompetenz** meint die **Fähigkeit im Umgang mit anderen Menschen**. Sie umfasst alle Fähigkeiten, um das soziale Leben zum einen in Einrichtungen und Organisationen (z. B. Familie, Schule, Praktikum) und zum anderen in Beziehungen (z. B. Freundeskreis, Partner*in) bewältigen zu können.
Die **Fähigkeit, mit sich und seinem Leben umgehen zu können**, wird als **Selbstkompetenz** bezeichnet. Sie umfasst die Gestaltung des eigenen Lebens, das Zurechtkommen mit sich selbst, die Selbstbestimmung sowie die Übernahme von Verantwortung für das eigene Handeln.
Unter **Sachkompetenz** versteht man die **Fähigkeit im Umgang mit der dinglichen Welt**. Sie umfasst alle Fähigkeiten, die für die Bewältigung der Sachwelt (z. B. in Beruf, Politik, Umwelt) erforderlich sind. Zur Sachkompetenz gehört auch das Streben

nach einer größtmöglichen Übereinstimmung von Mensch und Umwelt, um weder Mensch noch Umwelt zu zerstören.

Da die pädagogische Mündigkeit als oberstes Erziehungsziel gilt, ist eine Konkretisierung der Kompetenzbereiche erforderlich, damit man diese im erzieherischen Alltag umsetzen und fördern kann. Aus diesem Grund gibt es zu jedem der drei genannten Kompetenzbereiche verschiedene **Qualifikationen**, die ein mündiger Mensch besitzen sollte. Exemplarisch sind das bei der Selbstkompetenz beispielsweise die Qualifikationen Zuverlässigkeit und Zielstrebigkeit; bei der Sozialkompetenz zählen dazu die Qualifikationen der Teamfähigkeit und Kommunikation; die Sachkompetenz befasst sich mit berufsübergreifenden Kenntnissen und der Problemlösefähigkeit.

Anwendung auf das Fallbeispiel – Darstellung der Kompetenzbereiche anhand von zwei passenden Qualifikationen

Der Besuch auf dem Bauernmarkt spricht bei den Kindern der Klasse 3a alle drei Kompetenzbereiche der pädagogischen Mündigkeit an.

Im Rahmen der **Selbstkompetenz** werden die **Qualifikationen „Zielstrebigkeit und Umgang mit Niederlagen“** gefördert.

Um die Quizfragen zu beantworten, müssen die Kinder als Team über den Bauernmarkt laufen, Stände und deren Waren betrachten und den Markthändlerinnen und Markthändlern Fragen zu ihren Produkten stellen (vgl. Z. 7 ff.). Als Belohnung erhält die Gruppe, die zuerst das Lösungswort herausfindet, einen frisch gepressten Saft (vgl. Z. 10 ff.). Mit diesem Ziel vor Augen sind die Kinder motivierter und ihre **Zielstrebigkeit** wird angesprochen. Es wird deutlich, dass einige Kinder bereits sehr fokussiert auf das Ziel sind, sich eifrig am Quiz beteiligen und sehr auf die Belohnung fixiert sind (vgl. Z. 16 ff.).

Zudem müssen die Kinder auch lernen, mit einer möglichen Niederlage umzugehen und sich selbst zu beherrschen. Nur die Gruppe, die das Lösungswort zuerst ermittelt, erhält die angekündigte Belohnung in Form eines frisch gepressten Saftes (vgl. Z. 10 ff.). Dementsprechend muss die Gruppe, die das Quiz nicht gewinnt, lernen, **mit der Niederlage umzugehen**. Dass diese Qualifikation noch nicht bei allen Kindern vorhanden ist, zeigt sich darin, dass einige Kinder der Verlierergruppe nach Beendigung des Quiz zu schreien beginnen, andere Kinder schubsen und die Anleiterin beschimpfen (vgl. Z. 21 ff.).

Die **Qualifikationen Teamfähigkeit und kommunikative Fähigkeiten** werden im Rahmen der **Sozialkompetenz** angesprochen.

Beim Lösen des Quiz wird die **Teamfähigkeit** der Kinder durch das gemeinsame Handeln in der Gruppe gestärkt. Die Kinder müssen für die Lösung gemeinsam die Fragen beantworten, indem sie als Team über den Markt laufen, die Waren betrachten und über die passenden Antworten diskutieren (vgl. Z. 7 ff. und Z. 19 f.). Es ist erkennbar, dass bei einigen Kindern die Teamfähigkeit noch einem Förderbedarf unterliegt, da sie sich als Anführer*in sehen, andere Kinder nicht zu Wort kommen lassen und auch keine Diskussionen um die richtigen Antworten zulassen (vgl. Z. 18 ff.).

Die **kommunikativen Fähigkeiten** der Kinder werden gestärkt, da sie, um an das Lösungswort zu gelangen, mit den Markthändlerinnen und Markthändlern reden und ihnen Fragen stellen müssen (vgl. Z. 9 f.). Zudem müssen sie gemeinsam als Team die

Quizfragen beantworten, was ein gemeinsames Diskutieren um die richtigen Lösungen impliziert (vgl. Z. 8 f.). Die Kinder, die bereits im Unterricht als still aufgefallen sind, beteiligen sich auch nicht am Quiz, da sie sich nicht trauen, eine Frage zu stellen (vgl. Z. 14 f.). Daraus ergibt sich, dass die kommunikativen Fähigkeiten dieser Kinder noch weiter gefördert werden müssen.

Im Rahmen der **Sachkompetenz** werden die Qualifikationen **Umgang mit der Sachwelt** und Kenntnisse über ein ganz bestimmtes Thema erworben.
Die Kinder der Klasse 3a nutzen die **öffentlichen Verkehrsmittel der Stadt**, um den lokalen Bauernmarkt zu erreichen (vgl. Z. 6 f.). Die Sachkompetenz beschreibt die Fähigkeit zum Umgang mit der dinglichen Welt, wozu auch die Fortbewegung mit öffentlichen Verkehrsmitteln zählt. Durch die Nutzung der öffentlichen Verkehrsmittel lernen die Kinder, sich mit diesen auseinanderzusetzen und diese adäquat zu nutzen. Außerdem wird den Kindern dadurch auch umweltbewusstes Handeln vorgelebt.
Der Besuch auf dem Bauernmarkt, bei dem die Kinder sich im Rahmen eines Quiz mit **verschiedenen Obst- und Gemüsesorten** auseinandersetzen müssen (vgl. Z. 8), erweitert ihre Kenntnisse auf diesem Themengebiet. Eingebettet ist der Besuch in eine Projektwoche zum Thema „**Gesunde Ernährung**" (vgl. Z. 2 f.). Man kann also davon ausgehen, dass die Kinder auch im Unterricht weitere Informationen zu diesem Themengebiet erhalten und so ihre Allgemeinbildung erweitern werden.

Text — Erzieherisches Verhalten

Vor Beginn des ersten pädagogischen Praktikums absolvieren Sie einen Schnuppertag in einem Kindergarten und beobachten dabei die Erzieherin Julia. Diese erarbeitet gerade mit einer Gruppe von Vorschulkindern eine Theateraufführung für das anstehende Sommerfest.

Zu Beginn der Probe erklärt Julia den Kindern, dass heute eine Kulisse aus großen Pappkartons gebastelt wird. Dazu fasst sie noch einmal kurz die Handlung des Theaterstückes zusammen und fragt anschließend die Kinder, welche Kulisse sich eignen würde. Die Kinder diskutieren untereinander und Julia sammelt die verschiedenen Vorschläge. Anschließend stimmen die Kinder ab; die Mehrheit entscheidet sich dafür, eine große Ritterburg auf die vorbereiteten Kartons zu malen. Motiviert holen die Kinder Wasserfarben, geraten dann jedoch schnell in einen Streit darüber, wie die Ritterburg aussehen soll. Julia gibt ihnen den Tipp, in Bilderbüchern nach Ideen zu suchen. Daraufhin holen sich die Kinder verschiedene Bücher, einigen sich auf eine Ritterburg und fangen dann konzentriert an, diese zunächst mit Bleistift auf die Kartons zu skizzieren. Währenddessen fallen den Kindern immer wieder neue Ideen ein, die sie in ihre Zeichnung einfließen lassen. Dann betrachten die Kinder stolz ihr Werk und klatschen sich zufrieden ab.

Ihnen fällt auf, dass der 5-jährige Finn beim Ausmalen immer wieder über den Rand der Skizze malt. Er zeigt seinen Frust deutlich, indem er lauthals zu weinen beginnt. Julia geht auf ihn zu, erklärt ihm, worauf er beim Ausmalen achten soll, und zeigt es ihm, indem sie den Pinsel mit ihm gemeinsam führt. Als Julia am Nachmittag die schöne Ritterburg lobt, strahlen alle Kinder über das ganze Gesicht.

Aufgabenstellung

Benennen und beschreiben Sie den Erziehungsstil der Erzieherin Julia und zeigen Sie jeweils eine Auswirkung dieses Erziehungsstils auf das Arbeits- und Sozialverhalten der Kinder auf.

Lösungsvorschlag

TIPP

In der Aufgabe wird erwartet, dass Sie den im Fallbeispiel dargestellten Erziehungsstil erkennen sowie Auswirkungen auf das Sozial- und Arbeitsverhalten der Kinder beschreiben. Definieren Sie zuerst den **Begriff Erziehungsstil**. Nennen Sie anschließend die **drei Führungsstile nach Lewin** und beschreiben Sie ausführlich die **fachwissenschaftliche Theorie** zum hier relevanten demokratischen Führungsstil (dieser wird von der Erzieherin Julia angewandt). Stellen Sie dann allgemein die Auswirkungen auf das Arbeits- und Sozialverhalten demokratisch geführter Kinder dar. Wenden Sie den demokratischen Führungsstil und die Auswirkungen nun auf das Fallbeispiel an. Geben Sie in der Anwendung die konkreten Textbezüge anhand von Zeilenangaben an. Bei der Bearbeitung des Fallbeispiels haben Sie zwei Möglichkeiten: Entweder legen Sie die fachwissenschaftlichen Kenntnisse zunächst vollständig dar und beziehen diese dann auf das Fallbeispiel oder Sie erläutern die fachwissenschaftlichen Kenntnisse einzeln und beziehen sie dann direkt auf das Fallbeispiel.

Einleitung

Erziehung spielt sich immer zwischen Erzieherinnen bzw. Erziehern und zu Erziehenden ab, wobei Erzieher*innen bei zu Erziehenden bestimmte **Lernprozesse** herbeiführen und unterstützen wollen. Erzieher*innen verfolgen dabei verschiedene **Erziehungsziele**. Um diese bei úu Erziehenden zu erreichen, treten Erzieher*innen ihnen gegenüber in einer bestimmten Art und Weise auf. Es handelt sich dabei um den Erziehungsstil, der im Folgenden näher erläutert und am Fallbeispiel dargestellt wird.

Relevante Theorie

Unter einem **Erziehungsstil** versteht man alle **Verhaltensweisen**, die Erzieher*innen gegenüber zu Erziehenden zeigen. Diese Verhaltensweisen lassen sich zu einer typischen erzieherischen Grundhaltung zusammenfassen und ergeben den für den Erzieher bzw. die Erzieherin charakteristischen Erziehungsstil.

Einer der ersten Forscher im Bereich der Erziehungsstile war **Kurt Lewin**, der sich mit der Auswirkung von Führungsstilen auf Kinder befasste. In seinen Experimenten bildete Lewin mehrere Gruppen von Kindern, deren erwachsene Leitende jeweils einen unterschiedlichen Führungsstil hatten. Die Kinder trafen sich mehrere Monate lang regelmäßig mit ihren Leitenden zu Bastel- und Werkarbeiten. Dabei wurde alles genau protokolliert. Lewin unterschied danach den **laissez-fairen, autoritären und demokratischen Führungs- bzw. Erziehungsstil** und beobachtete unterschiedliche Auswirkungen.

Der **demokratische (oder auch sozialintegrative) Führungsstil**, der im Fallbeispiel vorliegt, zeichnet sich durch eine hohe Wertschätzung und durch viel Verständnis des bzw. der Leitenden gegenüber den Kindern aus. Er bzw. sie gibt seiner bzw. ihrer

Gruppe einen Überblick über die Gesamtaufgabe und über das Ziel, das erreicht werden soll. Alle wichtigen Entscheidungen über das Vorgehen und die Arbeitsweise werden in der Gruppe diskutiert; es tragen somit alle gemeinsam die Verantwortung für das Ergebnis. Haben die Kinder beim Erledigen der Aufgaben Schwierigkeiten, dann bietet der bzw. die Leitende mehrere Lösungsmöglichkeiten an, aus denen die Kinder frei wählen können. Dies regt die Kinder zur eigenen Problemlösung an und ermutigt sie, weiterzuarbeiten. Die Lenkung beschränkt sich somit auf ein mittleres Maß. Bei persönlichen Problemen ist der bzw. die Leitende eine Ansprechperson für die Kinder. Lob und Kritik werden sachbezogen und nicht personenbezogen vergeben. Demokratisch geführte Kinder zeigen sich in ihrem **Arbeitsverhalten** besonders kreativ und spontan, die Arbeitsergebnisse sind gut und die Atmosphäre ist entspannt. Im **Sozialverhalten** der Kinder kann man erkennen, dass sie sich gegenseitig unterstützen, ihre Arbeiten wertschätzen und sie zufrieden und ausgeglichen wirken.

Anwendung auf das Fallbeispiel – Darstellung des Erziehungsstils der Erzieherin Julia und die Auswirkungen auf das Arbeits- und Sozialverhalten der Kinder

Die Erzieherin Julia zeigt einen **demokratischen Erziehungsstil**.

Zu Beginn der Probe für das Theaterstück gibt Julia den Kindern einen Überblick über das Tagesziel, indem sie zunächst das Theaterstück für die Kinder noch einmal zusammenfasst und ihnen dann erklärt, dass sie heute an einer Kulisse arbeiten werden (vgl. Z. 5 ff.). Am Nachmittag lobt Julia das Arbeitsergebnis, die entstandene Ritterburg, der Kinder (vgl. Z. 21 f.), was einem sachbezogenen Lob entspricht und womit sie der Arbeit der Kinder eine hohe Wertschätzung entgegenbringt.

Als die Kinder in einen Streit über das Aussehen der Ritterburg geraten (vgl. Z. 11 f.), gibt Julia ihnen den Hinweis, sich Anregungen in Büchern zu holen (vgl. Z. 12 f.). Julia bietet den Kindern dadurch eine Lösungsmöglichkeit für das aufgetretene Problem an, entscheidet aber nicht über den Kopf der Kinder hinweg, sondern lässt sie eigenständig an einer Lösung arbeiten. Das ermutigt die Kinder zur Weiterarbeit, denn sie vergleichen selbstständig verschiedene Burgen in den Büchern, einigen sich auf eine Vorlage und beginnen dann zu zeichnen (vgl. Z. 13 ff.).

Als Finn beim Ausmalen auf Probleme stößt und frustriert anfängt zu weinen (vgl. Z. 18 ff.), erklärt und zeigt Julia ihm die richtige Pinselführung (vgl. Z. 20 f.). Auch an dieser Stelle zeigt sich nochmals ihre Unterstützung und Ermutigung bei auftretenden Problemen.

In der Gruppendynamik lässt sich erkennen, dass alle gemeinsam an der Kulisse arbeiten und kein Kind sich in den Mittelpunkt drängt. Die Kinder entscheiden gemeinsam, indem sie über eine passende Kulisse diskutieren und sich dann per Abstimmung darauf einigen, dass die perfekte Kulisse für ihr Theaterstück eine Ritterburg sein soll (vgl. Z. 8 ff.). Als kurz darauf ein Streit über das Aussehen ausbricht, regt Julia die Kinder zu einer Lösung des Problems an und nach dem Sichten verschiedener Bücher einigen sie sich auf ihre favorisierte Ritterburg (vgl. Z. 10 ff.). Das gemeinsame Vorgehen der Kinder zur Erreichung eines Ergebnisses wird hier ein zweites Mal deutlich. Während des Skizzierens sind die Kinder konzentriert bei der Sache (vgl. Z. 14 f.) und sie haben noch weitere Ideen, die sie integrieren (vgl. Z. 15 f.). Die Kinder erzielen

durch Julias Unterstützung gute und kreative Arbeitsergebnisse, die sie aus eigener Kraft erreicht haben.
Im Rahmen ihres Sozialverhaltens schätzen die Kinder, neben dem Lob, das sie von Julia erhalten (vgl. Z. 21 f.), ihr Arbeitsergebnis auch untereinander, indem sie nach Fertigstellung der skizzierten Ritterburg diese stolz betrachten und sich gegenseitig abklatschen (vgl. Z. 16 f.). Sie sind zufrieden mit ihrer Ritterburg (vgl. Z. 17), was sich auch noch einmal an ihren freudigen Gesichtern am Ende des Nachmittags zeigt (vgl. Z. 21 f.).

Bayern – FOS ▪ BOS 12 ▪ Pädagogik/Psychologie

Übungsaufgabe 3: Bindungstheorie (12. Klasse)

Text **Abschied vom Praktikum**

Sie absolvieren gerade Ihr erstes pädagogisches Praktikum an einer Grundschule. Das Schulhalbjahr neigt sich dem Ende und damit auch Ihre Praktikumszeit. Die Lehrer*innen und Kinder bereiten Ihnen an Ihrem letzten Tag einen schönen Abschied.

Paul ist Schüler der Klasse 2b, in der Sie hauptsächlich eingesetzt waren. Am Nachmittag wird er von seiner Mutter abgeholt, die noch einige persönliche Dankesworte an Sie richtet:

„Vielen Dank für Ihr großartiges Engagement während des Praktikums. Seit Sie Paul im Unterricht helfen, versteht er die Matheaufgaben so viel besser. Paul erzählt zu Hause mit einem Strahlen im Gesicht immer sehr viel von Ihnen, sowohl von Ihrer Unterstützung im Unterricht als auch von Ihrem aktiven Einsatz vor Beginn des Unterrichts und in den Pausen. Er tobt so gerne mit Ihnen und seinen Klassenkameraden und Klassenkameradinnen über den Schulhof. Jeden Morgen beim Frühstück kann er es kaum erwarten in die Schule zu gehen, um vor dem Unterricht noch mit Ihnen eine Geschichte zu lesen oder ein Spiel zu spielen. Ich bin oft bis spätabends im Büro oder manchmal auch gleich für mehrere Tage beruflich unterwegs, weswegen ich generell nur wenig Zeit für Paul habe. Meine Karriere war mir schon immer sehr wichtig, sodass ich schon kurz nach Pauls Geburt wieder viel und lange gearbeitet habe. Nach Feierabend hatte ich nur wenig Lust, meine sehr begrenzte freie Zeit noch damit zu verbringen, meinen Sohn wegen Kleinigkeiten zu trösten, für ihn zu kochen oder ihn zu bespaßen. Wenn jetzt im Büro mal etwas Luft ist und ich dadurch mal Zeit habe, um mit ihm zu spielen, dann reagiert er komisch.“

Auf Ihre Nachfrage, ob sie schon einmal mit Paul über sein Verhalten gesprochen habe, antwortet seine Mutter: „Nein. Immer wenn ich das Gespräch mit ihm suche, dann wirkt er sehr ablehnend und geht in sein Zimmer. Umarmungen sind meist einseitig, denn Paul windet sich gewöhnlich sofort aus meinen Armen und weist mich damit zurück. Ein ähnliches Verhalten zeigt er auch, wenn ich mich zu einer Geschäftsreise verabschiede: Er wirkt dann total cool, als würde es ihm gar nichts ausmachen, dass ich gehe. Entsprechend beachtet Paul mich auch kaum, wenn ich wieder zurückkomme. Die Zeit mit Ihnen scheint ihm besser zu gefallen als die Zeit mit seiner Mutter.“

Aufgabenstellung

Bestimmen Sie Pauls Bindungstyp gegenüber seiner Mutter und begründen Sie Ihre Wahl mit den fachlich relevanten Aussagen der Bindungstheorie.

TIPP

In der Aufgabe wird erwartet, dass Sie den im Fallbeispiel dargestellten Bindungstyp erkennen. Definieren Sie zunächst den **Begriff „Bindung"** und zeigen Sie dann auf, wie sich eine Bezugsperson verhalten muss, um zu einer Bindungsperson zu werden, und wann diese vom Kind aufgesucht wird. Erläutern Sie anschließend den für die Aufgabe relevanten **Bindungstyp** (Verhalten und Ursache) und wenden Sie diesen auf das **Fallbeispiel** an. Geben Sie in der Anwendung die konkreten Textbezüge anhand von Zeilenangaben an. Bei der Bearbeitung des Fallbeispiels haben Sie zwei Möglichkeiten: Entweder legen Sie die fachwissenschaftlichen Kenntnisse zunächst vollständig dar und beziehen diese dann auf das Fallbeispiel oder Sie erläutern die fachwissenschaftlichen Kenntnisse einzeln und beziehen sie dann direkt auf das Fallbeispiel.

Einleitung

Wenn ein Säugling zur Welt kommt, benötigt er die Hilfe anderer Menschen, um zu überleben, er ist sozusagen auf die Unterstützung einer Bezugsperson angewiesen. Durch adäquates Verhalten dieser Person baut das Kind eine Bindung zu ihr auf. Dies ist wiederum Voraussetzung für eine gesunde psychische, emotionale und soziale Entwicklung des Kindes.
Die Bindungstheorie, die auf **John Bowlby** und **Mary Ainsworth** zurückgeht, wird im Folgenden erläutert und auf das vorliegende Fallbeispiel angewandt.

Relevante Theorie

Eine **Bindung** ist eine besonders enge, relativ dauerhafte und stark emotionale Beziehung zwischen einem Kind und der Bindungsperson, die das Kind betreut.
Generell kann jede Betreuungsperson zu einer **Bindungsperson** werden und auch mehrere Bindungspersonen sind möglich (z. B. Mutter, Vater, Großeltern, Erzieher*in). Eine Bindung zwischen einem Kind und einer Betreuungsperson ist nicht sofort vorhanden, sondern muss erst aufgebaut werden. Dabei wird zwischen **primären und sekundären Bindungsbeziehungen** unterschieden. **Primäre Bindungen** entwickelt ein Säugling in den ersten Lebensmonaten zu den Personen, die in intensivem Kontakt zu ihm stehen. In der Regel ist das v. a. die Mutter. Die Qualität der primären Bindung ist besonders wichtig für die weitere Entwicklung, denn damit wird der Grundstein für das spätere Bindungs- und Sozialverhalten in anderen zwischenmenschlichen Beziehungen gelegt. **Sekundäre Bindungen** entstehen im Laufe der weiteren kindlichen bzw. jugendlichen Entwicklung zu einem ausgeweiteten Personenkreis, wozu beispielsweise Vater, Großeltern, Geschwister, Freunde, Erzieher*innen und Lehrer*innen zählen.
Von großer Bedeutung für den Aufbau einer sicheren Bindung ist die emotionale und physische Verfügbarkeit der Bindungsperson. Indem die Betreuungsperson **feinfühlig**

auf die Signale des Kindes reagiert, bauen sich Vertrauen und damit eine sichere Bindung auf. Die **Feinfühligkeit** einer Betreuungsperson umfasst Wahrnehmung und anschließend richtiges Interpretieren der kindlichen Signale, indem die dahinterliegenden Bedürfnisse des Kindes erkannt werden. Es ist dabei besonders wichtig, dass sich die Betreuungsperson den erkannten Bedürfnissen entsprechend verhält und diese zeitnah und angemessen befriedigt.

Die Bindungsperson wird für das Kind zu einem „**sicheren Hafen**", von dem aus das Kind **explorieren** (z. B. die Welt erkunden) kann und zu dem es auch bei Unsicherheit und Gefahr jederzeit **zurückkehren** kann, um Schutz und Trost zu suchen und schließlich zu erfahren. Folglich ergibt sich daraus, dass die Bindungsperson einerseits Ausgangspunkt für kindliches Explorationsverhalten ist und andererseits Zufluchtsort für kindliche Momente der Angst und Unsicherheit.

Das Bindungs- und das Explorationsverhalten, die beide zu den Grundbedürfnissen von Kleinkindern zählen, stehen in einer wechselseitigen Abhängigkeit. Die **Bindungs-Explorations-Balance** besagt, dass ein Wohlbefinden beim Kind für das Explorieren des Kindes sorgt und damit gleichzeitig das Bindungsverhalten, also das Aufsuchen der Bindungsperson (Zufluchtsort) in den Hintergrund rückt. In belastenden oder beängstigenden Situationen verhält sich diese Balance umgekehrt: Das Explorationsverhalten des Kindes tritt in den Hintergrund und die Bindungsperson wird aktiv aufgesucht.

Das Bindungs- und Explorationsverhalten von Kindern ist unterschiedlich ausgeprägt und spiegelt sich in den **vier Bindungstypen** wider, die von **Mary Ainsworth** festgesetzt wurden. Diese Bindungstypen leitete Ainsworth aus ihren Beobachtungen der Mütter und Kinder her, die an ihrem „strange situation test" zur Messung der Qualität von Bindungen teilgenommen haben. Sie unterschied dabei den **sicheren**, **unsicher-vermeidenden**, **unsicher-ambivalenten** und **desorganisierten Bindungstyp**.

Der **unsicher-vermeidende Bindungstyp** reagiert beim Zurückkehren der Bindungsperson nach einer Trennung zurückhaltend auf diese, beachtet sie nicht und wendet sich sogar aktiv von ihr ab bzw. entfernt sich. Nach außen erscheinen diese Kinder stabil und „cool", wenn sie sich in Trennungssituationen von der Bindungsperson befinden, jedoch ist genau das Gegenteil der Fall: Bei **Trennung von ihrer Bindungsperson** stehen unsicher-vermeidend gebundene Kinder unter einem hohen Stresslevel. Kinder, die diesem Bindungstyp entsprechen, haben schon früh gelernt, ihre Signale zu verbergen und sich nichts anmerken zu lassen. Es ist möglich, dass sie Körperkontakt zulassen, jedoch findet kein klammerndes Verhalten gegenüber der Bindungsperson statt. Die **Ursache** für die Herausbildung eines solchen Bindungstyps liegt im Verhalten der Bindungsperson, denn diese hat auf kindliche Signale wie Weinen oder Schreien oder auf die Äußerung von Bedürfnissen eher mit Ablehnung und Zurückweisung anstatt mit Feinfühligkeit und Verlässlichkeit reagiert. Dadurch wurde dem Kind früh gezeigt, dass es mit stressigen Situationen allein zurechtkommen muss und sich nicht auf die Unterstützung der Bindungsperson verlassen kann. Auch Körperkontakt, Nähe und somit Schutz und Trost werden dem Kind nicht gegeben.

Anwendung auf das Fallbeispiel – Darstellung von Pauls Bindungstyp gegenüber seiner Mutter

Paul gehört zum **unsicher-vermeidenden Bindungstyp**, was deutlich an Pauls Verhalten in **Situationen der Trennung** von seiner Mutter und deren Rückkehr erkennbar ist. Seine Mutter ist manchmal für mehrere Tage beruflich unterwegs (vgl. Z. 14 f.). Wenn sie sich zu einer Geschäftsreise verabschiedet, dann wirkt er „total cool" (Z. 27). Die Trennung von seiner Mutter scheint ihn nicht zu stören (vgl. Z. 27), woraus sich schließen lässt, dass er in Trennungssituationen nach außen stabil erscheint. Bei ihrer Rückkehr beachtet Paul seine Mutter kaum (vgl. Z. 28 f.), was auch ein Anzeichen für das Vorliegen des unsicher-vermeidenden Bindungstyps ist.

Pauls unsicher-vermeidende Verhaltensweisen zeigen sich jedoch nicht nur in Trennungs- und Rückkehrsituationen, sondern auch in seinem **alltäglichen Verhalten** gegenüber seiner Mutter. Ihre Gesprächsversuche über sein komisches Verhalten (vgl. Z. 22 f.) lehnt er ab, indem er in sein Zimmer geht (vgl. Z. 23 f.) und damit signalisiert, dass er die Kommunikation nicht möchte. Zudem lässt Paul keinen Körperkontakt mit seiner Mutter zu, denn er wendet sich immer sofort von ihren Umarmungen ab, wenn diese einen Versuch der Annäherung an ihren Sohn unternimmt (vgl. Z. 25 f.).

Die Ursache für Pauls Bindungstyp liegt im Verhalten der Mutter, denn sie reagierte in der Vergangenheit wenig feinfühlig und nicht verlässlich auf die Signale ihres Kindes wie beispielsweise das kindliche Bedürfnis nach Aufmerksamkeit und Zuwendung. Die Karriere war ihr immer wichtig, weshalb sie bereits kurz nach Pauls Geburt wieder lange im Büro gearbeitet hat (vgl. Z. 16 f.). Ihre begrenzte Freizeit wollte sie nicht damit verbringen, Pauls Bedürfnisse zu befriedigen, indem sie beispielsweise für ihn kochte oder sich mit ihm beschäftigte (vgl. Z. 18 f.). Auch Zuneigung und Körperkontakt hat Paul von seiner Mutter aufgrund ihrer begrenzten freien Zeit kaum erfahren, da sie ihn nicht wegen jeder Kleinigkeit trösten wollte (vgl. Z. 19).

Übungsaufgabe 4: Kommunikation (12. Klasse)

Text — Streit in der WG

Nachdem Sie Ihr Abitur in der Tasche haben, beginnen Sie zum Wintersemester Ihr Studium an der Universität in Berlin. Sie freuen sich über den Neubeginn weit weg von zu Hause, auch wenn Sie dafür Freunde und Familie zurücklassen müssen. Um in Berlin schnell Anschluss zu finden, entscheiden Sie sich für den Einzug in eine Studenten-WG. Nach langer Suche finden Sie ein Zimmer. Mit Ihrem Mitbewohner Timo und Ihrer Mitbewohnerin Lisa verstehen Sie sich sehr gut, am Abend kochen Sie regelmäßig gemeinsam oder erkunden die Stadt. Sie sind glücklich über die gute Stimmung in der WG und dass Sie so schnell zwei neue Freunde gewinnen konnten.

Einige Wochen nach Beginn des Semesters wird Ihre Laune zunehmend schlechter. Die hohen Anforderungen und der zeitliche Druck beim Lernen lösen starken Stress bei Ihnen aus.

Am Freitagmorgen treffen Sie beim Kaffeekochen auf Ihre Mitbewohnerin Lisa.

LISA: „Gut, dass ich dich endlich mal sehe! Du hast die ganze Woche noch nicht einmal die Küche aufgeräumt! Weißt du eigentlich, dass du an der Reihe bist mit Küchendienst?"

SIE (mit verdrehten Augen): „Ja …"

LISA (vorwurfsvoll): „Mann, das sieht alles so ekelhaft hier aus … kein einziger Teller ist mehr sauber!"

SIE (genervt): „Geh mir nicht auf die Nerven. Ich mache das nach dem Frühstück, jetzt brauche ich erst mal Kaffee zum Wachwerden."

LISA (wütend): „Nach dem Frühstück? Das kann ja noch ewig dauern! Und ob das dann wirklich passiert, ist ja auch eher fragwürdig. In letzter Zeit lässt du stark nach mit deinem Engagement fürs Putzen und gehst nach der Uni immer direkt in dein Zimmer. Auch bei lange geplanten Unternehmungen zu dritt lässt du uns im Stich. Ich frage mich echt, warum Timo und ich uns damals im WG-Casting für dich entschieden haben … Ist dein Zimmer eigentlich auch so dreckig? Hast du uns etwa angelogen und bist gar nicht so ordentlich und gesellig, wie du uns erzählt hast?"

Sie befüllen eine Tasse mit Kaffee und Milch.

LISA (schreit): „Antworte mir! Wenn du nämlich weiterhin so unzuverlässig bist, dann werde ich mit Timo reden und dich aus der WG werfen!"

Sie nehmen die Tasse und stürmen aus der Küche.

Aufgabenstellung

Weisen Sie auf dem ersten Axiom nach Watzlawick zwei Störungen der Kommunikation zwischen Ihnen und Ihrer Mitbewohnerin Lisa nach. Beziehen Sie in Ihre Ausführungen auch das unten angeführte Zusatzmaterial (Bild) mit ein.

Zeigen Sie anschließend mit einer Ich-Botschaft auf, wie Lisa das Gespräch erfolgreich hätte lösen können.

Zusatzmaterial

© *Shutterstock*

Lösungsvorschlag

TIPP

In der Aufgabe wird erwartet, dass Sie die im Fallbeispiel dargestellte **gestörte Kommunikation auf dem ersten Axiom** nach Watzlawick erkennen, das **Zusatzmaterial** in Form eines Bildes in Ihre Ausführungen einbeziehen und dann eine Ich-Botschaft als **Mittel zur erfolgreichen Kommunikation** formulieren.
Erläutern Sie hierfür zunächst das **erste Axiom nach Watzlawick** und alle **Möglichkeiten einer Störung** auf diesem Axiom, die eine **nicht erfolgreiche Kommunikation** begünstigen. Aus den verschiedenen Optionen zur erfolgreichen Kommunikation beschreiben Sie dann die **Ich-Botschaft** explizit, indem Sie erst auf die **Vorteile** bei der Nutzung in einem Gespräch eingehen und anschließend die **vier Bausteine zur Formulierung** einer Ich-Botschaft erklären.
Für die Anwendung beginnen Sie mit der Beschreibung des **Zusatzmaterials als Ausgangspunkt für die Störungen** auf dem ersten Axiom. Ausgehend von der im Bild dargestellten Störung belegen Sie danach sowohl **diese als auch eine weitere Störung** auf dem ersten Axiom im Fallbeispiel. Beziehen Sie sich dabei auf konkrete Textbezüge anhand von Zeilenangaben. Formulieren Sie anschließend eine Ich-Botschaft, mit der Lisa ihr Anliegen im dargestellten Konflikt **erfolgreich** hätte kommunizieren können.
In der abschließenden Rückführung weisen Sie darauf hin, dass die Kommunikation zwischen Ihnen und Lisa in diesem Konflikt **nicht erfolgreich ist** und mit Anwendung der **Ich-Botschaft als Methode gelungener Kommunikation erfolgreich** verlaufen könnte.

Einleitung

Ein Axiom ist ein Grundsatz, der keines Beweises bedarf. Die fünf Axiome der Kommunikation, die Paul Watzlawick und seine Mitarbeitenden aufgestellt haben, beinhalten Annahmen zur Kommunikation. Im Rahmen jedes dieser Axiome werden Bedingungen beschrieben, unter denen die Kommunikation erfolgreich oder gestört verlaufen kann.
In der folgenden Arbeit werden das erste Axiom der Kommunikation von Watzlawick und die erweiterte Ich-Botschaft als ein Mittel erfolgreicher Kommunikation näher erläutert und auf die Fallsituation angewendet.

Relevante Theorie

„**Man kann nicht nicht kommunizieren**." Das ist das erste Axiom nach Watzlawick und es verbindet soziale Kommunikation mit dem Verhalten eines Menschen. **Soziale Kommunikation** benötigt mindestens zwei Personen und meint die Vermittlung, die Aufnahme und den Austausch von Informationen zwischen den beteiligten Personen. Der Mensch muss sich bewusst darüber sein, dass er in Gegenwart anderer Menschen immer kommuniziert, denn in sozialen Situationen hat jegliches Verhalten einen Mitteilungscharakter. Das heißt, Kommunikation findet nicht nur durch den Einsatz von

Worten statt (= **verbale Kommunikation**), sondern auch durch Gestik, Mimik, Blicke und/oder Körperhaltungen (= **nonverbale Kommunikation**).
Im Allgemeinen spricht man von **erfolgreicher Kommunikation**, wenn die Gesprächspartner*innen ihr gesetztes Kommunikationsziel erreichen. Entsprechend dem ersten Axiom ist eine Kommunikation dann erfolgreich, wenn alle Gesprächsteilnehmer*innen sich der Tatsache bewusst sind, dass in **jeder sozialen Situation** eine **Kommunikation** stattfindet, sowohl **verbal als auch nonverbal**. Des Weiteren tragen aktives Zuhören, Ausredenlassen des anderen und Eingehen auf die Aussagen des Gegenübers ebenfalls dazu bei, dass Kommunikation erfolgreich verläuft. Eine Beschäftigung mit anderen Gegenständen wie dem Smartphone sollte unterlassen werden, denn diese Geste signalisiert dem Gesprächspartner bzw. der Gesprächspartnerin Desinteresse und lässt die Kommunikation nicht erfolgreich verlaufen. Wenn ein Gesprächspartner bzw. eine Gesprächspartnerin aus verschiedenen Gründen im Moment keine Kommunikation führen kann (z. B. Eile oder schlechte Stimmung), dann sollte er bzw. sie dieses Bedürfnis klar ausdrücken und das Gespräch auf einen späteren Zeitpunkt verschieben.
Verstößt ein Gesprächspartner bzw. eine Gesprächspartnerin gegen den Grundsatz, dass man nicht nicht kommunizieren kann, dann treten **Störungen in der Kommunikation** auf. Diese ist somit nicht erfolgreich, da das gesetzte Ziel der Gesprächspartner*innen nicht erreicht wird.
Störungen treten auf, wenn ein Gesprächspartner bzw. eine Gesprächspartnerindie **Kommunikation ignoriert**, indem beispielsweise keine Antwort gegeben oder nicht auf die Aussage des Gegenübers eingegangen wird. Durch Aussagen wie *„mit dir rede ich nicht"* oder eine vom Gesprächspartner bzw. von der Gesprächspartnerin abgewandte und verschlossene Körperhaltung wird dem Gegenüber signalisiert, dass der **Kommunikationsversuch nicht angenommen, also abgewiesen** wird.
Wird die Kommunikation mit **Widerwillen** angenommen, führt das ebenfalls nicht zu einem erfolgreichen Verlauf. Wurde die Kommunikation angenommen, dann kann einer bzw. eine der Gesprächspartner*innen diese **einseitig beenden**, indem er bzw. sie beispielsweise die Gesprächssituation verlässt oder verbal verkündet, dass *„es jetzt mit dem Gespräch genug sei"*. Auch eine **Flucht in Symptome** wie Kopfschmerzen, Müdigkeit oder Unwohlsein kann die Kommunikation einseitig beenden.
Werden die Informationen des Gesprächspartners bzw. der Gesprächspartnerin nicht ernst genommen, abgewertet oder ist man nicht bei der Sache, dann spricht man von einer **Entwertung der Aussagen**, was ebenfalls zu einer gestörten Kommunikation führen kann. Das häufige Zurücknehmen von Aussagen durch Phrasen wie *„das habe ich so nicht gesagt"* oder *„war nicht so wichtig"* hinterlässt beim Gesprächspartner bzw. bei der Gesprächspartnerin das Gefühl, dass die Kommunikation nicht wichtig genommen wird, was wiederum eine Störung zur Folge hat.

Es gibt verschiedene Möglichkeiten, um erfolgreich miteinander zu kommunizieren und um auftretende Störungen in der Kommunikation zu beheben. Eine Möglichkeit ist das Nutzen von **Ich-Botschaften**, worunter man das **Ausdrücken von persönlichen Gefühlen, Bedürfnissen und Empfindungen** versteht. Durch das Anwenden von Ich-Botschaften erkennt der Gesprächspartner bzw. die Gesprächspartnerin ohne

Interpretation des Gesagten, was in einem vorgeht, und er kann dementsprechend reagieren. Der Sender einer Ich-Botschaft wird sich über seine eigenen Gefühle und Bedürfnisse bewusst, wodurch es dem Gesprächspartner bzw. der Gesprächspartnerin sehr leicht möglich ist, sich Klarheit über die Beziehung zu verschaffen. Anders als bei einer angreifend wirkenden Du-Botschaft hat der Empfänger bei einer Ich-Botschaft nicht das Bedürfnis, sich verteidigen oder verschließen zu müssen. Ein offenes, klärendes Gespräch ohne Störungen ist folglich möglich.
Bei der Formulierung einer Ich-Botschaft muss auf vier grundlegende Bausteine geachtet werden, die in der folgenden Reihenfolge anzuwenden sind: Zunächst benennt die Person die Sache oder Gegebenheit, um die es geht, ohne sie zu bewerten. Das bezeichnet man als **Sachaussage**. Anschließend folgt die **Gefühlsaussage**, bei der die Person beschreibt, wie es ihr mit der Situation geht oder ergangen ist. Bei der **Aussage über die Auswirkungen** beschreibt die Person, welche Folgen sich ergeben, was die Situation für sie bedeutet und was ihr wichtig ist. Zuletzt wird eine **Wunschaussage** formuliert. Hierbei äußert die Person einen Wunsch über die Veränderung der Situation, sodass diese für beide Gesprächspartner*innen akzeptabel wird.

Einbezug des Zusatzmaterials
Auf dem Bild kann man zwei Personen erkennen: Der Mann im Vordergrund sitzt vor einer Tasse, hat eine verschlossene Körperhaltung und zeigt einen genervten Gesichtsausdruck. Die stehende Frau im Hintergrund redet auf ihn ein. Dabei ist sie ihm sehr nahe, sieht ihn direkt und eindringlich an. Es erweckt den Eindruck, als sei sie wütend, was man sowohl an ihrer Mimik als auch an ihrer Gestik erkennen kann, denn sie scheint ihr Gesagtes mit Handbewegungen zu unterstützen.
Die Bildbeschreibung dient als Ausgangspunkt für eine Störung der Kommunikation auf dem ersten Axiom.

Anwendung mit Einbezug des Zusatzmaterials
Auf dem Bild erkennt man, dass der Mann genervt sein Gesicht verzieht, seine Körperhaltung ist von der Frau abgewandt. Er scheint keine Lust auf das Gespräch mit ihr zu haben. Es liegt die Störung der **widerwilligen Annahme der Kommunikation** vor. Die **widerwillige Annahme** der Kommunikation erkennt man im Fallbeispiel auch zwischen mir und meiner Mitbewohnerin Lisa. Auf Lisas Hinweis, dass der Küchendienst die ganze Woche noch nicht erledigt wurde, antworte ich mit einem knappen „ja“ und verdrehe dabei die Augen (vgl. Z. 17). Die beschriebene Mimik deutet darauf hin, dass die Kommunikation nur widerwillig angenommen wird. Im weiteren Verlauf des Gespräches wirft Lisa mir vor, dass es in der Küche sehr ekelhaft aussehe und keine sauberen Teller mehr zur Benutzung vorhanden seien (vgl. Z. 18 f.). Von mir wird ihr Vorwurf nicht als Gesprächsanlass genommen, denn ich reagiere genervt auf sie, was ich mit der Aussage „Geh mir nicht auf die Nerven“ (Z. 20) auch verbalisiere. Der von mir zum Wachwerden benötigte Kaffee (vgl. Z. 21) ist ein weiterer Hinweis dafür, dass ich keine Lust auf die Kommunikation mit meiner Mitbewohnerin habe und diese nur widerwillig annehme.
Eine zweite Störung, die im Fallbeispiel erkennbar ist, ist die **einseitige Beendigung der Kommunikation**. In den Zeilen 22–28 beanstandet Lisa schreiend, ich sei unordentlich, unzuverlässig und hätte beim WG-Casting nicht die Wahrheit gesagt. Sie

droht sogar mit dem Rauswurf aus der WG, wenn ich mich nicht ändere (vgl. Z. 30 f.). Auf Lisas wütendes Schreien reagiere ich nicht verbal, sondern stürme aus der Küche (vgl. Z. 32). Damit beende ich das Gespräch mit ihr einseitig.

Lisas Kommunikation mit mir ist nicht erfolgreich, da sie ihr Ziel, mich zum Aufräumen der Küche zu bewegen, nicht erreicht. Es liegt eine gestörte Kommunikation auf dem ersten Axiom vor.

Um die Kommunikation erfolgreich zu gestalten, hätte Lisa eine Ich-Botschaft einsetzen können. Entsprechend den Bausteinen hätte diese folgendermaßen lauten können: Mir ist aufgefallen, dass du in dieser Woche mit dem Küchendienst an der Reihe bist und die Küche seit Beginn der Woche nicht aufgeräumt wurde. Sie ist sehr dreckig und es ist kein sauberes Geschirr mehr vorhanden (**Sachaussage**). Das ärgert mich, denn um solche Konflikte zu vermeiden, haben wir extra einen Putzplan für das Zusammenleben in der WG angefertigt (**Gefühlsaussage**). Solltest du dich nicht an den Plan halten, dann sehen Timo und ich uns gezwungen, eine andere Mitbewohnerin oder einen anderen Mitbewohner zu suchen (**Auswirkung**). Ich wünsche mir, dass du dich an den Putzplan hältst. Wir drei verstehen uns doch super und es wäre schade, wenn wir deswegen die WG in dieser Zusammensetzung bald nicht mehr hätten (**Wunschaussage**).

AUFGABE I: FALLBESCHREIBUNG

Text **Fallbeschreibung „Chantal und Kevin“**

Das Leben von Chantal änderte sich mit 15 Jahren schlagartig, als sie ungeplant schwanger wurde. Der Vater des Kindes verließ sie sofort, die Realschule musste sie kurz vor dem Abschluss abbrechen. Bei ihren Eltern konnte sie zwar weiterhin wohnen, erhielt aber keinerlei Unterstützung von diesen. Anfangs freute sich Chantal auf den Nachwuchs, doch der Alltag mit Kevin war schwierig und bald musste sie feststellen, dass sie ihr Kind nicht so lieben und annehmen konnte wie andere Mütter. Kevin schrie oft stundenlang und beanspruchte ihre ganze Aufmerksamkeit. Immer öfter fühlte sich Chantal verunsichert, war sogar mit der grundlegenden Pflege überfordert, badete das Kind zu selten oder vergaß, Babynahrung nachzukaufen. Immer stärker empfand sie das Kind als Last. Chantal beneidete ihre Freundinnen, die ein unabhängiges und freies Leben führen konnten. Ihre Nerven lagen oft blank und beim geringsten Anlass schrie sie ihr Kind an. Gerade abends, wenn sie sich mit dem Kind einsam und in der Wohnung wie in einem Gefängnis fühlte, konnte sie manchmal nicht anders, packte ihre Jacke, verließ fluchtartig die Wohnung, stürzte sich ins Nachtleben und kam erst im Morgengrauen zurück. Erschrocken über sich selbst stand sie dann vor Kevins Bett, der vom vielen Weinen gerötete und verklebte Augen hatte.

Als Einjähriger war Kevin immer noch ein anstrengendes Kind. Er schrie sehr viel und war äußerst ängstlich. Auf andere Menschen reagierte er scheu und weinerlich. Er zeigte kaum Neugierde und Interesse an seiner Umgebung. Auch mit Spielzeug oder anderen Gegenständen wollte er nicht spielen. Daran änderte sich wenig.

Vom Eintritt in den Kindergarten versprach sich Chantal viel, aber auch hier gingen die Probleme weiter. Kevin schrie und weinte, wenn sich seine Mutter aus dem Kindergarten entfernen wollte, umklammerte ihre Beine und war auch im Anschluss nur schwer zu beruhigen.

Nun, nach der Eingewöhnungsphase bitten die Erzieherinnen Chantal zum Gespräch. Sie berichten Folgendes: „Im Vergleich zu den anderen dreijährigen Kindern weist Kevin deutliche Defizite auf. Er kann sich kaum in die Gruppe integrieren, da er sehr gehemmt und zurückgezogen ist und sogar ängstlich auf die anderen Kinder und uns Erzieherinnen reagiert. Kevin ist nicht in der Lage, längere Sätze zu bilden, er antwortet nur sehr einsilbig, spricht hauptsächlich in Zweiwortsätzen und verfügt nur über einen geringen Wortschatz. Bei kleinen Uneinigkeiten hat er seine Gefühle nicht unter Kontrolle und wird plötzlich sehr wütend, tobt durch den Raum und ist nur noch schwer zu beruhigen. Auch beim Turnen fällt Kevin auf. Er kann den Ball nicht mit den Füßen schießen, ohne umzufallen, und stolpert auffallend häufig. Beim Malen umklammert er mit der ganzen Hand angestrengt die Stifte und malt ständig über das Papier hinaus. Bei Rollenspielen mit den anderen Kindern bringt er sich kaum ein, da er nicht weiß, wie er Katzen oder Vögel darstellen soll. Es gelingt ihm nicht, in Bauklötzen Autos zu erkennen oder sonstige Gegenstände mit anderer Bedeutung zu belegen. Jede Hilfestellung von uns Erzieherinnen lehnt er ängstlich mit: ‚Kevin mag nicht! Kann Kevin nicht!‘ ab.“

Lange Zeit hat sich Chantal eingeredet, dass sich die Probleme mit Kevin schon im Laufe der Zeit von selbst geben werden. Durch das offene Gespräch mit den Erzieherinnen muss sie aber erkennen, dass sie in der Vergangenheit viele Fehler gemacht und sich selbst belogen hat. Angesichts der vielen Probleme von Kevin wird sie blass und spürt ein flaues Gefühl im Magen sowie ein Stechen im Herz. Chantal ist entsetzt. Ist womöglich ihr Verhalten schuld an Kevins Defiziten? Beschämt, voller Selbstzweifel und Schuldgefühle fährt sie angespannt nach Hause. Sie hat ein schlechtes Gewissen und macht sich selbst Vorwürfe. Ihre Gedanken kreisen nur noch darum, wie sie ihre Fehler aus der Vergangenheit wieder gut machen kann. Chantal beschließt, sich Hilfe zu holen. Sie will unbedingt, dass Kevin ein glückliches Kind wird und seine Verzögerungen aufholen kann. Aus diesem Grund informiert sie sich im Internet über Möglichkeiten, wie ihrem Sohn geholfen werden kann. Sie besucht einen Vortrag zum Thema Entwicklungsdefizite im Mutter-Kind-Haus und geht auch zu einer Erziehungsberatungsstelle. Dort werden ihr Adressen von Ergotherapeuten und Logopäden gegeben, die sie unmittelbar kontaktiert. Sie erhält allerdings nicht sofort Termine. Chantal ist enttäuscht, lässt sich aber nicht entmutigen und fragt immer wieder nach. Endlich erhält sie die lang ersehnten Termine für Kevin. Jetzt ist sie sich sicher, dass in Zukunft Kevins Entwicklung eine positive Wendung nehmen wird. Ihr fällt ein Stein vom Herzen und sie entspannt sich merklich.

Teilaufgaben zur Fallbeschreibung „Chantal und Kevin“

1 *Psychoanalytische Theorien erfassen auch Auswirkungen von Erziehungsfehlern, wie sie im vorliegenden Fall beschrieben werden.*

Erklären Sie die Auswirkungen der Erziehungsfehler der Mutter auf Kevin mithilfe relevanter Annahmen zur oralen Phase der psychosexuellen Entwicklung nach S. Freud.

2 *Die Erzieherinnen berichten von Kevins Entwicklungsstand in mehreren Entwicklungsbereichen (z. B. Motorik, Sprache, Emotion, Kognition, Sozialverhalten).*

Erläutern Sie – ausgehend vom Text – die Merkmale Differenzierung und Integration am Beispiel eines Entwicklungsbereiches von Kevin.

3 *Das Gespräch mit den Erzieherinnen löst bei Chantal Emotionen aus und motiviert sie zum Handeln.*

Verdeutlichen Sie an entsprechenden Textstellen (Z. 41 ff.) die Merkmale von Emotion und Motivation sowie die Wechselwirkung zwischen Emotion und Motivation am Beispiel von Chantal.

AUFGABE II

Teilaufgaben

Um psychische Störungen zu verstehen, ist es wichtig, Kenntnisse über deren Erscheinungsformen und Ursachen zu gewinnen.

1 a Verdeutlichen Sie den Begriff „Psychische Störung" nach der internationalen Klassifikation von Krankheiten (ICD) am Beispiel einer Person mit einer emotionalen Störung oder einer Verhaltensstörung.

1 b Stellen Sie zwei Ziele der wissenschaftlichen Pädagogik/Psychologie am Beispiel dieser Störung dar.

2 Erklären Sie die mögliche Entstehung der in Teilaufgabe 1 a gewählten Störung mithilfe einer wissenschaftlichen Theorie (Lerntheorie, psychoanalytische Theorie oder personenzentrierte Theorie).

3 Beschreiben Sie – ausgehend von der in Teilaufgabe 1 dargestellten Person – ein günstiges Entwicklungsgeschehen.

Verdeutlichen Sie dabei zwei Entwicklungsbedingungen und deren Wechselwirkungen.

Lösungsvorschlag

Aufgabe I

1 **TIPP** *Gewichtungsvorschlag: 45 %*

Lesen Sie zunächst die Aufgabenstellung genau durch. Sie sollen erklären, welche Auswirkungen die Erziehungsfehler haben, die Chantal in der oralen Phase ihres Sohnes Kevin gemacht hat. Legen Sie darauf den Schwerpunkt Ihrer Ausführungen.
Bestimmen Sie zunächst knapp den Begriff „psychoanalytische Theorie", da er in der Überschrift benannt ist.

Überlegen Sie sich eine Struktur und Vorgehensweise zur Beantwortung der Fragestellung. Sie haben dazu zwei Möglichkeiten:

- Sie stellen **einzelne** relevante Annahmen zur oralen Phase der psychosexuellen Entwicklung nach Freud dar und erläutern daran gleich die von Ihnen ausgewählte Textaussage des Fallbeispiels oder
- Sie stellen zuerst **alle** relevanten Annahmen der Theorie dar und wenden sie anschließend getrennt davon auf die Fallbeschreibung an.

Bedenken Sie, dass die **Transferleistung höher bewertet** wird als die Wiedergabe fachwissenschaftlicher Kenntnisse.

Einleitung

Die **psychoanalytische Theorie** bietet neben anderen Ansätzen die Möglichkeit, menschliche Handlungen, Motive und Erlebnisweisen zu verstehen und zu erklären. Begründer dieser Theorie ist **Sigmund Freud**. Er versucht, Persönlichkeitsmerkmale und psychische Probleme zu erklären, indem er sich mit der Entwicklung in der Kindheit und frühen Jugend beschäftigt. In dem Fallbeispiel wird deutlich, dass Kevin Entwicklungsdefizite hat. Deren Ursachen lassen sich mithilfe der psychoanalytischen Theorie erklären.

Die **Theorie zur psychosexuellen Entwicklung** nach Freud gehört zu den **Entwicklungstheorien** und zu den **Persönlichkeitstheorien**, da sich parallel zum Verlauf der psychosexuellen Entwicklung nach Freud die Instanzen der Persönlichkeit entwickeln. **Entwicklungstheorien** erklären entwicklungsbedingte Veränderungen des Erlebens und Verhaltens. **Persönlichkeitstheorien** beschreiben Struktur, Dynamik und Entwicklung der Persönlichkeit. Mithilfe der Theorie ist es möglich, die im Fallbeispiel genannten problematischen Verhaltensweisen von Chantal zu erkennen und deren Auswirkungen auf Kevin zu erklären.

Darstellung der psychoanalytischen Theorie

Nach Freud sind sämtliche Verhaltensweisen **psychisch determiniert**, das heißt das Verhalten und Erleben eines Menschen wird immer durch frühere, teilweise frühkindliche Erfahrungen und Erlebnisse beeinflusst. Dies geschieht meist **unbewusst**. Freud sieht den Menschen außerdem als ein Wesen, dessen Verhalten zum Teil durch **Triebe** erzeugt und gesteuert wird. Triebe im psychoanalytischen Sinn bezeichnen eine **psychische Kraft**, die darauf ausgerichtet ist, **Bedürfnisse zu befriedigen**. Dadurch wird menschliches Erleben und Verhalten aktiviert und gesteuert. Im Fallbeispiel bestehen Kevins Bedürfnisse zunächst darin, versorgt zu werden und Zuwendung zu erfahren. Diese Bedürfnisse werden jedoch von seiner überforderten Mutter nicht befriedigt: Sie badet ihn zu selten, vergisst, Babynahrung zu kaufen, und lässt ihn sogar stundenlang alleine (Z. 9, 14 f.). Triebe streben aus psychoanalytischer Sicht nach Befriedigung, die sich auf ein bestimmtes **Triebziel** (Kevin will seinen Hunger stillen) und ein bestimmtes **Triebobjekt** (z. B. Brust, Sauger, Schnuller, die Mutter) konzentrieren und die eine **Triebquelle** (Kevin nimmt die Babynahrung über den Mund auf) benötigen.

In seinem Phasenmodell der **psychosexuellen Entwicklung** beschreibt Freud die Entwicklung der Libido in der Kindheit. Die **Libido** als Quelle der Triebenergie des **Lebenstriebes** ist dem Menschen angeboren. In Freuds Entwicklungstheorie dominiert in den verschiedenen Entwicklungsphasen jeweils eine bestimmte Körperzone, die er auch als „erogene Zonen“ bezeichnet. **Erogene Zonen** sind jeweils die Quellen für das Lustempfinden und die Triebbefriedigung. Freud unterscheidet fünf verschiedene Entwicklungsphasen: die orale Phase, die anale Phase, die phallische Phase, die Latenzphase und die genitale Phase.

In der **oralen Phase** (1. Lebensjahr) sind Mund, Lippen, Zunge, Haut und die Sinnesorgane die Hauptquellen sexueller Lust. Das Saugen an der Brust wird als lustvolle Befriedigung des Bedürfnisses nach Nahrung erlebt. Jedoch werden auch andere Tätigkeiten, die mit der Mundzone in Verbindung stehen, für das Kind zunehmend wichtig: z. B. saugen, schlucken, beißen, lutschen. Das **Luststreben** des Kindes ist also charakterisierbar mit den Wünschen des Einverleibens, des Gestillt-Werdens, Beruhigt-Werdens und Stimuliert-Werdens. Das Kind ist in diesem Alter laut Freud ein reines Triebwesen, bei dem das „**Es**“ dominiert. Das „**Es**“ ist die Instanz, die Triebe und Wünsche beinhaltet. Die Art und Weise, wie das Kind entsprechend seinen vorherrschenden Bedürfnissen befriedigt wird, führt zu einer bestimmten Grundeinstellung des Kindes gegenüber seiner Umwelt. Macht das Kind im ersten Lebensjahr positive Erfahrungen, entwickelt es eine überwiegend **optimistische Einstellung zum Leben**. Es fasst Vertrauen in seine Umwelt, seine Bezugspersonen und sich selbst. Die erste Objektbeziehung entsteht. Nach Freud bildet diese Objektbeziehung, die meistens zur Mutter besteht, die Grundlage für weitere Entwicklungsprozesse. Triebaufschub und Triebverzicht werden erstmals erlebt. Das Kind lernt, dass seine Triebe nicht immer unmittelbar befriedigt werden können und baut dadurch einen Bezug **zur Realität** auf. Dadurch entwickelt das Kind **Frustrationstoleranz**. Fasst das Kind nun Vertrauen in seine Umwelt und sich selbst, so ist die Grundlage dafür geschaffen, dass es sich mit seiner Umwelt und seinen Mitmenschen entdeckend auseinandersetzt.

Zur Ausbildung dieses **Urvertrauens** ist es nötig, dem Kind viel körperliche und emotionale Zuwendung zu gewähren. Kleinkinder benötigen eine feste und dauerhafte Bezugsperson. Die Interaktion mit dem Kind sollte liebevoll, zärtlich, zuverlässig und geduldig sein. Die Bezugsperson sollte sich kontinuierlich um das Kind kümmern. Dazu gehören intensiver Hautkontakt, ausreichende Versorgung sowie Kontakt über alle Sinnesorgane. Die Bezugspersonen sollten eine angemessene, **realitätsbezogene Befriedigung** der oralen Bedürfnisse ermöglichen. Werden die Bedürfnisse in dieser Phase angemessen befriedigt, entsteht ein gesundes Selbstwertgefühl. Ziel dieser Phase ist, dass das Kind eine positive **Beziehung zu seiner Umwelt aufbaut**.

Erziehungsfehler und deren Auswirkungen

Negative Erfahrungen mit den Bezugspersonen und der Umwelt können Konflikte in der Libidoentwicklung und Störungen in der Persönlichkeitsentwicklung hervorrufen. Folgen können z. B. eine pessimistische Grundhaltung, Ur-Misstrauen, Furcht, Zurückhaltung, eine Hemmung weiterer Lernmöglichkeiten, fehlendes Selbstwertgefühl und mangelnde Frustrationstoleranz sein.
Eine **vernachlässigende oder inkonsequente Erziehung** bewirkt, dass wichtige Bedürfnisse nicht oder nur unzureichend befriedigt werden. Das Kind erlebt dadurch Triebfrustration. Dies kann laut Freud dazu führen, dass es zu einer **Fixierung** kommt: Die betroffene Person **verharrt** in einer bestimmten **Entwicklungsphase**. Damit geht auch einher, dass entsprechende Erlebens- und Verhaltensweisen dieser frühkindlichen Entwicklungsphase weiter gezeigt werden.

Im Fallbeispiel wird erwähnt, dass Chantal ihr Kind nicht so annehmen kann wie andere Mütter (Z. 6). Sie empfindet ihren Sohn als Last (Z. 10) und schreit ihn oft „beim geringsten Anlass“ (Z. 11/12) an. Kevin erhält also nicht genügend Zuwendung. Außerdem ist Chantal verunsichert und hat Schwierigkeiten mit der grundlegenden Babypflege. Sie badet Kevin zu selten und hat oft nicht genügend Babynahrung (Z. 9). Dies führt dazu, dass sie seine altersspezifischen Bedürfnisse nicht befriedigt. Kevin wird von seiner Mutter während der oralen Phase **schwer vernachlässigt**. Er erhält nicht die Zuwendung, die Aufmerksamkeit und den Körperkontakt, die er für eine positive Entwicklung benötigt. Orale Bedürfnisse, wie Hautkontakt und das Einverleiben von Nahrung, werden nicht befriedigt. Chantal lässt Kevin sogar stundenlang alleine (Z. 14/15). Somit hat er keine zuverlässige Bezugsperson und Versorgung. Grundlegende Bedürfnisse, z. B. nach Sicherheit, wurden nicht beachtet und nicht ausreichend befriedigt.

Kevin erlebt durch dieses unzureichende erzieherische Verhalten seiner Mutter eine **Triebfrustration**. Die **Auswirkung der Nichtbefriedigung** wird im Fallbeispiel beschrieben: Er schreit als Baby häufig stundenlang (Z. 7) und ist auch noch im Alter von einem Jahr ein „anstrengendes Kind“ (Z. 17), das viel schreit, „äußerst ängstlich“, „scheu und weinerlich“ (Z. 18) ist. Wird er von seiner Mutter alleine gelassen, hat er am nächsten Morgen „vom vielen Weinen gerötete und verklebte Augen“ (Z. 16).
Es besteht bei Kevin ein Zusammenhang zwischen der vernachlässigenden Erziehung und einem nicht geglückten Aufbau von Urvertrauen in sich und seine Umwelt. Die sich wiederholende Triebfrustration führte bei Kevin zu einer **Fixierung**. Er bleibt auf

die nicht befriedigten Bedürfnisse der oralen Phase fixiert und zeigt entsprechende Erlebnis- und Verhaltensweisen. Auch bei der Eingewöhnungsphase im Kindergarten verhält er sich dementsprechend: „Kevin schrie und weinte, wenn sich seine Mutter aus dem Kindergarten entfernen wollte, umklammerte ihre Beine und war auch im Anschluss nur schwer zu beruhigen" (Z. 22–24). Bei Uneinigkeiten im Kindergarten hat er „seine Gefühle nicht unter Kontrolle" (Z. 31/32). Dies ist ein Hinweis auf **fehlende Frustrationstoleranz**.
Außerdem zeigt er sich im Kindergarten gehemmt und zurückgezogen – er reagiert ängstlich auf andere Kinder und Erzieherinnen (Z. 28/29). In dieser Beschreibung sind Ur-Misstrauen, Furcht und Zurückhaltung wahrzunehmen.
Kevin zeigt zudem Defizite im sprachlichen, motorischen und kognitiven Bereich (Z. 29–31, 33–39). Auch hier werden die Auswirkungen der beschriebenen Verhaltensweisen von Kevins Mutter auf seine Entwicklung deutlich. Seine Bedürfnisse nach Sicherheit und Versorgung wurden in seiner ersten „Objektbeziehung" nicht befriedigt. Dies zeigt sich im Umgang mit den Erzieherinnen und seinen Defiziten. Seine Defizite liegen wahrscheinlich auch darin begründet, dass er „kaum Neugierde und Interesse an seiner Umgebung" (Z. 19/20) oder an Spielzeug hat.
Die Erziehungsfehler seiner Mutter in der oralen Phase wirken sich außerdem auf Kevins **Selbstwertgefühl** aus. Hilfe von den Erzieherinnen lehnt er ängstlich ab: „Kevin mag nicht! Kann Kevin nicht" (Z. 39/40). In dieser Aussage zeigt sich sein mangelndes Selbstwertgefühl. Er traut sich nicht zu, mit seinen Mitmenschen und den Anforderungen im Kindergarten zurechtzukommen.

Die Ausführungen zeigen, dass sich Kevins Defizite mithilfe der psychoanalytischen Theorie Freuds, besonders anhand der Aussagen zur psychosexuellen Entwicklung, erklären lassen. Unzureichende Befriedigung der kindlichen Triebwünsche haben also langfristige Auswirkungen auf die Persönlichkeitsentwicklung des Menschen.

2 **TIPP** *Gewichtungsvorschlag: 25 %*

Bestimmen Sie knapp den **Begriff „Entwicklung"**. Entscheiden Sie sich für einen Entwicklungsbereich und markieren Sie für sich die entsprechenden Textstellen in der Fallbeschreibung. Erläutern Sie die **Merkmale „Differenzierung" und „Integration"**. Die beiden Entwicklungsmerkmale sollen anschließend am Beispiel eines Entwicklungsbereichs von Kevin erläutert werden. Dazu ist es notwendig, zuerst Kevins Entwicklungsverlauf zu beschreiben. Dies ist Voraussetzung dafür, die individuelle Entwicklung von Kevin zu erkennen und zu benennen.

Begriffsklärung „Entwicklung", „Integration" und „Differenzierung"

Der Begriff „**Entwicklung**" wird in der Psychologie sehr unterschiedlich definiert. Die Psychologie beschäftigt sich mit dem Erleben und Verhalten eines Menschen. Dementsprechend meint Entwicklung die untereinander zusammenhängenden Veränderungen des Erlebens und Verhaltens im Laufe des Lebens. Die Entwicklung verläuft dabei

individuell. Kevins individuelle Entwicklungsbedingungen werden in den Zeilen 1–20 beschrieben.
Die Beschreibung von **Entwicklungsverläufen** geschieht mithilfe von **Entwicklungsmerkmalen**. **Integration** und **Differenzierung** stellen wesentliche Merkmale von Entwicklung dar. Diese beiden Merkmale werden hier exemplarisch an Kevins motorischer Entwicklung verdeutlicht. Der Begriff **Motorik** bezeichnet die Gesamtheit aller menschlichen Bewegungsabläufe.

„**Differenzierung**" nennt man in der Entwicklungspsychologie den Prozess, in dem Fähigkeiten und Funktionen aus einem zu Beginn ungeordneten Zustand ausgegliedert werden. Bei der Motorik findet dieser Prozess statt, wenn anfangs unkontrollierte Bewegungen sich weiterentwickeln zu kontrollierten, gezielten Bewegungen. Die Differenzierung findet bei allen menschlichen Bewegungen – grobmotorischen und feinmotorischen – statt.
Die **motorische Entwicklung** beginnt vor der Geburt im Mutterleib. Reflexartige, spontane Bewegungen sind durch die Mutter erfahrbar. Das Kind stößt z. B. an die Bauchdecke der Mutter. Nach der Geburt differenzieren sich aus dem unkoordinierten Strampeln und Stoßen mit den Gliedmaßen immer sicherere und kontrollierte **grobmotorische Bewegungsabläufe**. Kinder heben den Kopf, drehen den Körper und lernen, zu sitzen. Sie beginnen allmählich, sich selbstständig fortzubewegen, indem sie ihre Bewegungsabläufe verbessern: Sie robben, krabbeln, richten sich auf, laufen und steigen Treppen. Sie lernen Dreirad- bzw. Fahrradfahren. Ihr Gleichgewichtssinn verbessert sich.
Auch in der Entwicklung der **Feinmotorik** ist die **Differenzierung** wahrnehmbar. Beim Greifen wird dies besonders deutlich. Zu Beginn greift ein Säugling sehr unkoordiniert nach einem Gegenstand. Es gelingt ihm zunächst nicht, den Gegenstand zu erreichen, weil er die Bewegungen der Hände und Arme noch nicht gut kontrollieren kann. Die Bewegungen des Kindes differenzieren sich dann zum zielgerichteten Greifen; schließlich ist es in der Lage, Dinge mit zwei Fingern – dem Pinzettengriff – aufzunehmen. Es entwickelt allmählich Fähigkeiten wie Malen, Falten, Schneiden, Knoten und Schreiben. Manche Kinder erwerben im Vorschulalter schon spezielle motorische Kompetenzen wie das Spielen eines Musikinstrumentes oder das Ausüben einer Sportart.

Unter „**Integration**" versteht die Entwicklungspsychologie den Prozess, in dem Fähigkeiten und Funktionen, die zuvor als Einzelteile erlebt wurden, aufeinander bezogen und als Einheit betrachtet werden. Hierbei ist für die Motorik auch die Entwicklung der Wahrnehmung bedeutsam. Es werden nicht nur die einzelnen Bewegungen aufeinander abgestimmt, sondern die Bewegungen müssen auch mit den Wahrnehmungen koordiniert werden. Dies wird besonders bei der Auge-Hand-Koordination deutlich, die z. B. für das gezielte Fangen eines Balles oder beim Malen notwendig ist.
Alle Teilbewegungen einer gezielten Bewegungshandlung müssen aufeinander abgestimmt werden. Damit ein Kind z. B. mit anderen Kindern Fußball spielen kann, müssen unterschiedliche Bewegungsabläufe sich differenzieren und integrieren. Wahrnehmung und Bewegung müssen zusammengebracht werden. Die Auge-Bein-Koordination muss sich z. B. differenzieren und integrieren: Das Kind muss das Bein

heben, die Position des Balles richtig erkennen, ihn mit dem Fuß treffen und in die gewünschte Richtung kicken. Dafür braucht es eine angemessene Körperspannung und Beinkoordination.

Anwendung auf das Fallbeispiel

Durch die in der Fallbeschreibung dargestellten individuellen Entwicklungsbedingungen unterscheiden sich Kevins Fähigkeiten im motorischen Bereich von den alterstypischen Bewegungsabläufen anderer Kinder. Beim Turnen fällt auf, dass er häufig stolpert und Schwierigkeiten hat, das Gleichgewicht zu halten. So kann er z. B. Bälle nicht mit den Füßen schießen (Z. 33/34). Offensichtlich ist bei ihm die **Differenzierung** im Bereich der Grobmotorik noch nicht weit genug fortgeschritten. Der Gleichgewichtssinn, der zum Stehen auf einem Bein benötigt wird, ist noch nicht ausreichend differenziert und integriert, sodass Kevin häufig stürzt. Um den Ball zu schießen, muss Kevin die Entfernung und Geschwindigkeit des Balls wahrnehmen und seine Bewegungen entsprechend anpassen. **Wahrnehmung** und **Bewegung** sowie **Auge-Bein-Koordination** sind bei Kevin noch nicht ausreichend differenziert.
Auch im **feinmotorischen Bereich** zeigt Kevin Defizite: Er umklammert Stifte mit der ganzen Hand und malt über das Papier hinaus (Z. 34–36). Er verfügt offensichtlich noch nicht über genügend feinmotorische Fähigkeiten, um den Stift mit dem Pinzettengriff oder mit drei Fingern zu halten. Kevin hält den Stift mit der ganzen Hand und ist dabei verkrampft – er kann noch nicht abschätzen, wie viel Druck er ausüben muss. Die nötige **Differenzierung** im Körperempfinden und in der Bewegung hat noch nicht stattgefunden. Auch ist es ihm nicht möglich, einzelne Bewegungssequenzen und Wahrnehmungsprozesse so zu koordinieren und zu **integrieren**, dass er nicht über das Papier hinaus malt. Hier wird nochmals der Zusammenhang zwischen **Wahrnehmung** und **Bewegung** deutlich. Er nimmt den Blattrand entweder gar nicht ausreichend wahr oder er kann seine Wahrnehmung nicht mit der Beendigung der Arm- und Handbewegung koordinieren.

Kevins Motorik ist insgesamt nicht seinem Alter entsprechend entwickelt. Er benötigt Anregung und Unterstützung, um seine Wahrnehmungen und Bewegungen zu differenzieren und zu integrieren. Je mehr Übungsmöglichkeiten hierbei für Kevin vorhanden sind, desto eher kann er seine Defizite in diesen beiden wichtigen Entwicklungsbereichen verringern.

3 **TIPP** *Gewichtungsvorschlag: 30 %*

In dieser Aufgabenstellung wird von Ihnen erwartet, die **Merkmale** von **Motivation** und **Emotion** sowie deren **Wechselwirkung** darzustellen. Die einzelnen Merkmale sollen mithilfe der Textstellen in Z. 41 ff. des Fallbeispiels verdeutlicht werden. Die Art der Darstellung wurde schon in Aufgabe 1 und 2 beschrieben. Unabhängig davon, welche Vorgehensweise Sie wählen, ist bei der Bewertung der Transferleistung das zentrale Bewertungskriterium, in welchem Maße eine zutreffende und vollständige **Verknüpfung** zwischen den **fachwissenschaftlichen Erkenntnissen** sowie der **Fallbearbeitung** gelingt.

Emotionen und **Motivation** gehören im menschlichen Erleben und Verhalten zu den **psychischen Kräften** und somit zu den **Kognitionen**. Die kognitiven Fähigkeiten und Funktionen bilden im Zusammenwirken mit den psychischen Kräften die Grundlage menschlichen Erlebens und Verhaltens.

Darstellung des Begriffs „Emotion“

Für das Phänomen „**Emotion**“, alltagspsychologisch auch als Gefühl bezeichnet, gibt es keine allgemeingültige Definition. **Emotionen** sind Befindlichkeiten, Ich-Zustände, die den Körper (organische Komponente), die Psyche (psychische Komponente) und das Verhalten (konative Komponente) des Menschen umfassen.
Die **organische Komponente** besteht darin, dass sich Emotionen in **körperlichen Veränderungen** äußern (z. B. Muskelverspannungen, Schweißausbrüche, Zittern, schnelle Atmung, veränderte Magen- und Darmtätigkeit, erhöhte Herzfrequenz und Bluthochdruck). Diese körperlichen Vorgänge können unterschiedlich **intensiv** sein. Sie können als Erregung, aber auch als Beruhigung erlebt werden.
Emotionen zeigen sich außerdem in **psychischen Vorgängen (psychische Komponente)**. Man wird sich eines Ich-Zustandes, z. B. der vorher beschriebenen körperlichen Veränderungen, bewusst. Die Wahrnehmung und das Denken verändern sich. Die körperliche Erregung wird z. B. als Freude, Trauer, Ärger oder Angst interpretiert. Dabei gibt es qualitative Unterschiede. Ein Zustand wird als angenehm oder unangenehm bewertet und von Lust- oder Unlust begleitet.
Emotionen beeinflussen außerdem das **Verhalten** des Menschen (**konative Komponente**). Gefühle können das Verhalten eines Menschen aktivieren und steuern. Sie können eine schöpferische Kraft darstellen und den Menschen zu mehr Aktivität und Leistung anregen, aber auch Passivität und Vermeidungsverhalten auslösen.
Die drei beschriebenen Komponenten beeinflussen sich gegenseitig, sodass eine Veränderung bei einer Komponente mit Veränderungen der anderen Komponenten einhergeht.

Anwendung auf das Fallbeispiel

Nach dem offenen Gespräch mit den Erzieherinnen empfindet Chantal **Selbstzweifel**, **Scham- und Schuldgefühle** (Z. 46/47). Aufgrund dieser Emotionen kommt es zu **körperlichen Veränderungen:** Sie wird blass, spürt ein flaues Gefühl im Magen (Z. 44/45) und ist angespannt (Z. 47). Sie erlebt diese körperlichen Erregungszustände offensichtlich sehr intensiv, da sie ein „Stechen im Herzen“ (Z. 45) spürt.
Auch **psychische Veränderungen** zeigen sich: Chantals **Ich-Zustand** verändert sich: „Sie hat ein schlechtes Gewissen und macht sich selbst Vorwürfe“ (Z. 47/48). Ihr Denken verändert sich, da sie nur noch überlegt, wie sie ihre Fehler wiedergutmachen könnte (Z. 48/49). Sie stellt sich die Frage nach ihrem Anteil an Kevins Defiziten (Z. 46/47). Ihr Zustand ist von Unlust geprägt, sodass Chantal ihre Situation als unangenehm erlebt.
Die physischen und psychischen Befindlichkeiten beeinflussen, aktivieren und steuern das **Verhalten**. Chantal will ihre Fehler aus der Vergangenheit wiedergutmachen (Z. 48/49) und beschließt deshalb, sich Hilfe zu holen. Sie informiert sich anhand verschiedener Quellen über Möglichkeiten, wie ihrem Sohn geholfen werden kann: Sie

recherchiert im Internet, besucht einen Vortrag und geht zu einer Erziehungsberatungsstelle (Z. 52–54). Anschließend kontaktiert sie Ergotherapeuten und Logopäden (Z. 54).

Die Emotionen Scham und Schuld motivieren Chantal zum Handeln. Sie wird aktiv und sucht nach Hilfen für ihren Sohn. **Emotionen** bewirken in diesem Fall also **Motivation**.

Darstellung des Begriffs „Motivation"

Motivation gehört wie die **Emotion** zu den **psychischen Kräften**. Sie stellen Antriebsformen des Menschen dar, die Erleben und Verhalten aktivieren und steuern. **Motivation** ist ein von Motiven aktivierter und gesteuerter Prozess. Er hält so lange an, bis die gesetzten Ziele erreicht sind. Als **Motiv** wird ein von außen nicht erkennbarer Beweggrund bezeichnet. Motivation ist nicht direkt beobachtbar, sondern kann nur aus dem Verhalten erschlossen werden. **Einzelmerkmale** der Motivation sind: **Aktivierung, Richtung, Zielorientierung, Intensität und Ausdauer**. Im Prozess der Motivation wird immer ein Verhalten **aktiviert**, das auf ein **bestimmtes Ziel** hin gesteuert und **mehr oder weniger intensiv** ausgeführt wird. Es wird so lange gezeigt, bis das Ziel erreicht ist oder ein anderes Motiv wichtiger ist. Meistens wird die Aktivität auch dann noch fortgesetzt, wenn Probleme entstehen. Die Intensität und **Ausdauer**, mit der der Organismus seine Aktivität zur Problemlösung aufrechterhält, kann z. B. abhängig sein von dem **Wert** und dem **Bedeutungsgehalt** des Ziels.

Nach **Bandura** hängen die Motivation und das Erreichen von Zielen sehr stark vom Prozess der **Selbstbewertung** ab. Die Wirkung der Zielsetzung wird insbesondere durch die wahrgenommene **Selbstwirksamkeit** beeinflusst. Diese bezieht sich auf die subjektive Einschätzung, dass die Zielverfolgung durch das eigene Verhalten beeinflusst werden kann. Durch erfolgreiches Erreichen von Zwischenzielen kann sich die Selbstwirksamkeit erhöhen, sodass man versucht, weitere anstehende Problemlagen zu lösen. Zielorientierung hängt auch vom Grad der **Selbstbestimmtheit** ab. Ein Ziel, das man selbst bestimmt hat, verfolgt man eher als eines, das durch andere vorgegeben wurde.

Anwendung auf das Fallbeispiel

Chantal hat ein **Motiv:** Sie will ihre Fehler wiedergutmachen (Z. 48/49), damit Kevin „ein glückliches Kind wird und seine Verzögerungen aufholen kann" (Z. 51). Durch dieses Motiv wird Chantals Verhalten **aktiviert:** Sie informiert sich, wie Kevin geholfen werden kann und versucht, Termine bei Ergotherapeuten und Logopäden für ihn zu vereinbaren (Z. 51–55). Chantals **Aktivitäten** haben das Ziel, therapeutische Hilfe für Kevin zu organisieren. Dabei ist sie beharrlich und bleibt so lange aktiv, bis sie ihre Ziele erreicht hat. Dies zeigt sich in den zahlreichen Aktivitäten, die sie unternimmt, um sich Informationen und Unterstützung zu holen (Z. 51–56). Für Chantal haben ihre Aktivitäten **Bedeutung** und einen **hohen Wert**. Als sie die gewünschten Termine nicht sofort erhält, lässt sie sich dadurch nicht abschrecken, sondern fragt immer wieder nach (Z. 55/56). Über Chantals **Selbstwirksamkeit** und den Grad ihrer Selbstbestimmtheit ist im Fallbeispiel nichts erwähnt.

Darstellung der Wechselwirkung von Emotion und Motivation

Emotion und **Motivation** sind eng miteinander verflochten; man kann sie als zwei Teile eines Prozesses bezeichnen. **Psychische Prozesse** haben sowohl eine **Befindlichkeitsseite (Emotionen)** als auch eine **Antriebsseite (Motivation)**.
Eine wichtige Funktion von Emotionen ist also, Menschen dazu zu bringen, sich auf wichtige Ziele hinzubewegen. Die durch emotionale Situationen hervorgerufene physiologische Erregung kann Handlungen aktivieren. Handlungen, die durch Motivationsprozesse in Gang gesetzt werden, wirken wiederum auf Emotionen zurück.
Motive verursachen also **Gefühle**. Werden durch Handlungen diese Bedürfnisse befriedigt, wird dies als angenehm erlebt.

Anwendung auf das Fallbeispiel

Chantals **Motivation**, Kevin zu helfen, hat Auswirkungen auf ihre **Emotionen**. Als sie schließlich Termine bei den Therapeuten erhält, ist sie sehr erleichtert (Z. 57/58). Ihr körperlicher Zustand ändert sich: Sie kann sich wieder entspannen. Ihre psychische Befindlichkeit wird dadurch ebenfalls beeinflusst. Sie ist nun sicher, dass Kevin seine Entwicklungsdefizite aufholen kann (Z. 57–59). Es ist anzunehmen, dass sie diese Situation als **angenehm** erlebt. Chantal hat durch ihre Handlungen das **Bedürfnis**, ihre Fehler wiedergutzumachen, aktuell **befriedigt**.

Die erläuterten Beispiele zeigen das **Zusammenwirken von Emotion** und **Motivation** auf.

Aufgabe II

1 a **TIPP** *Gewichtungsvorschlag 1 a und 1 b: 45 %*

Ihre Aufgabe ist es, den Begriff „**Psychische Störung**" auf der Basis der internationalen Klassifikation von Krankheiten (ICD) zu **verdeutlichen**. D. h., Sie sollen die **Merkmale** einer psychischen Störung am Beispiel einer konkreten Person **erläutern**. Diese beispielhafte Person kann ein Kind oder Jugendlicher mit einer emotionalen oder aktionalen Störung sein.
Um diese Verdeutlichung auszuarbeiten, müssen Sie mit der **Definition** des Begriffes „Psychische Störung" nach der **ICD-10** beginnen und die **Kriterien** einer solchen Störung **darstellen**.
Entscheiden Sie sich dann für eine **konkrete Störungsart**, die auf Kinder und/oder Jugendliche zutreffen kann. Beschreiben Sie nun am Beispiel einer Person die gewählte psychische Störung unter Bezugnahme auf die oben dargestellten Kriterien und Merkmale nach der ICD-10.
Alternativ besteht auch die Möglichkeit, die Kriterien und Merkmale einer psychischen Störung unmittelbar mit dem von Ihnen gewählten Beispiel zu verknüpfen.

Verdeutlichung des Begriffes „Psychische Störung“ nach ICD

Einführung

Eine allgemeine Bestimmung des Begriffes „Psychische Störung“ und die Kategorisierung der verschiedenen Arten sind sehr schwierig und komplex. Soll sie gar international verbindlich sein, müssen unterschiedlichste Kulturen, deren Normen, ihre Erlebensweisen und die ständigen Veränderungsprozesse, denen sie unterworfen sind, berücksichtigt werden. Die Weltgesundheitsorganisation WHO versucht das mit der „Internationalen Klassifikation psychischer Störungen“ (International Classification of Deseases, kurz ICD). Den ständigen Veränderungsprozessen trägt sie Rechnung durch die Fortschreibung dieser Klassifikation. Zurzeit ist die ICD-10 verbindlich.

Begriffsbestimmung

Ein Definitionsversuch in Anlehnung an die ICD-10 könnte folgendermaßen lauten: Eine **Psychische Störung** ist klinisch erkennbar durch einen „Komplex von Symptomen und Verhaltensauffälligkeiten“. Diese sind immer mit Belastungen, also Leidensdruck, verbunden, die sowohl auf der individuellen Ebene als auch in Gruppen und in der sozialen Umgebung bestehen. Im Sinne dieser Definition wird nur von einer Störung gesprochen, wenn soziale Abweichungen oder soziale Konflikte die Gefahr persönlicher Beeinträchtigungen mit sich bringen.

Die **individuelle Belastungsebene** beinhaltet die **psychische Dysfunktion**. Dabei treten beim Individuum kognitive, affektive und/oder aktionale Schwierigkeiten in verschiedenen Lebenssituationen auf. Psychisch gestörte Personen sind in ihrer Fähigkeit eingeschränkt, sich flexibel an Belastungen und veränderte Lebensumstände anzupassen. Es fällt ihnen schwer, optimale Lebensentscheidungen zu treffen und bedeutungsvolle und befriedigende Beziehungen zu unterhalten. Oftmals treten mit der psychischen Beeinträchtigung auch **körperliche Probleme** auf, wie z. B. Erschöpfung, Schwindelgefühle, Schlaflosigkeit oder erhöhte Krankheitsanfälligkeit.

Diese psychischen und physischen Dysfunktionen können auf der **sozialen Ebene** zu Rückzug oder vermehrten sozialen Konflikten führen. Dann leidet nicht nur das Individuum, sondern auch das soziale Umfeld ist beeinträchtigt und häufig überfordert. Diese Erlebens- und Verhaltensweisen weichen von den in der Gesellschaft geltenden Normen erheblich ab und existieren über einen längeren Zeitraum.

Verdeutlichung am Beispiel einer Person mit einer „Psychischen Störung“

Die hier gewählte Person ist der 20-jährige Jürgen, der die Fachoberschule im 12. Jahrgang besucht. Er steht kurz vor dem Fachabitur. Diese Situation stellt für ihn eine sehr große Barriere dar, da er unter massiver „**Examensangst**“ leidet. Nach ICD-10 handelt es sich bei Examensangst in dieser extremen Form um eine „spezifische (isolierte) Phobie“. Diese Phobien entstehen gewöhnlich in der Kindheit oder im frühen Erwachsenenalter und können unbehandelt jahrzehntelang bestehen. Das Ausmaß der eintretenden Behinderung hängt davon ab, wie leicht die betreffende Person die phobische Situation vermeiden kann.

Jürgen war ein eher ängstliches Kind. Er absolvierte die Realschule als guter Schüler. Er hatte keine Lernschwierigkeiten und konnte sich im Unterricht gut einbringen. In seinem letzten Schuljahr starb sein Großvater, der ihm sehr nahestand. Dieses Ereignis führte bei Jürgen zu großen emotionalen Belastungen und verstärkte seine Ängste. Als dann die Abschlussprüfung näher rückte, wurde er immer nervöser, litt unter Schlaf- und Konzentrationsstörungen sowie Magen- und Kopfschmerzen. Mit viel Unterstützung seiner Familie schaffte er es zwar, an den Prüfungen teilzunehmen, doch die Ergebnisse waren gravierend schlechter als sein Jahresfortgang. Er bestand den Realschulabschluss gerade noch. Sein damaliger Berufswunsch war Krankenpfleger.
In der Berufsausbildung gestaltete sich der Prozess ähnlich. Jürgen war ein beliebter und aufmerksamer Pflegeschüler mit guten Leistungen in der Berufsfachschule. Doch als die Prüfungsphase näher rückte, war Jürgen zunehmend in einer sehr schlechten körperlichen und psychischen Verfassung. Seine Symptome waren diesmal noch stärker als bei der Realschulprüfung. Er sagte die Prüfung schließlich aus Krankheitsgründen ab. Nun ist die FOS seine nächste Station. Aufgrund seiner Examensangst ist er sich inzwischen nicht mehr sicher, wie seine berufliche Zukunft aussehen soll. Es fällt ihm sehr schwer, zu planen. Er hat große Angst davor, die Situation nicht in den Griff zu bekommen.

Die psychische Störung entstand bei Jürgen in der Jugendzeit. In der Folge hat er versucht, seine Probleme durch Vermeidung zu lösen, indem er zur Pflegeprüfung nicht angetreten ist.
Die **individuelle Belastungsebene** mit **psychischer Dysfunktion** ist bei Jürgen gegeben. Er schafft es nicht, sich an die durch Abschlussprüfungen entstehenden Belastungen anzupassen. Somit kann er keine optimalen Lebensentscheidungen treffen, die z. B. seine Berufsausbildung oder ein späteres Studium betreffen. Er macht die Erfahrung, dass seine **kognitiven Fähigkeiten** und Fertigkeiten, auf die er sich sonst verlassen konnte, stark **beeinträchtigt** sind: Er kann sich z. B. nicht mehr auf das Lernen konzentrieren.
Mit dieser psychischen Beeinträchtigung treten auch **körperliche Probleme** bei ihm auf. Er kann nicht schlafen, leidet unter Appetitlosigkeit, Magen- und Kopfschmerzen. Das sind ungünstige Prüfungsvoraussetzungen und entsprechend ist in seiner ersten Examenssituation das Ergebnis.
Diese Erlebnisse führen zu **Rückzug** bzw. **Vermeidung** einer vergleichbaren Situation beim Pflegeexamen: Er tritt es erst gar nicht an. Dieses Verhalten weicht von einer in der Gesellschaft geltenden Leistungsnorm ab. Die soziale Norm geht davon aus, dass ein gesellschaftlich anerkanntes Examen erfolgreich abgelegt werden muss, um bestimmte Abschlüsse zu erreichen und damit die Berechtigung zu erhalten, einen Beruf auszuüben.
Jürgens **abweichendes Verhalten** besteht über einen längeren Zeitraum und tritt bei jedem anstehenden Examen wieder auf. Es besteht eine **psychische Störung**. Wenn Jürgen diese Störung nicht überwinden kann, wird er weder das Fachabitur noch das Abitur erfolgreich ablegen und keinen anerkannten Berufsabschluss erhalten können.

1 b TIPP *Gewichtungsvorschlag 1 a und 1 b: 45 %*

Im zweiten Teil dieser Aufgabe sollen Sie zwei Ziele der wissenschaftlichen Pädagogik/Psychologie darstellen. Dazu **definieren** Sie knapp die Begriffe „**Wissenschaft**" und „**Psychologie**", um anschließend einen kurzen Überblick über wesentliche **Ziele** der wissenschaftlichen Psychologie zu geben.
Wählen Sie aus diesen zwei Ziele aus, die Sie detailliert darstellen. Sie können entscheiden, ob Sie diese Ziele unmittelbar mit Ihrem unter 1 a gewählten Beispiel verknüpfen oder die abstrakte Darstellung und die beispielhafte Erläuterung getrennt vornehmen.

Darstellung zweier Ziele der wissenschaftlichen Pädagogik/Psychologie

Begriffsklärungen

Psychologie ist die Wissenschaft vom Verhalten und Erleben des Menschen. Unter **Verhalten** versteht man die Gesamtheit aller von außen beobachtbaren Äußerungen eines Lebewesens. Mit **Erleben** meint man von außen nicht beobachtbare Vorgänge im Menschen, die der Mensch nur an sich selbst wahrnehmen kann. Das Verhalten wird durch Fremdbeobachtung erschlossen, das Erleben durch Selbstbeobachtung.
Ein Teil des Verhaltens ist das **Handeln**. Es meint jede menschliche Aktivität, mit der bewusst und überlegt eine bestimmte Absicht, ein bestimmtes Ziel verfolgt wird.
Wesentliche **Ziele** der wissenschaftlichen Psychologie und Pädagogik sind

- die **Beschreibung:** Hier wird Beobachtetes bzw. Gemessenes festgehalten.
- die **Erklärung:** Sie findet Bezüge zwischen beschriebenen Merkmalen.
- das **Verstehen:** Es ist das Ziel, die Gründe für menschliches Verhalten und Erleben zu begreifen.
- das **Voraussagen und Verändern**

Die beiden hier ausgewählten Ziele sind das Beschreiben und die Erklärung. Unter **Beschreiben** versteht man das Erfassen, Registrieren und Festhalten von Ereignissen und Sachverhalten. Es wird festgestellt, was ist bzw. wie etwas ist. Beschrieben wird das Verhalten, das Handeln und das Erleben, aber auch die Persönlichkeit oder die Umwelt eines Menschen.
Die Beschreibung ist die Voraussetzung für alle weiteren Ziele. Sie sollte möglichst genau und objektiv mithilfe geeigneter Instrumente (z. B. der systematischen Beobachtung oder Befragung) geschehen, um den Einfluss subjektiver Ansichten des Wissenschaftlers zu vermeiden.
Die **Erklärung** stellt Wenn-Dann-Beziehungen her, um **Ursache-Wirkungszusammenhänge** zu erkennen. Wurde eine solche Beziehung durch adäquate wissenschaftliche Untersuchungen bestätigt, entsteht nach sozialwissenschaftlichem Verständnis ein **Gesetz**. Da aber kein Mensch dem anderen gleicht und die jeweiligen Situationen unterschiedlich sind, ist es nicht möglich, Gesetze zu formulieren, die ausnahmslos zutreffen. Deshalb arbeitet die Psychologie mit **Wahrscheinlichkeitsaussagen**. Das bedeutet, die mithilfe wissenschaftlicher Untersuchungen ermittelte Beziehung zwi-

schen zwei Merkmalen hat zwar einen relativ hohen Allgemeinheitsgrad, in Einzelfällen kann es aber zu Abweichungen kommen. Aus diesem Grund formuliert man kein Gesetz, sondern eine **Gesetzmäßigkeit**.
Um erklären zu können, warum bestimmte Merkmale sehr wahrscheinlich bestimmte Auswirkungen haben, muss die erzielte Gesetzmäßigkeit ihrerseits erklärt werden. Die gedankliche Auseinandersetzung mit dem Warum von Gesetzmäßigkeiten, also ihre Begründung, führt zum Bilden einer **Theorie**. Unter einer Theorie versteht man Annahmen über nicht beobachtbare Vorgänge und Kräfte. Diese Annahmen werden bei der Theoriebildung sinnvoll aufeinander bezogen. Das Auffinden von Gesetzmäßigkeiten wird auch „**Erklärung 1. Ordnung**" genannt. Die „**Erklärung 2. Ordnung**" stellt die Begründung der Gesetzmäßigkeiten dar.

Exemplarische Anwendung am Beispiel von Jürgen

Bei dem Ziel des Beschreibens geht es darum, die problematischen Verhaltens- und Erlebensweisen von Jürgen zu beschreiben. Es sollen beispielsweise seine Emotionen, Motivationsprozesse, Gedanken und Persönlichkeitszüge erfasst und festgehalten werden. Außerdem sollen die verhaltensauslösenden Bedingungen und die Konsequenzen, die aus Jürgens Verhalten folgen, beschrieben werden.
Gehen wir davon aus, dass Jürgen erkannt hat, dass seine Probleme ihn daran hindern, das zu tun und zu werden, was er sich wünscht. Deshalb sucht er einen Schulpsychologen auf. Dieser versucht nun mittels einer Befragung, Jürgens Verhalten zu erfassen und genau zu beschreiben. Hierbei sind eine entspannte Atmosphäre und eine Vertrauensbasis zwischen Jürgen und dem Psychologen notwendig.
Die persönliche **Befragung**, die man in der Wissenschaft als „**Interview**" bezeichnet, führt dazu, dass sowohl Jürgen als auch der Psychologe bei Unklarheiten fragen können und damit Missverständnisse vermieden werden. Bei einem Fragebogen wäre dies z. B. nicht der Fall.
Jürgen wird gefragt, welche Situationen seine Probleme auslösen. Das ist bei Jürgen eindeutig, es ist die Ankündigung eines Examens. Er soll außerdem schildern, wie sich das Problem auf der psychischen Ebene äußert. Jürgen plagen starke Ängste und er hat Albträume. Inzwischen hat sich auch sein kognitives Erleben verändert. Obwohl er im laufenden Lehrbetrieb gute Leistungen erzielt, versagen seine kognitiven Fähigkeiten in der Examenssituation.
Auch seine **Probleme** auf der **physischen Ebene** werden erfragt: Er kann kaum schlafen, leidet unter Appetitlosigkeit und Magenschmerzen. Der Psychologe erkundigt sich, was Jürgen tut, damit es ihm besser geht: Jürgen vermeidet die Examenssituation und zieht sich zurück. So hofft er, allen Problemen aus dem Weg zu gehen. Gleichzeitig ist ihm inzwischen bewusst, dass dieser Rückzug eine Sackgasse ist.
Im Interview geht es außerdem um Jürgens **soziale Situation:** Wie verhält sich die Familie oder der Freundeskreis? Gibt es hier eventuell Unterstützung? Jürgens Familie verhält sich offensichtlich unterstützend, ohne großen Druck auszuüben.
Auf der Basis dieser gewonnenen Daten können Interpretationen und Bewertungen erfolgen. Damit wird eine **Hypothesenbildung** möglich.

Das zweite Ziel ist die **Erklärung**. Der Psychologe stellt auf der Basis der Befragungsergebnisse Wenn-Dann-Beziehungen her. Damit möchte er den **Ursache-Wirkungszusammenhang** von Jürgens Problemen erkennen. Das stellt sich bei Jürgen folgendermaßen dar: Jürgen wird dem Reiz „Prüfungsphase“ ausgesetzt und reagiert psychisch und physisch darauf. Aufgrund seiner psychischen und physischen Reaktionen erbringt er nur verminderte Leistungen und erreicht damit ein schlechtes Ergebnis. Jürgen geht offensichtlich davon aus, dass er in Examenssituationen nur schlechte Ergebnisse erzielen kann. Das Interpretationsergebnis und damit die **Erklärung 1. Ordnung** wäre für den Psychologen: Wenn Jürgen der Ankündigung eines Examens ausgesetzt ist, reagiert er mit Angst und physischen Symptomen und erzielt unter diesem Einfluss schlechte Ergebnisse. Diese Erfahrung dehnt er auf künftige Examina aus. Die **Erklärung 2. Ordnung** erfasst Jürgens Verhalten auf der Basis obiger Erfahrung. Als mit der Krankenpfleger-Prüfung das nächste Examen angekündigt wird, versucht Jürgen nicht nur dem schlechten Examensergebnis, sondern auch den unangenehmen psychischen und physischen Erlebnissen aus dem Weg zu gehen. Er meldet sich für das bevorstehende Examen krank. Das bedeutet, er **vermeidet** die angstauslösende Situation und deren Folgen. Der Schulpsychologe könnte aus diesen Interpretationen und Hypothesenbildungen z. B. den Schluss ziehen, dass für Jürgen eine Verhaltenstherapie hilfreich wäre.

2 **TIPP** *Gewichtungsvorschlag: 30 %*

In der Teilaufgabe 2 geht es um die mögliche Entstehung der in Teilaufgabe 1 gewählten psychischen Störung. Sie sollen mithilfe einer **wissenschaftlichen Theorie erklären**, wie es zu dieser Störung gekommen sein kann. Sie können zwischen einer Lerntheorie, einer psychoanalytischen oder einer personenorientierten Theorie wählen. Die gewählte Theorie muss unbedingt Ihrem Beispiel entsprechen und unmittelbar an die Teilaufgabe 1 anschließen. Es ist nicht notwendig, die gewählte Theorie vollständig zu reproduzieren. Stellen Sie die hierfür relevanten Aussagen dar und wenden Sie diese an.
Es gilt wieder, dass Sie sich zwischen sofortiger Anwendung und der Trennung von Theorie und Anwendung entscheiden können.

Erklärung der Entstehung von Jürgens Examensangst mit der Theorie des operanten Konditionierens

Klärung der zentralen Begriffe der Theorie des operanten Konditionierens

Bei der Anwendung des Zieles „Erklärung“ in der Teilaufgabe 1 deutet sich bereits an, dass Jürgen sein aktuelles problematisches Verhalten erlernt hat. Man könnte fast sagen: Er hat sich selbst konditioniert. Folglich fällt die Wahl für die Erklärung von Jürgens psychischer Störung auf die Theorie des operanten Konditionierens.

Die Theorie des **operanten Konditionierens** zählt zu den **behavioristischen Lerntheorien**. Der Behaviorismus geht davon aus, dass jedes Verhalten erlernt und auch

wieder verlernt werden kann. Die Grundannahme des operanten Konditionierens ist, dass das Verhalten unter der Kontrolle der nachfolgenden Reize (**Konsequenzen**) steht.
Thorndike entwickelte aufgrund von Experimenten seine Theorie des **Lernens durch Versuch und Irrtum** und leitete aus diesen Ergebnissen grundlegende Gesetzmäßigkeiten ab: Sein „**Gesetz der Bereitschaft**" besagt, dass nur gelernt wird, wenn man zum Lernen bereit ist. Das „**Effektgesetz**" meint die Tatsache, dass auf Dauer nur solche Verhaltensweisen wiederholt werden, die für den Lernenden befriedigende Konsequenzen haben. Im „**Frequenzgesetz**" geht Thorndike davon aus, dass Verhaltensweisen nur erlernt werden, wenn sie regelmäßig geübt werden.
Auf der Basis dieser Theorie stellte Skinner die **Theorie des operanten Konditionierens** auf, die sich mit dem **Lernen durch Verstärkung** beschäftigt. Dabei unterscheidet Skinner zwischen positiver und negativer Verstärkung. Beim Vorgang der **positiven Verstärkung** wird ein Verhalten häufiger ausgeführt, weil es **angenehme Konsequenzen** hat. Beim Vorgang der **negativen Verstärkung** wird ein Verhalten häufiger ausgeführt, weil man dadurch **unangenehme Konsequenzen** vermindern, verhindern oder beenden kann.

Anwendung auf Jürgens Fall

In Jürgens Fall müsste man herausfinden, weshalb er vor der Realschulprüfung erstmals psychische und physische Symptome zeigte. Wahrscheinlich spielten hierbei die emotionalen Belastungen durch den Tod des Großvaters eine große Rolle.
Um die Entstehung von Jürgens Störung zu erklären, muss man seine Situation bei der Realschulprüfung – also den Beginn der Störung – untersuchen. Die Ankündigung dieser Prüfung war wohl der Auslöser seiner Ängste mit den körperlichen Begleiterscheinungen. Trotz seiner Ängste und den unangenehmen körperlichen Symptomen stellte sich Jürgen zunächst dieser ersten Abschlussprüfung. Leider war das Ergebnis der Prüfung negativ, hatte also **unangenehme Konsequenzen** für Jürgen. Die psychischen und körperlichen Symptome sowie das schlechte Prüfungsergebnis sind die unangenehmen Konsequenzen, die künftig Jürgens Verhalten vor Prüfungen kontrollieren. Nach dem „**Effektgesetz**" werden nur Verhaltensweisen wiederholt, die angenehme Konsequenzen haben. Da Jürgen stattdessen unangenehme Konsequenzen erlebt, wird er das Verhalten, bei dem er sich einer Examenssituation stellt, nicht wieder zeigen.
Als später die Krankenpfleger-Prüfung anstand, hatte Jürgen bereits sehr negative Erfahrungen mit der Situation der Abschlussprüfung gemacht. Er erlebte dann zum wiederholten Mal unangenehme psychische und körperliche Begleiterscheinungen, die sich sogar noch verstärkt hatten. Deshalb versuchte er, den negativen Konsequenzen – einem schlechten Abschneiden oder gar Scheitern bei der Prüfung – aus dem Weg zu gehen, indem er seine Teilnahme aus gesundheitlichen Gründen absagte. Das Ergebnis dieser Entscheidung war das **Vermeiden und Beenden der** für ihn **unangenehmen Konsequenzen**. Diesen Vorgang kann man als **negative Verstärkung** bezeichnen. Damit vollzog Jürgen einen Lernprozess, bei dem man von **Vermeidungslernen** spricht.

Nun ist Jürgen Schüler der Fachoberschule und versucht, sich auf das Fachabitur vorzubereiten. Um diese Prüfung erfolgreich zu bestehen, darf er das erlernte Vermeidungsverhalten aber nicht einsetzen. Der Schulpsychologe muss ein **Verhaltenskonzept** entwickeln, bei dem Jürgen durch den **Prozess von positiver Verstärkung** in die angenehme Situation versetzt wird, die Vorbereitungen und die Prüfung selbst erfolgreich zu bestehen.

3 **TIPP** *Gewichtungsvorschlag: 25 %*

Diese Aufgabenstellung verlangt von Ihnen zum einen die theoretische Darstellung eines günstigen Entwicklungsgeschehens. Dabei sollen Sie zwei Entwicklungsbedingungen und ihre Wechselwirkung verdeutlichen. Hierzu müssen Sie die zentralen Begriffe klären.
Zum anderen sollen Sie das positive Entwicklungsgeschehen unter Berücksichtigung von zwei Entwicklungsbedingungen an Ihrem Beispiel beschreiben. Sie haben wieder die Wahl: Entweder Sie verknüpfen Theorie und Beispiel unmittelbar oder Sie bearbeiten die Theorie und deren Anwendung getrennt.

Klärung der zentralen Begriffe

Unter „**Entwicklung**" versteht man eine Reihe von miteinander zusammenhängenden Veränderungen des Erlebens und Verhaltens, die sich auf bestimmte zeitliche Abschnitte im Lebenslauf eines Organismus beziehen. Zu den bedeutendsten **Entwicklungstheorien** zählen die exogenistischen (z. B. Lerntheorien), die tiefenpsychologischen (z. B. Psychoanalyse) und die kontextualistischen (z. B. ökologische Modelle).

Von einem **günstigen Entwicklungsgeschehen** spricht man, wenn die wichtigsten Faktoren (Anlage, Umwelt und Selbststeuerung) in einer positiven Wechselwirkung zueinander stehen. Dann begünstigen sich diese Faktoren gegenseitig. Der Entwicklungsfaktor **Anlage** besteht in der genetischen Ausstattung, die bei der Befruchtung festgelegt wird. Zu dieser Ausstattung zählen die physischen Merkmale wie z. B. die Größe, die Haar- und Augenfarbe oder die Konstitution einer Person. Aber auch psychische Merkmale wie Begabungen, Neigungen oder die Intelligenz werden zum größten Teil vererbt. Man spricht hier auch von den **endogenen Faktoren**.
Der Faktor **Umwelt** bezeichnet die **exogenen Einflüsse**, die auf die Entwicklung einwirken. Die Umweltfaktoren werden unterteilt in die „natürliche" Umwelt, die „kulturelle" Umwelt, die „ökonomische" Umwelt und die „soziale" Umwelt. Der dritte bedeutende Entwicklungsfaktor ist die **Selbststeuerung**, der **autogene Faktor**. Er beschreibt die Möglichkeiten eines Individuums, sein Verhalten selbst zu lenken und zu ändern.
Die einzelnen Faktoren beeinflussen die menschliche Entwicklung nicht isoliert voneinander, sondern stehen in **Wechselwirkung** zueinander. Das lässt sich am Beispiel der genetischen Ausstattung mit Intelligenz gut erläutern. Ein hoher Grad der Anlage Intelligenz kann sich bei negativen Umweltbedingungen mit keiner oder wenig För-

derung kaum entwickeln. Umgekehrt ist es möglich, dass positive Umweltbedingungen einen geringeren Intelligenzgrad bis zu einem gewissen Grad ausgleichen können. Auch das Maß an selbststeuernder Aktivität kann relativ unabhängig von den Umweltfaktoren helfen, die Entwicklung der Intelligenz zu fördern oder zu hemmen.

Günstiges Entwicklungsgeschehen bei Jürgen unter Anwendung von zwei Entwicklungsbedingungen und deren Wechselwirkung

Zu Jürgens **Anlagen** kann man sagen, dass er offensichtlich kognitiv begabt ist, da er in der Schule außerhalb der Abschlussprüfungsphasen gute Leistungen zeigt. Jürgens genetische Ausstattung mit Intelligenz ist also wahrscheinlich sehr gut. Jürgen ist außerdem eher ängstlich, was ihn aber zunächst in der Schule nicht beeinträchtigt. Besonderes Interesse erweckt bei ihm wohl der soziale Bereich, da er sich zunächst den Beruf des Krankenpflegers ausgesucht hat. Er verfügt also über Anlagen, die eine positive Entwicklung begünstigen.

Bei Jürgen deutet sich ein günstiges Entwicklungsgeschehen außerdem dadurch an, dass er sich Hilfe beim Schulpsychologen sucht. Der Entwicklungsfaktor, der bei Jürgen besonders wichtig ist, ist also die **Selbststeuerung**. Trotz starker Ängste vor Beginn der Realschulprüfung stellt er sich derselben. Nachdem er dabei schlecht abgeschnitten hat, wählt er die Ausbildung zum Krankenpfleger, die offensichtlich seinem Interesse an sozialem Engagement entspricht. Zwar gibt er am Ende der Ausbildung seiner Examensangst nach, doch meldet er sich an der Fachoberschule an. Seinem Problem der Examensangst und damit dem drohenden Scheitern an der Fachabiturprüfung begegnet er, indem er den Schulpsychologen aufsucht.

Damit Jürgens **Entwicklungsgeschehen** günstig verläuft, sind **positive Wechselwirkungen** zwischen den unterschiedlichen Entwicklungsfaktoren notwendig. Seine offensichtlich vorhandene Intelligenz und das Interesse an sozialem Engagement (**Anlage**) können z. B. durch seine Fähigkeit zur **Selbststeuerung** verstärkt werden. Jürgen hat offenbar erkannt, dass er problematisches Verhalten zeigt, und versucht, dieses mithilfe des Schulpsychologen zu verändern. Er verharrt also nicht starr in seinen Ängsten, sondern wird aktiv, um seine Probleme zu lösen und seine Ausbildung erfolgreich abzuschließen.

Günstig wären außerdem familiäre Unterstützung und die schulische Förderung (auch durch den Schulpsychologen). Wenn diese Faktoren sich wechselseitig positiv beeinflussen, wird auch Jürgens bereits vorhandene Selbststeuerung weiterhin gestärkt, sodass er ohne die alten Ängste das Fachabitur bestehen und seine berufliche Zukunft planen kann.

AUFGABE I: FALLBESCHREIBUNG

Text **Fallbeschreibung „Lukas"**

Der sechsjährige Lukas lebt mit seinen Eltern in einer Kleinstadt in Bayern. Er kam neun Wochen zu früh auf die Welt und hat sich von Anfang an etwas langsamer als seine Altersgenossen entwickelt. Seine Eltern können diese Tatsache nur schwer akzeptieren, zumal sie ihn ständig mit dem fast gleichaltrigen Sohn der Nachbarn vergleichen.

Lukas besucht seit drei Jahren den Kindergarten und zeigt auch dort auffälliges Verhalten sowie eine verzögerte Entwicklung. Dies äußert sich beispielsweise durch motorische Probleme: Lukas kann die Schere noch nicht richtig benutzen und hat Schwierigkeiten beim Ausmalen. Er braucht sehr lange für einfache Tätigkeiten wie das Aufräumen eines Puzzles. Im sprachlichen Bereich hat Lukas ebenfalls Defizite: Seine Sätze sind kurz, sein Wortschatz ist gering und er spricht bei verschiedenen Anlässen, wie beispielsweise im Morgenkreis, nur äußerst ungern.

Die Erzieherin hat große Probleme im Umgang mit Lukas. Sie wird schnell ungeduldig, empfindet Lukas und seine langsame Art als Belastung. In ihren Augen braucht das Kind mehr Förderung, als sie es im Kindergartenalltag leisten kann. Sie sieht sich in diesem Zusammenhang einer zunehmenden Überforderung ausgesetzt.

Die Eltern von Lukas zeigen sich gegenüber den Schwierigkeiten ihres Sohnes zudem wenig verständnisvoll und tolerant. Sein Vater bezeichnet Lukas oft als „langsame Schnecke". Während eines Wutanfalls gegenüber Lukas hat er schon davon gesprochen, dass er kein Wunschkind gewesen sei und man Kinder ja leider nicht mehr umtauschen könne. Lukas' Eltern schämen sich vor ihren Nachbarn und auch vor den Erzieherinnen im Kindergarten für ihren Sohn. Sie schärfen Lukas immer wieder ein, wie wichtig es sei, nicht aufzufallen und keine Schwierigkeiten zu machen, einfach „ein lieber Junge zu sein".

Seit Beginn des neuen Kindergartenjahres ist Lukas stolz darauf, ein Vorschulkind zu sein. Er freut sich sehr auf die Schule und bemüht sich, die Übungen für die Vorschulkinder gut zu erfüllen. Lukas merkt aber selbst, dass die anderen Kinder ihre Übungen viel schneller abschließen, und wird zunehmend frustrierter, da er nicht mit ihnen mithalten kann. Die Kinder bemerken dies und rufen ihm oft „lahme Ente" hinterher. Zudem wird er immer wieder von anderen Kindern im Kindergarten gehänselt, weil er angeblich noch „wie ein Baby spricht". Diese Hänseleien machen Lukas wütend. Wehren kann er sich aber nicht. Von der Erzieherin fühlt er sich ungerecht behandelt, da sie den anderen Kindern viel mehr zutraut. Er spricht weder mit seinen Eltern noch mit der Erzieherin über seine Gefühle, da er ja „ein lieber Junge" sein will.

Lukas leidet sehr darunter und ist davon überzeugt, dass alle ihn auch deshalb nicht mögen, weil er so langsam ist. Demzufolge zieht er sich sowohl von den Kindern als auch von den erwachsenen Bezugspersonen immer mehr zurück.

Beim Elterngespräch empfiehlt die Erzieherin den Eltern, Lukas noch ein Jahr vom Schulbesuch zurückstellen zu lassen oder gleich über den Besuch einer Förderschule nachzudenken.

Die Eltern sind entsetzt über die Aussagen der Erzieherin. Der Vater poltert sofort los, sein Kind gehe auf keinen Fall auf die „Sonderschule". Lukas sei ja nicht behindert und außerdem seiner Ansicht nach nur zu faul. Man müsse den Jungen nur strenger erziehen und mit etwas Bestrafung werde er es schon in der „normalen" Schule schaffen!

Die Mutter dagegen erinnert sich sofort an eine Nachbarin, die ihr vor kurzem davon erzählte, dass man jetzt neuerdings immer häufiger alle Kinder in einer Klasse unterrichte, egal, ob diese beeinträchtigt seien oder nicht. Man fördere dort jedes Kind individuell nach seinem Leistungsstand. Die Nachbarin meinte, das sei doch auch etwas für Lukas, da er dann nicht von seinen Kindergartenfreunden getrennt wäre.

Lukas' Eltern informieren sich am folgenden Tag über diese Möglichkeit an der örtlichen Grundschule und melden ihn für eine solche Klasse an.

Teilaufgaben zur Fallbeschreibung „Lukas"

1 Erklären Sie die Entstehung von Lukas' Selbstkonzept sowie sein aktuelles Verhalten (Rückzug vor Kindern und Erwachsenen) mithilfe relevanter Annahmen der personenzentrierten Theorie nach C. Rogers.

2 Verdeutlichen Sie den Prozess des „Denkens als Entscheidungsfindung" am Beispiel der Entscheidung von Lukas' Eltern bezüglich seines künftigen Schulbesuches.

3a Erläutern Sie ausgehend von Lukas bzw. seiner Familie zwei Aufgaben/Ziele einer sozialpädagogischen Institution.

3b Zeigen Sie in diesem Zusammenhang zwei mögliche Probleme der erzieherischen Arbeit in dieser Institution auf.

AUFGABE II

Teilaufgaben

Fachpraktische und berufliche Ausbildung haben an der Beruflichen Oberschule einen hohen Stellenwert.

1 Erläutern Sie ein Gedächtnismodell (z. B. Mehrspeichermodell) am Beispiel des Wissenserwerbs einer Praktikantin/eines Auszubildenden in der fachpraktischen/beruflichen Ausbildung.

Verdeutlichen Sie dabei eine mögliche Gedächtnishemmung.

2 Erklären Sie eine mögliche Kommunikationsstörung in der fachpraktischen oder betrieblichen Ausbildung mithilfe relevanter Annahmen einer Kommunikationstheorie (nach P. Watzlawick u. a. oder F. Schulz v. Thun).

Verdeutlichen Sie an diesem Beispiel ausgehend von der gewählten Theorie eine Möglichkeit gelungener Kommunikation.

3 Erklären Sie mithilfe der sozialkognitiven Theorie von A. Bandura, wie eine der in Teilaufgabe 2 beschriebenen Personen ein Kommunikationsverhalten erwerben kann, das zu einer gelungenen Kommunikation beiträgt.

Beschränken Sie sich innerhalb dieser Theorie auf die Aufmerksamkeitsprozesse sowie die Kompetenz- und Ergebniserwartungen.

Lösungsvorschlag

Aufgabe I

1 TIPP *Gewichtungsvorschlag: 45 %*

Überlegen Sie, welche Annahmen der personenzentrierten Theorie nach Rogers für die Analyse des Fallbeispiels relevant sind. Sie haben zwei unterschiedliche Möglichkeiten, Ihre fachwissenschaftlichen Kenntnisse darzustellen und auf das Fallbeispiel zu beziehen:

- Sie legen einzelne Aspekte Ihrer fachwissenschaftlichen Kenntnisse dar und stellen gleich, mit Zeilenbezug, den Zusammenhang zum Fallbeispiel her. Bei dieser Bearbeitung wird diese Variante gewählt.
- Sie zeigen erst vollständig Ihre fachwissenschaftlichen Kenntnisse auf. Im Anschluss wenden Sie diese mit Zeilenbezug auf das Fallbeispiel an.

Die Anwendung der fachwissenschaftlichen Kenntnisse wird bei der Bewertung wesentlich höher gewichtet als die Wiedergabe fachwissenschaftlicher Kenntnisse. Wichtig dabei ist die zutreffende und vollständige Verknüpfung zwischen Fachwissen und Anwendung am Fallbeispiel.

Einleitung

Der Begründer der personenzentrierten Theorie ist **Carl Rogers**. Er ist ein bedeutender Vertreter der **humanistischen Psychologie**, die neben der Psychoanalyse und dem Behaviorismus eine Hauptrichtung der Psychologie darstellt. Die personenzentrierte Theorie ist eine **Persönlichkeitstheorie**; sie versucht, die Struktur, die Dynamik und die Entwicklung von Persönlichkeit zu beschreiben und zu erklären. Unter **Persönlichkeit** wird die individuelle Struktur von Merkmalen einer Person verstanden. Diese sind einerseits recht gleichbleibend, können sich aber andererseits im Laufe des Lebens verändern. Aufgrund dieser Persönlichkeitsmerkmale erleben Menschen ihre Umwelt auf ihre individuelle Art und verhalten sich dementsprechend. In Rogers' **Menschenbild** wird die humanistische Sicht des Menschen deutlich. Diese geht davon aus, dass die Natur des Menschen im Wesentlichen positiv ist. Er strebt danach, zu wachsen und sich zu einer gesunden Persönlichkeit zu entwickeln. Dennoch berücksichtigt Rogers, dass bei ungünstigen Entwicklungsbedingungen auch irrationale und zerstörerische Kräfte im Menschen wirksam werden können.

Im vorliegenden Fallbeispiel werden bei Lukas solche ungünstigen Entwicklungsbedingungen beschrieben: Er ist 9 Wochen zu früh geboren und deshalb in seiner Entwicklung verzögert (Z. 1–3).

Relevante Annahmen und Begriffe der personenzentrierten Theorie und deren Anwendung auf das Fallbeispiel

Im Zentrum von Rogers' Theorie steht die Grundannahme des „angeborenen" Strebens des Menschen nach Aktualisierung und Selbstverwirklichung. Er nimmt an, dass der Mensch nicht nur aus triebgesteuerter Spannungsreduktion heraus (wie z. B. bei Freud) handelt, sondern dass das Streben zur Selbstverwirklichung sein Handeln bestimmt. Dieses Streben ist die Tendenz zur **Selbstaktualisierung**. Der Mensch möchte Unabhängigkeit und Selbstbestimmung erlangen. Rogers geht davon aus, dass diese Tendenz angeboren ist. Am Fallbeispiel Lukas wird das Streben nach Selbstverwirklichung deutlich: Er ist stolz darauf, ein Vorschulkind zu sein, und freut sich auf die Schule. Er gibt sich große Mühe bei den Übungen für die Vorschulkinder (Z. 25–27). Lukas bemüht sich aus eigener Motivation. Er strebt von sich aus nach mehr Unabhängigkeit, Selbstbestimmung und Selbstaktualisierung.

Dabei werden Erfahrungen, die dem positiven Wachstum der Persönlichkeit entgegenstehen, gemieden. Das bezeichnet Rogers als **organismischen Bewertungsprozess**. Hierbei handelt es sich um die kognitiven Möglichkeiten des Menschen, Erfahrungen zu verarbeiten und zu beurteilen, inwieweit sie bei der Aktualisierung bzw. Selbstverwirklichung helfen oder sie behindern. Der Mensch möchte so ein inneres Wertesystem herstellen und sein Erleben damit in Einklang bringen. In der Fallbeschreibung wird dies deutlich: Lukas merkt, dass er bei den Übungen langsamer ist als die anderen Kinder, und ist dadurch immer frustrierter. Die anderen Kinder machen sich über ihn lustig, weil er langsam ist und „wie ein Baby spricht" (Z. 29–31). Er bewertet diese Erfahrungen negativ, da sie sein Streben nach Selbstverwirklichung einschränken. Die Aussagen der anderen Kinder machen Lukas wütend, er kann sich aber nicht wehren (Z. 31/32).

Aus den **Wahrnehmungen** und **Erfahrungen**, die ein Mensch in seinem Leben macht, entsteht sein **Selbstkonzept**. Es wird außerdem beeinflusst durch seine Meinungen und Bewertungen über sich selbst und seine Umwelt.
Das Selbstkonzept besteht aus dem Real-Selbst und dem Ideal-Selbst. Das **Real-Selbst** stellt das realistische Selbstbild einer Person dar. Es beinhaltet ihre tatsächlichen Fähigkeiten, Eigenschaften und Verhaltensweisen. Als **Ideal-Selbst** bezeichnet Rogers die idealistische Sichtweise einer Person von sich selbst. Es ist eine Wunschvorstellung davon, wie eine Person gern sein möchte; auch die Erwartungen der Mitmenschen haben Einfluss auf das Ideal-Selbst. Stimmen Real-Selbst und Ideal-Selbst weitgehend überein, hat dies eine gesunde seelische Entwicklung zur Folge. Besteht aber eine Diskrepanz zwischen diesen beiden Bildern, empfindet die Person innere Spannungen und Ängste.
Das Selbstkonzept von Lukas ist durch seine vielfältigen Erfahrungen mit sich und seiner Umwelt sowie durch seine Wahrnehmungen entstanden. Lukas kann z. B. wahrnehmen, dass sein Vater ihn als „langsame Schnecke" bezeichnet (Z. 18/19). Er will seinen Eltern zuliebe stets ein lieber Junge sein (Z. 33/34). Er nimmt die **Bewertungen** anderer wahr: „Von der Erzieherin fühlt er sich ungerecht behandelt, da sie den anderen Kindern viel mehr zutraut. Er spricht weder mit seinen Eltern noch mit der Erzieherin über seine Gefühle, da er ja ‚ein lieber Junge' sein will. Lukas leidet sehr darunter

und ist davon überzeugt, dass alle ihn auch deshalb nicht mögen, weil er so langsam ist" (Z. 35/36). Sein Vater sagt ihm in einem Wutanfall, dass er kein Wunschkind ist (Z. 19/20). Diese Bewertungen prägen Lukas' Selbstkonzept.
Lukas' **Real-Selbst** besteht aus unterschiedlichen Aspekten: Aktuell ist er z. B. ein Vorschulkind (Z. 25/26). Er merkt aber, dass er langsamer ist als die Gleichaltrigen (Z. 27/28). Die Hänseleien der anderen Kinder machen ihn wütend (Z. 31/32).
Auch das **Ideal-Selbst** von Lukas beinhaltet verschiedene Teilaspekte: Er möchte ein lieber Junge sein (Z. 34), also den Erwartungen seiner Eltern entsprechen. Er gibt sich Mühe bei den Übungen für die Vorschulkinder und will mit den anderen mithalten (Z. 27/29).

Da Kinder das Bedürfnis nach positiver Beachtung und Bestätigung haben, haben die **Forderungen ihrer Eltern** bzw. **wichtiger Erziehungspersonen** große Bedeutung für sie. Sie nehmen diese Forderungen auf und ihr Selbstkonzept wird dadurch geprägt. So wurde Lukas mit Forderungen seiner Eltern konfrontiert: Sie ermahnen ihn immer wieder, nicht aufzufallen und keine Schwierigkeiten zu machen, also ein lieber Junge zu sein (Z. 24). Lukas' Verhalten wird dadurch beeinflusst. Dies zeigt sich daran, dass er sich nicht wehrt, wenn er von anderen gehänselt und als „lahme Ente" bezeichnet wird (Z. 29–31).
Auch **Beziehungsbotschaften** prägen grundlegend das Selbstkonzept. Positive bzw. negative Rückmeldungen, auch nonverbale Signale, die man von anderen erhält, wirken auf das Bild, das man von sich selbst hat. Lukas erhält **negative Beziehungsbotschaften:** Er merkt, dass seine Eltern seine verlangsamte Entwicklung nur schwer akzeptieren können, und wird von seinem Vater beschimpft (Z. 19–21). Die Eltern schämen sich für Lukas (Z. 21/22). Er fühlt sich von der Erzieherin ungerecht behandelt, da sie den anderen Kindern mehr zutraut (Z. 32/33). Lukas leidet sehr darunter und ist davon überzeugt, dass ihn keiner mag, weil er so langsam ist (Z. 35/36). Sein Selbstbild wird durch diese Botschaften geprägt.

Auch durch **Zuschreibungen** wird das Selbstkonzept grundlegend beeinflusst. Das Kind bekommt bestimmte Eigenschaften zugeschrieben, die es dann für sich übernimmt. Lukas hört sowohl von den Eltern als auch von den anderen Kindern, dass er langsam ist (Z. 18/19, 29) und „wie ein Baby spricht" (Z. 31). Irgendwann integriert er diese zugeschriebenen Eigenschaften in sein Selbstkonzept und betrachtet sich selbst als langsam (Z. 35/36).
Je nach **positiver Beachtung oder Geringschätzung** wird die **Selbstachtung bzw. das Selbstwertgefühl** von Kindern geprägt. Lukas entwickelt eine geringe Selbstachtung. Er zieht sich von den Erwachsenen und den Kindern immer mehr zurück (Z. 36/37). Als **Selbstachtung** bezeichnet man die Wertschätzung einer Person sich selbst gegenüber und die wertende Einstellung, die sie zu sich selbst hat. Lukas ist davon überzeugt, dass er weniger wert ist als andere und dass die anderen ihn aufgrund seiner Defizite nicht mögen.

Lukas bildet ein **starres Selbstkonzept** aus. Er ist nicht in der Lage, auf die aktuellen Erfahrungen wie die Hänseleien flexibel zu reagieren, sondern hält an dem verinnerlichten Ideal-Selbst, ein „lieber Junge" sein zu wollen, fest und zieht sich zurück (Z. 32–37).

Lukas möchte gerne so wie die anderen sein (**Ideal-Selbst**). Er schafft dies aber aufgrund seiner persönlichen Entwicklungsbedingungen nicht (**Real-Selbst**). Er hat das Gefühl, sich gegen die Hänseleien wehren zu müssen (Z. 32), wagt dies aber aufgrund der Forderungen seiner Eltern, die auf sein Ideal-Selbst wirken, nicht (Z. 21–24). Bei Lukas besteht ein großer **Unterschied zwischen Real-Selbst und Ideal-Selbst**. Dies zeigt sich durch seine Frustration und seinen Rückzug von Erwachsenen und Kindern (Z. 28/29, 36/37). Nach Rogers entstehen durch diese Diskrepanz z. B. Anspannung, Angst und Unausgeglichenheit. Bleibt dieser Zustand länger bestehen, kann es zu psychischen Problemen und Störungen kommen.

Der Mensch wertet nach Rogers auf zwei Ebenen: der des Organismus und der des Selbstkonzepts. Der Organismus registriert die Erfahrung und bewertet sie. Lukas' Organismus erlebt seine Defizite (Z. 8–12, 27/28) und die eigene Wut (Z. 31/32). Dieses Erleben passt nicht zu seinem Selbstkonzept, ein lieber Junge zu sein (Z. 34) und mit den anderen Kindern mitzuhalten (Z. 29). Dies führt bei Lukas zu **Inkongruenz**. Diese entsteht, wenn das Selbstkonzept nicht mit dem organismischen Erleben einer Person übereinstimmt. Die aktuellen Erfahrungen von Lukas weichen von seinem Selbstbild ab.

Menschen mit einem starren Selbstkonzept können dieses auch dann nicht verändern, wenn sie neue Erfahrungen machen. Sie empfinden eine Diskrepanz zwischen ihren aktuellen Erfahrungen und ihrem Selbstkonzept und bleiben dadurch unter Umständen in einem inkongruenten Zustand. Dies ist bei Lukas der Fall: Er ist wütend und fühlt sich ungerecht behandelt, kann sich aber nicht wehren oder über seine Gefühle sprechen (Z. 31–37). Bei andauernder Inkongruenz kommt es beim Betroffenen zu einem **Konflikt** und unter Umständen zu psychischen Störungen. Lukas gelingt es z. B. aufgrund seines **starren Selbstkonzeptes** nicht, zu erkennen, dass auch ein lieber Junge bei Hänseleien einmal wütend werden darf.

2 **TIPP** *Gewichtungsvorschlag: 25 %*

In der Aufgabenstellung ist das Wort „Eltern" unterstrichen. Dies weist deutlich darauf hin, dass Sie den **Prozess des Denkens als Entscheidungsfindung** explizit auf Lukas' **Eltern** beziehen sollen.
Auch hier wird der Transfer, also die Anwendung am Fallbeispiel, deutlich höher gewichtet als die fachwissenschaftliche Fundierung. Die fachlichen Inhalte müssen trotzdem vollständig und korrekt aufgezeigt werden. Verknüpfen Sie diese Inhalte anschließend mit dem Fallbeispiel.

Einleitung

Denken ist eine kognitive Funktion. Der Begriff **Kognition** umfasst alle Fähigkeiten, Funktionen und Prozesse, durch die der Mensch Informationen aufnimmt, verarbeitet und speichert. Die kognitive Funktion **Denken** ist nicht unmittelbar beobachtbar. Bei diesem psychischen Vorgang werden Informationen aufgenommen und verarbeitet.

Denkvorgänge können zur Informationsverarbeitung, Problemlösung, Entscheidungsfindung oder Begriffsbildung eingesetzt werden. Für die Beantwortung der Aufgabenstellung werden die Ausführungen auf das **Denken als Entscheidungsfindung** bezogen.
Wenn man zwischen mehreren Handlungs- bzw. Verhaltensmöglichkeiten wählen kann, muss man eine Entscheidung treffen. Zu Beginn dieses Vorgangs besteht also das Erfordernis, sich zu entscheiden. Lukas' Eltern haben nach dem Gespräch mit der Erzieherin (Z. 38–40) eine Entscheidung zu treffen, ob und wo ihr Sohn eingeschult werden soll. Die Entscheidung ist notwendig, da in Deutschland eine gesetzliche Schulpflicht besteht. Außerdem freut Lukas sich auf die Schule (Z. 26) und sollte nicht zu lange im Unklaren darüber gelassen werden, wann er auf welche Schule geht.
Gibt es verschiedene Alternativen, beginnt der Mensch, über diese nachzudenken. Er macht sich alle Handlungsmöglichkeiten bewusst und beurteilt ihre jeweiligen **Vor- und Nachteile** sowie die **Konsequenzen**, die das jeweilige Verhalten möglicherweise hat.
Bei Lukas' Eltern stehen folgende Alternativen zur Bewertung an: Sie können den ersten Vorschlag der Erzieherin durchdenken, Lukas noch ein Jahr vom Schulbesuch zurückstellen zu lassen (Z. 38/39). Der Vorteil wäre, dass Lukas noch ein Jahr länger Zeit hätte, um die notwendigen Schulfähigkeitskompetenzen aufzubauen. Vermutlich wäre Lukas aber sehr enttäuscht, nicht mit den anderen Vorschulkindern in die Schule zu kommen.
Sie machen sich außerdem Gedanken zu dem zweiten Vorschlag der Erzieherin, Lukas auf eine Förderschule zu schicken (Z. 39/40). Im Fallbeispiel wird deutlich, dass die Eltern diese Alternative sofort bewerten: „Die Eltern sind entsetzt über die Aussagen der Erzieherin. Der Vater poltert sofort los, sein Kind gehe auf keinen Fall auf die „Sonderschule". Lukas sei ja nicht behindert [...] (Z. 41/42). Es ist anzunehmen, dass die Eltern bei dieser Lösung wenig Vorteile für die Entwicklung von Lukas sehen. Dem Vorteil einer individuellen Förderung steht der Nachteil der Ausgrenzung gegenüber. Vermutlich befürchten die Eltern eine Stigmatisierung der ganzen Familie.
Die dritte Möglichkeit ist die Idee der Nachbarin, Lukas in einer gemischten Klasse unterrichten zu lassen, in der beeinträchtigte und nicht beeinträchtigte Kinder individuell gefördert werden. Dies hätte den Vorteil, dass Lukas dann nicht von seinen Kindergartenfreunden getrennt würde (Z. 46–50). Die Eltern erkennen offensichtlich darin nur Vorteile und bewerten diesen Vorschlag positiv. Sie informieren sich umgehend über diese Möglichkeit und melden Lukas für eine solche Klasse in der örtlichen Grundschule an (Z. 51/52). Die Eltern sehen bei dieser Lösung offensichtlich keine Nachteile. Ein Nachteil dieser Klasse könnte aber z. B. sein, dass zu viele unterschiedliche Kinder zusammen unterrichtet werden und dadurch zu wenig Zeit zur individuellen Förderung für Lukas besteht.
Die Bewertung von Handlungs- und Verhaltensmöglichkeiten bei einer Entscheidung wird von verschiedenen **Faktoren** beeinflusst: Hier wirken **Persönlichkeitsmerkmale** wie Wissen, Erfahrungen, Wertvorstellungen, Einstellungen, Interessen, Bedürfnisse sowie Gefühle. Auch **Ratschläge** von anderen Personengruppen wie Freunden, Bekannten oder Mitarbeitern von Einrichtungen spielen eine wichtige Rolle. Daher ist der Entscheidungsprozess bei jedem Menschen ein subjektiver Vorgang.

Lukas' Vater hat die **Wertvorstellung** und **Einstellung**, sein Sohn wäre nur zu faul und könnte durch eine strengere Erziehung und Bestrafung die „normale" Schule schaffen (Z. 43–45). Lukas' Mutter reagiert ebenfalls entsetzt. Man kann daraus schließen, dass Lukas' Eltern wenig **Erfahrung** und eventuell eine negative Einstellung gegenüber Förderschulen haben.
Bei der Bewertung der Handlungsalternativen von Lukas' Eltern spielen **Gefühle**, **Bedürfnisse** und **Interessen** eine große Rolle. Lukas' Eltern **schämen** sich vor den Nachbarn und Erzieherinnen. Sie haben das **Bedürfnis**, einen Sohn zu haben, der sich altersgemäß entwickelt. Sie vergleichen Lukas ständig mit dem gleichaltrigen Sohn der Nachbarin (Z. 3–5).
Lukas' Eltern erhalten den **Ratschlag** von der Erzieherin, Lukas zurückzustellen oder auf eine Förderschule zu schicken sowie den Vorschlag der Nachbarin, ihn in eine Inklusionsklasse einzuschulen. Die abschließende Entscheidung von Lukas' Eltern wird daher auch von anderen Personen beeinflusst – zunächst durch die Erzieherin und dann durch die Nachbarin.
Lukas' Eltern informieren sich an der Grundschule (Z. 51/52). Sie nutzen das **Wissen** der Nachbarin (Z. 46–50). Die **Entscheidung** der Eltern, Lukas an dieser Grundschule anzumelden, ist für sie in dieser Situation **subjektiv** die vernünftigste Lösung.

Die oben aufgezeigten Einflussfaktoren haben die Entscheidung von Lukas' Eltern also beeinflusst. Die Eltern erfahren durch diese Handlungsalternative weniger Stigmatisierung und Lukas kann mit den anderen „Vorschulkindern" die Schule besuchen.

3a **TIPP** *Gewichtungsvorschlag 3a und 3b: 30 %*

Es wird von Ihnen gefordert, eine für Lukas und seine Familie relevante **sozialpädagogische Institution** auszuwählen und **zwei Aufgaben bzw. Ziele** zu erläutern. Neben dem Kindergarten wäre es auch möglich, den Hort auszuwählen. Wenn Lukas in die Schule kommt, wäre diese sozialpädagogische Einrichtung eine gute Möglichkeit, ihn weiterhin ganzheitlich zu fördern. Auch die Eltern wären in ihren erzieherischen Aufgaben unterstützt.
In dieser Bearbeitung wird der Kindergarten gewählt, da hier die Möglichkeit besteht, sich auf Textangaben in der Fallbeschreibung zu beziehen.

Einleitung

Sozialpädagogik kann man allgemein als Theorie und Praxis der Kinder- und Jugendhilfe bezeichnen. Ihre Aufgaben und Institutionen werden im Kinder- und Jugendhilfegesetz (KJHG) benannt. Die gesetzlichen Grundlagen und die Aufgaben des Kindergartens findet man im KJHG § 22 und in den Verordnungen der Bayerischen Kindertagesstätten (BayKiTaG). Das KJHG fordert die **Betreuung**, **Bildung** und **Erziehung** des Kindes. Die pädagogischen Leitlinien sind im **bayerischen Bildungs- und Erziehungsplan** (BEP) für Kinder in Tageseinrichtungen bis zur Einschulung festgelegt und verbindlich.

Im BEP wird ein **postmodernes Bild des Kindes** vertreten: Das Kind gestaltet seine Entwicklung und Bildung demnach **aktiv** und **kompetent** mit. In der Kindertagesstätte soll auf die veränderten Anforderungen der Gesellschaft genauso eingegangen werden wie auf die zunehmende kulturelle Diversität und soziale Komplexität. In Teilaufgabe 1 wurde schon aufgezeigt, wie Lukas sein Selbstkonzept und die Art und Weise seines Lernens mitgestaltet. Nach dem **BEP** sind z. B. folgende **Ziele** und **Aufgaben** bedeutsam: Aufbau von Basiskompetenzen und Resilienz, Begleitung von Transitionen/Übergängen, Umgang mit individuellen Unterschieden und soziokultureller Vielfalt, Förderung von Kindern mit erhöhtem Entwicklungsrisiko und (drohender) Behinderung, Aufbau von Elternpartnerschaften, Partizipation. Durch neue gesetzliche Grundlagen wie die **UN-Behindertenrechtskonvention** und die **Salamanca-Erklärung** wird der Begriff Integration durch das Recht jedes Kindes auf **Inklusion** ersetzt.

Zwei zentrale Aufgaben des Kindergartens, aber auch für Lukas und seine Eltern, sind die **Inklusion** und die **Übergangsbegleitung/Transition** vom Kindergarten in die Grundschule.

Inklusion ist die selbstverständliche Teilhabe von Menschen mit Beeinträchtigungen an allen gesellschaftlichen Bereichen. Lukas ist Teil der Kindergartengruppe, obwohl er im Vergleich zu den anderen Kindern Verzögerungen in seiner Entwicklung zeigt. Inklusion bedeutet, dass jedes Individuum **gleichwertig** behandelt wird, ohne dass dabei die Normalität vorausgesetzt wird. Normal ist eher das **Vorhandensein von Unterschieden**. Inklusive Pädagogik hat die Aufgabe, die **Unterschiede** (**Diversität**) zwischen den Kindern **wertzuschätzen**. Lukas' Erzieherin ist sich dieser Aufgabe noch nicht hinreichend bewusst. Sie lässt zu, dass andere Kinder Lukas hänseln, und empfiehlt eine Förderschule. Ihre Aufgabe wäre es, die Anforderungen in der Vorschulgruppe so zu gestalten, dass jedes Kind, auch Lukas, einen Lernfortschritt erzielen kann. Grundlage ist das **Bild vom Kind**, nach dem jedes Kind kompetent seine Entwicklung mitgestaltet. Aufgabe des Kindergartens ist es, dass jeder einzelne nicht mehr genötigt wird, **unerreichbare Normen** zu erfüllen. Jedes Kind ist ein **gleichwertiger**, **wichtiger Bestandteil der Gruppe**. Einzelne Kinder sollen nicht mehr als „förderbedürftig" separiert werden. **Jedes Kind** bekommt innerhalb des Kindergartens **individuelle Förderung**. Nicht einer Person werden Ressourcen zugewiesen, sondern ganzen Gruppen oder Kindergärten. Wenn zum Beispiel eine Logopädin zwei Mal die Woche spezielle Übungen zum Aufbau von Sprachkompetenz anbietet, werden alle Kinder mit einbezogen. Wird nur Lukas gefördert, dokumentiert dies wieder seine Andersartigkeit. Ausgrenzung und Stigmatisierung werden verstärkt.

Um den Umgang mit Diversität zu verbessern und das Ziel der Inklusion zu erreichen, sollte die **Partizipation** der Kinder im Kindergarten verstärkt werden. Die Vorschulkinder könnten z. B. gefragt werden, was sie alles über die Schule wissen wollen. Die **Unterschiede** zwischen den Kindern sollen als **Chancen für gemeinsames Spielen und Lernen** genutzt werden. Es können z. B. soziale Kompetenzen bei anderen Kindern gefördert und wertgeschätzt werden, wenn diese Freude daran entwickeln, Lukas bei der Bewältigung von Aufgaben zu unterstützen. Aufgabe der Erzieherin ist es, die **gesamte Persönlichkeit** der Kinder wahrzunehmen und nicht nur einen Gesichtspunkt, wie etwa eine Beeinträchtigung, als zentrales Merkmal in den Mittelpunkt zu stellen. Leider sind in der Fallbeschreibung wenige „Fähigkeiten" von Lukas genannt. Positiv zu bewerten ist aber seine Vorfreude auf die Schule (Z. 26). Lukas will seine Bildung und Entwicklung aktiv mitgestalten. Die Aufgabe der Erzieherin ist es, diese Sichtweise den Eltern zu vermitteln, um dem Vater einen anderen Blick auf seinen Sohn zu ermöglichen. Er hat einen fleißigen und motivierten Sohn, der sich auf die Schule freut. Lukas ist in der Lage, langsam Lernfortschritte zu erzielen.

Eine weitere **Aufgabe des Kindergartens** ist es, den **Übergang** vom Kindergarten in die Grundschule zu **gestalten** und zu **begleiten**. Das Ziel ist die erfolgreiche **Übergangsbewältigung**. Kinder sind wie Lukas in der Regel hoch motiviert, sich auf den neuen Lebensabschnitt, „Schulkind" zu sein, einzulassen. Der Alltagsbegriff „Übergang" wird im fachwissenschaftlichen Kontext als **Transition** bezeichnet. **Transitionen** sind vielschichtige Veränderungsprozesse, die stattfinden, wenn sich Lebenszusammenhänge wandeln. Dies ist bei Lukas und seinen Eltern der Fall: Lukas wird vom Kindergartenkind zum Schulkind. Wie im Fallbeispiel deutlich wird, sind die Eltern mit diesem Übergang sehr beschäftigt und in Sorge. Das Individuum durchlebt in dieser Zeit eine **Phase beschleunigter Veränderungen**.

Beim Übergang vom Kindergarten zur Schule **verändert sich die Identität** des Kindes. Es empfindet Vorfreude und Stolz, muss aber auch Ängste und Unsicherheiten verarbeiten. Es wird selbstständiger und erlernt viele neue Kompetenzen. Lukas freut sich wie die anderen Kinder auf die Schule. Er ist aber auch unsicher und zieht sich von den anderen Kindern und Erwachsenen zurück. Die Aufgabe des Kindergartens ist es, wenn möglich schon frühzeitig Kontakt mit der zukünftigen Schule von Lukas aufzunehmen, um diese über seine individuellen Kompetenzen und Besonderheiten zu informieren und sich über Möglichkeiten der Förderung auszutauschen.
Außerdem müssen die Kinder bei diesem Übergang lernen, neue Beziehungen zu Lehrern und Mitschülern einzugehen. Auch die schon vorhandenen Beziehungen verändern sich, weil die Eltern an ein Schulkind andere Anforderungen stellen. Einige Beziehungen – z. B. zur Erzieherin – werden beendet. In einer Inklusionsklasse gibt es mehr Kinder mit einem individuellen Förderbedarf. Dies kann sich auch positiv auf die Entwicklung von Lukas auswirken. Er nimmt wahr, dass auch andere Kinder mit Besonderheiten zu kämpfen haben. Für Lukas entwickeln sich vielleicht neue Freundschaften. Möglich ist aber auch, dass der Druck auf Lukas in der Familie wächst. Sein Vater könnte vermehrt überhöhte Leistungserwartungen an seinen Sohn stellen. Ein **Elternabend**, gemeinsam mit der Grundschullehrerin, könnte solche Themen aufgreifen und Lukas' Eltern Hilfestellung für die Bewältigung ihrer Sorgen und Ängste geben.
Die **Lebenssituation** ändert sich für Kinder und deren Eltern beim Übergang in die Schule sehr. Es muss z. B. ein **neuer Rhythmus für den Tagesablauf und die Schlafzeiten** gefunden werden. Auch die **Eltern eines Schulkindes** müssen sich an die neuen Gegebenheiten gewöhnen. Lukas' Eltern benötigen hier auf alle Fälle kompetente Ansprechpartner. Aufgabe des Kindergartens wäre es, die Eltern auf bestehende Gruppen für Eltern, deren Kinder ebenfalls eine Inklusionsklasse besuchen, hinzuweisen, damit sie von den Erfahrungen anderer profitieren können.

3b **TIPP** *Gewichtungsvorschlag 3a und 3b: 30 %*

Bei dieser Teilaufgabe sollen Sie **zwei Probleme** aufzeigen, die bei der Arbeit in der zuvor von Ihnen beschriebenen **sozialpädagogischen Institution** auftreten könnten. Sie können sich hierbei entweder ganz konkret auf die beiden vorher erläuterten Aufgaben bzw. Ziele beziehen oder allgemeine Probleme in der erzieherischen Arbeit erläutern. In jedem Fall sollten Sie noch einmal einen **Bezug zum Fallbeispiel** herstellen.

Mögliche Probleme der erzieherischen Arbeit im Kindergarten

Ein mögliches Problem könnte darin bestehen, dass die **Struktur- und Rahmenbedingungen** nicht die Voraussetzungen für eine erzieherische Arbeit im Sinne einer inklusiven Pädagogik bieten.

Inklusion ist eine gesetzliche Verordnung. Damit Inklusion umgesetzt werden kann, müssen bestimmte Voraussetzungen erfüllt sein, die häufig in Kindergärten nicht gegeben sind. Für die Inklusion sind die **Partizipation der Mitarbeiter** und die **Einbeziehung der Kinder und Eltern in Entscheidungsprozesse** unabdingbar. Dabei kann es zu Widersprüchen kommen: Der Anordnung zur Inklusion stehen die konkreten Arbeitsvoraussetzungen und Einstellungen der Menschen zur Inklusion oftmals gegenüber. In dem Fallbeispiel ist nichts darüber zu lesen, ob Kinder und Eltern an Entscheidungen beteiligt werden. Dies ist aber nach dem BEP eine Forderung an die pädagogische Arbeit.
Inklusion erfordert häufig eine **Veränderung der Einstellungen und Werte** der Menschen. Die pädagogischen Mitarbeiterinnen sollten also ihre Überzeugungen und Werte reflektieren. Auch mit **eigenen Vorurteilen**, Vorlieben und Abneigungen **kritisch umzugehen** ist eine Voraussetzung für inklusive Pädagogik in einem Kindergarten. Wichtige Einstellungen und Werte sind Mitgefühl und Respekt vor Unterschieden, Ehrlichkeit und Integrität sowie Gleichheit und Fairness. Lukas fühlt sich im Fallbeispiel von der Erzieherin ungerecht behandelt. Es wird nicht erwähnt, dass sie mit den Kindern ein Gespräch führt, wenn sie Lukas als „lahme Ente“ bezeichnen. Es wäre aber sehr wichtig, solche Verhaltensweisen mit den Kindern zu besprechen. Die Erzieherin zeigt Lukas gegenüber ihre Ungeduld und vermittelt ihm dadurch das Gefühl, eine Belastung zu sein.
Häufig sind die **Fachkräfte** für eine inklusive Arbeit **nicht ausgebildet und vorbereitet**. Es bedarf bestimmter **Kompetenzen**, um mit **Vielfalt** und **Verschiedenheit** umzugehen. Es ist z. B. notwendig, ein schriftliches Konzept zu erstellen, damit die Eltern wissen, wie inklusive Pädagogik im Kindergarten umgesetzt wird. Ein solches Konzept sollte folgende Fragen beantworten: Wie gestaltet sich eine individuelle Vorbereitung für alle Kinder auf die Schule? Wie wird in der Einrichtung mit den gesetzlich vorgegebenen Förderstunden umgegangen? Stehen genügend passende Räume zur Verfügung, um notwendige Fördermaßnahmen für alle Kinder durchzuführen? Eltern haben ein Recht darauf, darüber informiert zu werden.
Eine weitere Voraussetzung für gelingende Inklusion sind Netzwerke und **nachhaltige Beziehungen zwischen den Einrichtungen und ihrem sozialen Umfeld**. Wie kann

z. B. ein Sport- bzw. Musikverein dauerhaft mit dem Kindergarten vernetzt werden? Für Lukas wäre es z. B. eine gute Idee, nachmittags einen Verein seiner Wahl zu besuchen, in dem er seine Fähigkeiten einsetzen und erweitern kann. Die **Vernetzung mit anderen Organisationen**, auch **sonderpädagogischen Einrichtungen**, ist eine zwingende Voraussetzung, damit Inklusion gelingt. Die Institutionen sollen nicht gegeneinander, sondern miteinander arbeiten, damit jedes Kind seine optimalen Entwicklungschancen erhält.

Ein zweites Problem könnte darin bestehen, dass es schwierig ist, eine Bildungs- und Erziehungspartnerschaft mit den Eltern zu gestalten. Der Aufbau einer **Kompetenzpartnerschaft mit den Eltern** ist im **BEP** vorgeschrieben und gehört zu den zentralen erzieherischen Aufgaben einer Fachkraft im Kindergarten. Im BEP werden für die Bildungs- und Erziehungspartnerschaft mit den Eltern wichtige Ziele benannt – z. B. die Begleitung von Übergängen.
Erzieher haben bei der Frage, ob ein Kind schulfähig ist, die **Aufgabe, auf die Interessen der Eltern einzugehen**. Ihre Aufgabe ist es, über den anstehenden Übergang zu informieren und Hilfestellungen zu geben.
Die Erzieherin im Fallbeispiel erfüllt diese Aufgabe nicht ausreichend. Sie informiert die Eltern zu wenig über die unterschiedlichen Möglichkeiten zur Einschulung für Kinder mit einem speziellen Förderbedarf. Die Gründe für diese zu gering ausgeprägte Elternpartnerschaft sind im Fallbeispiel nicht benannt. Womöglich steht zu wenig Zeit zur Verfügung. Dies wäre dann ein strukturelles Problem und nicht der Erzieherin anzulasten. Möglich ist aber auch, dass die Erzieherin und das Team des Kindergartens sich mit dem Thema Inklusion und den daraus resultierenden beruflichen Aufgaben, auch den Eltern gegenüber, zu wenig auseinandergesetzt haben. Die Erzieherin verfügt vielleicht nicht über anschlussfähiges Wissen, um die Eltern kompetent zu beraten. Die Beratung und die Vermittlung entsprechender unterstützender Fachdienste ist aber nach dem BEP ihre Aufgabe. So hätte sie die Eltern mit unterschiedlichen Formen inklusiver Schulbildung vertraut machen sollen. Es gibt im bayerischen Schulsystem Integrationsklassen, integrative Klassen, Einzelintegration sowie Kooperationsklassen. Es gibt außerdem private Schulen wie z. B. Montessori- oder Jena-Planschulen, die das Ziel der Inklusion verfolgen. In den verschiedenen Klassen gibt es andere Rahmenbedingungen, um dem Rechtsanspruch der Eltern auf eine gleichwertige schulische Bildung ihrer Kinder gerecht zu werden.
In diesem Fallbeispiel konnte der Kindergarten seinen Auftrag den Eltern gegenüber nicht ausreichend erfüllen.

1 **TIPP** *Gewichtungsvorschlag: 35 %*

Zu Beginn sollten Sie die zentralen **Begriffe** und **Aussagen** eines Gedächtnismodells klären. Dann haben Sie die Möglichkeit, zwischen zwei Darstellungsweisen zu wählen:

- Sie stellen ein Gedächtnismodell dar und erläutern dabei jede Annahme sofort an dem von Ihnen gewählten Beispiel.
- Sie stellen zuerst das gesamte Gedächtnismodell dar und erläutern dieses anschließend geschlossen und zusammenhängend an Ihrem Beispiel. Sie können die Gedächtnishemmungen entweder bereits zu Beginn nennen und eine mögliche Hemmung ausführlich darstellen und beispielhaft erläutern. Alternativ erläutern Sie die gewählte Hemmung im Anschluss an Ihre Darstellung des Modells. Diese Vorgehensweise wurde im Folgenden gewählt.

Bei der Wahl des Beispiels sollten Sie darauf achten, dass es sich um eine Person im Praktikum bzw. in der fachpraktischen Ausbildung handelt. Das Beispiel sollte geeignet sein, Annahmen eines Gedächtnismodells, einer Kommunikationstheorie und der sozial-kognitiven Theorie zu verdeutlichen.
Denken Sie stets daran, dass die **Anwendung** der fachwissenschaftlichen Kenntnisse bei der Bewertung deutlich stärker gewichtet wird als die **Wiedergabe** derselben.

Klärung der zentralen Begriffe

Das Gedächtnis ist eine **kognitive Fähigkeit** des Menschen. Diese Fähigkeit ist grundsätzlich bei allen Menschen angelegt. Unter **Kognition** werden alle psychischen Fähigkeiten, Funktionen und Prozesse verstanden, durch die der Mensch Informationen aufnimmt, verarbeitet und speichert. Das **Gedächtnis** bezeichnet die Fähigkeit des Nervensystems, aufgenommene Informationen zu behalten, zu ordnen und wieder abzurufen. Dabei handelt es sich um sachliches Wissen, aber auch um Gefühle, Erlebnisse usw. Die gespeicherten Informationen sind das Ergebnis von bewussten oder unbewussten Lernprozessen. Sie werden im Gedächtnis **verarbeitet**, indem sie entschlüsselt und ausgewertet werden. Dank seines Gedächtnisses kann der Mensch für ihn notwendige gespeicherte Informationen wieder **abrufen**. Bei neueren Modellvorstellungen wird davon ausgegangen, dass das Gedächtnis ein aktives Organ ist. Es ist in der Lage, uns bei der Verarbeitung und Deutung neuer, bisher unbekannter Reizvorlagen zu helfen.
Die Wissenschaftler haben verschiedene Modelle des Gedächtnisses entwickelt. Im Folgenden soll das **Mehrspeichermodell** dargestellt werden.

Zentrale Annahmen des Mehrspeichermodells

Die Vertreter des Mehrspeichermodells gliedern das Gedächtnis in **drei separate Speicher**. Zwischen diesen finden **Kontrollprozesse** statt. Das sind individuelle Gedächtnisstrategien, die eine Person zum Einprägen, Behalten und Erinnern einsetzt. Sie

leiten gegebenenfalls Informationen zum nächsten Speicher weiter, regeln also den Informationsfluss zwischen den Speichern. Je nach Dauer der Informationsspeicherung wird zwischen dem sensorischen Gedächtnis, dem Kurzzeit- oder Arbeitsgedächtnis und dem Langzeitgedächtnis unterschieden.
Das **sensorische Gedächtnis** (**SG**) enthält alle Reize und Informationen, die durch die menschlichen Sinnesorgane aufgenommen werden. Es behält diese nur Sekunden und leitet ausgewählte Informationen an das **Kurzzeitgedächtnis** (**KZG**) weiter, wo sie verarbeitet werden. Werden diese Informationen bewusst wiederholt, können sie beliebig lange im KZG bleiben.
Nur wenige Informationen gelangen aus dem Kurzzeitgedächtnis in das **Langzeitgedächtnis** (**LGZ**). Diese werden dort dann dauerhaft gespeichert. Das Langzeitgedächtnis beinhaltet alles Wissen eines Menschen und wird deshalb auch als **Wissensgedächtnis** bezeichnet.
Wesentliche Merkmale der Speichersysteme sind: die **Kapazität** (SG: sehr groß, KZG: sehr klein, LZG: nahezu unbegrenzt), die **Speicherdauer** (SG: maximal 1,5 Sekunden, KZG: maximal 1 Minute, durch Wiederholung ausdehnbar, LZG: lebenslang), die **Speicherart** (SG und KZG: bioelektrisch, LZG: biochemisch), die **Funktion** (SG: Reizregistrierung und -selektion, KZG: Arbeitsgedächtnis, Assoziationsprozesse, Verarbeitungsprozesse von Informationen, LZG: Wissensgedächtnis) sowie die **Vergessensrate** (SG: sehr hoch, KZG: bei bewusstem Wiederholen klein, LZG: kaum).

Erläutern der Annahmen des Mehrspeichermodells am Beispiel

Im Folgenden soll das Gedächtnismodell am Beispiel des Wissenserwerbs einer Auszubildenden in der fachpraktischen bzw. beruflichen Ausbildung erläutert werden. Als Beispiel dient hier die Berufsoberschülerin Karin, die vor ihrer Zeit auf der BOS Auszubildende zur Kinderpflegerin in einem inklusiven Kindergarten war. Nun möchte sie Abitur machen, um dann Sozialpädagogik studieren zu können. Während ihrer Ausbildung wurde sie im Kindergarten einer Gruppe zugeteilt, in der sich zwei Kinder mit Behinderung befanden. Eines dieser Kinder war autistisch mit dem sogenannten „Asperger-Syndrom“. Es war viereinhalb Jahre alt und geistig altersgemäß entwickelt. Allerdings war es überhaupt nicht in die Gruppe integriert, spielte alleine und verweigerte jeglichen Körperkontakt. Das zweite Kind, Anna, hatte das sogenannte Down-Syndrom (Trisomie 21) und war fünf Jahre alt. Sie unterschied sich äußerlich von den anderen Kindern durch ein sehr rundes Gesicht und lernte sehr langsam. Die Erzieherin betraute die Auszubildende mit dem Auftrag, sich um eines dieser beiden Kinder intensiv zu kümmern und auch die erforderlichen pflegerischen Tätigkeiten zu übernehmen.
Am ersten Tag ihrer Ausbildung strömt auf die 17-jährige Kinderpflegeschülerin Karin eine riesige Informationsflut ein. Ihr **sensorisches Gedächtnis** nimmt alle **Reize** auf, die sie mit den Sinnesorganen wahrnehmen kann. Mit den **Augen** sieht sie zu Beginn alle Kinder der Gruppe und registriert folgende Informationen: das Aussehen und die Gesichtsausdrücke der Kinder, die Räumlichkeiten mit ihren Farben und Formen, einzelne Gegenstände, unterschiedliche Bewegungen. Mit den **Ohren** hört sie Namen des pädagogischen Personals und einzelner Kinder. Sie nimmt Wörter wahr, die sich zu

Aussagen aneinanderreihen, hört Geräusche wie Lachen oder Schreie. Diese Informationen werden bioelektrisch gespeichert, bleiben aber nur ungefähr eine Sekunde im sensorischen Gedächtnis. Dadurch werden die meisten Informationen wieder gelöscht. Während dieser Zeit entscheiden **Kontrollprozesse** darüber, welche dieser Informationen an das Kurzzeitgedächtnis weitergeleitet werden. Das kann durch **Empfindungen**, die bestimmte Reize auslösen, geschehen. So kann ein bestimmter Gesichtsausdruck als angenehm empfunden und weitergeleitet werden. Ein anderer löst eventuell Angst aus und wird gelöscht. Indem Anna die Auszubildende hilfesuchend und erstaunt anblickt, wird deren Mitgefühl geweckt und diese Empfindung wird an ihr Kurzzeitgedächtnis weitergeleitet. Damit hat **Selektion** stattgefunden. Karin beobachtet Anna sehr konzentriert und aufmerksam, was dazu führt, dass die Informationen über das Mädchen ins Kurzzeitgedächtnis weitergeleitet werden. So hat sie auch spontan den Namen des Kindes „aufgeschnappt" und behalten.
Die Kinderpflegeschülerin hat nun in ihrem **Kurzzeitgedächtnis** erste Informationen über eines der beiden behinderten Kinder gespeichert. Sie kennt seinen Namen sowie den Gesichtsausdruck und hat dabei positive Empfindungen. In der Mittagspause spricht sie die Erzieherin auf Anna an. Sie erfragt, was die Beeinträchtigung „Trisomie 21" allgemein bedeutet und welche speziellen Auswirkungen das auf Annas Erleben und Verhalten hat. Am Nachmittag beobachtet sie Anna vor dem Hintergrund dieser neuen Informationen sehr genau. Sie gesellt sich mit einem Bilderbuch zu ihr und erlebt das Mädchen als sehr anhänglich. Anna sucht Körperkontakt und setzt sich auf ihren Schoss. Die Betrachtung des Bilderbuches geht sehr langsam voran. Es ist notwendig, Anna alle Einzelheiten einer Darstellung zu erklären. Diese Erfahrung deckt sich mit den Informationen von der Erzieherin. Die Kinderpflegeschülerin hat ihr Wissen nun durch **Wiederholung und Anwendung** gefestigt. Die Kontrollprozesse bewirken, dass die Informationen über Anna und ihre Art der Beeinträchtigung in das Langzeitgedächtnis weitergeleitet werden. Hilfreich ist bei der **Speicherung** im Langzeitgedächtnis, dass sich Karin an ihre kleine Nichte erinnert. Sie ist zwar erst drei Jahre alt, doch das Verhalten und die Bedürfnisse von Anna sind fast identisch. So kann die angehende Kinderpflegerin die neuen Informationen mit bereits gespeicherten **verknüpfen**.
Nach Feierabend setzt sich die Schülerin zu Hause an ihren Computer und recherchiert zu der Behinderung Trisomie 21. Sie erfährt dadurch viel Neues über diese Art der Beeinträchtigung. Die neuen Informationen kann sie mit den bereits vorhandenen aus der Kindertagesstätte verknüpfen und im **Langzeitgedächtnis** abspeichern. Nun besitzt Karin bereits ein relativ gefestigtes **Wissen** über Trisomie 21 und das beeinträchtigte Mädchen. Würden diese im Langzeitgedächtnis gespeicherten Informationen zu selten genutzt bzw. abgerufen, könnte der Zugang zu ihnen **verloren gehen**. Falls Karin erst nach zehn Jahren wieder mit Kindern mit Trisomie 21 in Kontakt käme, könnte sie sich vielleicht nicht mehr aktiv an die jetzt gewonnenen Informationen erinnern. Würde sie dann erneut Informationen über diese Beeinträchtigung aufnehmen, wäre ein **Wiedererkennen** möglich. Zwischen dem Langzeit- und dem Kurzzeitgedächtnis findet in der kommenden Ausbildungszeit der angehenden Kinderpflegerin ein ständiger **Austausch** statt. Da sie sich dafür entschieden hat, schwerpunktmäßig Anna zu betreuen, ruft sie durch den Umgang mit ihr ständig Informationen aus dem

Langzeitgedächtnis in ihr Kurzzeitgedächtnis ab. Die Kontrollprozesse sorgen dafür, dass die unterschiedlichen Erfahrungen in der Praxis das ursprüngliche Wissen modifizieren.

Darstellung einer Gedächtnishemmung und deren Erläuterung an obigem Beispiel

Nicht immer funktioniert das Speichern und Behalten von Informationen reibungslos. **Gedächtnishemmungen** können das Behalten und Abrufen von Informationen stören oder verhindern. Somit können sie dazu führen, dass man Informationen vergisst.
Es werden folgende Gedächtnishemmungen unterschieden: proaktive, retroaktive und affektive Hemmung sowie Ähnlichkeits-, Erinnerungs- und Gleichzeitigkeitshemmung.
Nachdem die Auszubildende eine gute pädagogische und menschliche Beziehung zu Anna aufgebaut hat, rät ihr die Erzieherin, sich auch mehr um andere Kinder zu kümmern. Karin möchte dies auch gerne tun und setzt sich zu ein paar Jungen in die Bauecke. Sie fragt sie nach ihren Namen, mit wem sie befreundet sind und was sie am liebsten im Kindergarten tun. Während dieser Zeit ist sie aber stets mit einem Auge bei Anna und sorgt sich, ob es ihr auch wirklich gut geht.
Sie verspürt also Anna gegenüber ein so großes **Verantwortungsgefühl**, dass sie sich nicht wirklich auf die Jungen und ihre Äußerungen konzentrieren kann. Dieses **starke Gefühl** steht der Speicherung von neuen Informationen über die Kinder im Wege. Diese **Blockade** beim Speichern und Behalten wird als **affektive Hemmung** bezeichnet. Die Kinderpflegeschülerin muss lernen, Anna gedanklich etwas loszulassen.

2 **TIPP** *Gewichtungsvorschlag: 35 %*

Zu Beginn entscheiden Sie sich für eine Kommunikationstheorie. In der folgenden Bearbeitung wurde die Theorie nach Watzlawick u. a. gewählt. Klären Sie die zentralen kommunikationstheoretischen **Begriffe** und die Bedeutung **gestörter und gelungener Kommunikation**. Danach sollten Sie die Aussagen Watzlawicks bzw. Schulz von Thuns kurz zusammenfassen und eine davon auswählen und ausführlich darstellen. Es bietet sich an, danach eine mögliche Störungsform herauszugreifen und an Ihrem in Teilaufgabe 1 geschilderten Beispiel zu erläutern. Als zweites sollen Sie eine **Möglichkeit gelungener Kommunikation** darstellen und an Ihrem Beispiel erläutern. Sie können sich dabei auf das vorher eingeführte oder auf ein weiteres Axiom beziehen.

Allgemeine Begriffsklärungen

Die kommunikationspsychologische Forschung möchte dazu beitragen, Kommunikation zu analysieren, zu beschreiben und zu erklären, wann und wie Störungen entstehen. Sie soll aber auch aufzeigen, wie Kommunikation erfolgreich gestaltet werden kann.

Soziale Kommunikation entsteht immer dann, wenn Menschen miteinander in Kontakt treten, sich austauschen und Informationen weitergeben. Das bedeutet, dass soziale Kommunikation auch immer **Interaktion** ist. Die Menschen nehmen mit anderen Menschen eine Beziehung auf, um ein bestimmtes Ziel zu verfolgen. Dabei wollen sie ihre Erwartungen erfüllen und ihre Bedürfnisse befriedigen. Gelingt dies, spricht man von **erfolgreicher Kommunikation**. Um dies zu erreichen, ist es notwendig, dass alle an der Kommunikation Beteiligten ihre Ziele verwirklichen können.
Tritt die erwünschte Wirkung jedoch nicht ein und die beteiligten Personen können durch die Kommunikation weder ihre Ziele erreichen noch ihre Bedürfnisse befriedigen, wird von **gestörter Kommunikation** gesprochen. Eine Störung tritt bereits dann ein, wenn eine beteiligte Person unzufrieden mit dem Ergebnis ist.

Grundlegende Annahmen der Theorie von Watzlawick u. a.

Die Kommunikationstheorie von Paul Watzlawick u. a. ist eine **konstruktivistische Theorie**. Sie geht davon aus, dass die Realität, auf die wir die zwischenmenschlichen Interaktionen beziehen, nicht objektiv vorhanden ist. Vielmehr ist sie ein **Konstrukt**, das wir selbst schaffen. Die sogenannte Wirklichkeit ist dann das Ergebnis der Kommunikation.
Die Forscher machen Vorschläge, wie Kommunikation erfolgreich gestaltet werden kann. Dazu haben sie unterschiedliche **Axiome** – also Annahmen – erarbeitet, die im Folgenden kurz vorgestellt werden:

- In einer sozialen Situation kann man **nicht nicht kommunizieren**. Das bedeutet, dass in Gegenwart verschiedener Personen jedes Verhalten aller Anwesenden Kommunikation ist.
- Jede Kommunikation hat einen **Inhalts- und einen Beziehungsaspekt**. Danach enthält jede Nachricht einen sachlichen und einen emotionalen Aussagegehalt.
- In jeder sozialen Kommunikation ist das Verhalten der Partner sowohl **Reaktion** auf den anderen als auch Reiz und **Auslöser** für das Verhalten des Gegenübers.
- Menschliche Kommunikation bedient sich sowohl **digitaler als auch analoger Modalitäten**.
- Zwischenmenschliche Kommunikationsabläufe können **symmetrisch und/oder komplementär** sein.

Watzlawick u. a. beschreiben im Zusammenhang mit den einzelnen Axiomen sehr ausführlich, wann und warum Kommunikation entweder erfolgreich oder gestört verlaufen kann.

Darüber hinaus zeigen die Wissenschaftler einige grundsätzliche Möglichkeiten auf, wie **erfolgreich** kommuniziert werden kann. Das ist z. B. die **Metakommunikation**, bei der die Kommunikation selbst Thema des Gesprächs oder der Reflexion darüber wird. Im Mittelpunkt steht dabei die Klärung des Beziehungsaspektes und die zu übermittelnde Information. Eine zweite Möglichkeit, erfolgreich zu kommunizieren, ist der Gebrauch von **Ich-Botschaften**. Durch Ich-Botschaften können die eigenen Gedanken, Gefühle, Ängste, Bedenken oder Wünsche mitgeteilt werden. **Du-Botschaften** hingegen beinhalten Bewertungen oder Kritik am Kommunikationspartner.

Sie bewirken als Reaktion meist eine Abwehrhaltung. Eine weitere Möglichkeit, Kommunikation positiv verlaufen zu lassen, besteht in der Schaffung einer **positiven Atmosphäre**. Dafür muss gegenseitiges Vertrauen als Kommunikationsbasis hergestellt werden. In einer solchen Atmosphäre können dann Informationen ohne tatsächlichen oder gefühlten Druck und Zwang ausgetauscht werden.

Erklärung einer möglichen Kommunikationsstörung, dargestellt an obigem Beispiel

Innerhalb des inklusiven Kindergartens unseres Beispiels findet vielfältige soziale Kommunikation statt. So interagieren die Kinder untereinander, die Betreuer mit den Kindern und die Betreuer untereinander. Dazu kommen noch die Interaktionen mit externen Personen und Institutionen. Im Folgenden wird die Kommunikation zwischen der Erzieherin und der Auszubildenden nach Annahmen von Watzlawick u. a. beschrieben und analysiert; es wird erklärt, warum diese nicht erfolgreich verläuft.
Die Erklärung orientiert sich am 5. Axiom, das besagt: Zwischenmenschliche Kommunikationsabläufe können symmetrisch und/oder komplementär sein. Es kommt dabei darauf an, ob die Beziehung zwischen den Partnern auf Gleichheit oder Unterschiedlichkeit beruht. Ist der Status der Kommunikationspartner gleich, spricht man von **symmetrischer Kommunikation**. In unserem Beispiel ist das nicht der Fall – der Status der Partner ist ungleich. In diesem Fall spricht man von **komplementärer** oder sich ergänzender **Kommunikation**. Zwischen der Erzieherin und der Auszubildenden besteht ein hierarchisches Gefälle. Die übergeordnete Partnerin, also die Erzieherin, befindet sich in der sogenannten **Primärposition**. Sie ist die Vorgesetzte der Kinderpflegerin in Ausbildung und für diese verantwortlich. Die Auszubildende nimmt die untergeordnete Position ein. Man spricht daher von **Sekundärposition**. Der Begriff „komplementär" beinhaltet die akzeptierten, sich ergänzenden Unterschiede in der Kommunikation. Erfolgreiche komplementäre Kommunikation bedeutet nach diesem Axiom, dass Erzieherin und Auszubildende ihre unterschiedlichen Positionen und die jeweils andere Person als Individuum akzeptieren. Das ist aber in unserem Fall nicht gegeben. Zwar weiß die Schülerin, dass die Erzieherin ihr vorgesetzt ist und damit Weisungsbefugnis hat. Doch um deren Anweisungen gern zu befolgen, fehlt ihr das Vertrauen in die fachliche Kompetenz und Überlegenheit der Erzieherin. Aufgrund ihrer Beobachtungen hat sie den Eindruck gewonnen, dass sich die Erzieherin nur ungern um die beiden Kinder mit Behinderungen kümmert. Karins Meinung nach hat sie ihr die Aufgabe der Betreuung von Anna nur übertragen, um selbst davon befreit zu sein, und nicht, weil sie der Schülerin dies zutraut. Das Ergebnis ist eine **Kommunikationsstörung** zwischen Erzieherin und Auszubildender. Karin befolgt die Anweisungen zwar, jedoch ungern und nicht mit vollem Engagement, da sie die fachliche Kompetenz der Erzieherin anzweifelt. Die komplementäre Kommunikationssituation wird von der Auszubildenden nicht so erlebt, dass sie und ihre Vorgesetzte sich positiv ergänzen, sondern sie empfindet die Erzieherin als **autoritär**.

Verdeutlichung einer Möglichkeit gelungener Kommunikation

Wie kann die Situation der gestörten Kommunikation verbessert werden, hin zu erfolgreicher Kommunikation und Interaktion? Grundvoraussetzung ist, dass beide beteiligten Personen bereit sind, über das vorhandene Problem zu reden. Falls die Erzieherin dazu nicht bereit oder in der Lage ist, wird sich nichts in eine positive Richtung verändern. Geht man von einer beiderseitigen Bereitschaft aus, ist ein Erfolg versprechendes Mittel zur Verbesserung der Kommunikation in unserem Beispiel die **Metakommunikation**.

Wie bereits erwähnt, wird bei der Metakommunikation die Kommunikation selbst Thema des Gespräches. Das bedeutet, dass die Erzieherin und die Auszubildende ihre Interaktionen, deren Inhalte und ihre Beziehung reflektieren. Das Gespräch sollte in einer ruhigen und **angenehmen Atmosphäre** stattfinden. Es darf kein zeitlicher Druck bestehen und es sollte zu keiner Störung oder Unterbrechung kommen. Die Auszubildende muss den Mut besitzen, der Erzieherin zu schildern, wie sie sich fühlt und wie sie die Kommunikation erlebt. Sie könnte z. B. erläutern, dass sie ja versteht, dass sie in einer lernenden und untergeordneten Position ist, dass sie aber die Kommunikation nicht als eine sich ergänzende erlebt. Sie empfindet die Anweisungen der Erzieherin als autoritär und nicht hinterfragbar. Die Aufgabe, sich um eines der behinderten Kinder besonders zu kümmern, erlebt Karin nicht als ergänzend, sondern als eine Last, die die Erzieherin weitergibt. Zwar kümmert sie sich gern um Anna, möchte aber wissen, warum sie diese Aufgabe erhalten hat. Damit die Auszubildende merkt, ob die Erzieherin ihre Ausführungen verstanden hat, ist es wichtig, dass diese durch **aktives Zuhören** Karin gegenüber einzelne Inhalte spiegelnd wiederholt. So hätte Karin die Möglichkeit, ein Missverständnis gleich auszuräumen.

Nun sollte die Erzieherin ihrerseits mutig sein und der Auszubildenden gegenüber zugeben, dass sie selbst es nicht geschafft hat, eine positive Beziehung zu Anna aufzubauen. Sie ist sehr erleichtert, dass der Schülerin dies gelungen ist und Anna Vertrauen zu ihr entwickelt hat. Falls die Erzieherin diese Informationen in **Ich-Botschaften** übermittelt, z. B. „Ich habe es nicht geschafft …" oder „Ich freue mich, dass …", würde sie ihrerseits die Basis für eine **vertrauensvolle Beziehung** zu der Auszubildenden legen. Die Schülerin würde sich dann akzeptiert fühlen und den Eindruck gewinnen, dass ihre Arbeit wertgeschätzt wird. Sie kann nun auch zu der Erzieherin aufschauen und ihre fachliche und persönliche Kompetenz achten, da sie so ehrlich und offen war. Abschließend wird die hierarchische Beziehung noch einmal angesprochen; diese besteht auch in Zukunft. Doch durch gegenseitiges Verständnis und darauf aufbauendes Vertrauen ist sie geklärt. Die **Komplementarität der Beziehung** zwischen Erzieherin und Auszubildender kann als sich **ergänzend** erlebt werden.

Die soziale Kommunikation zwischen beiden hat nach dieser Klärung gute Aussichten darauf, künftig erfolgreich zu verlaufen.

3 **TIPP** *Gewichtungsvorschlag: 30 %*

Zu Beginn klären Sie die zentralen Begriffe und Annahmen der sozial-kognitiven Theorie nach Bandura. Danach beschreiben Sie die Aufmerksamkeits- und Motivationsprozesse und erläutern diese an Ihrem Beispiel aus den anderen Teilaufgaben. Stellen Sie dar, wie die Prozesse beim Erlernen eines Kommunikationsverhaltens ablaufen.
Erläutern Sie anschließend Faktoren, die die Aufmerksamkeit während dieser Prozesse erhöhen. Beschreiben Sie danach die Prozesse der Kompetenz- und Ergebniserwartung und erläutern diese ebenso am Beispiel.

Grundbegriffe und -annahmen der sozial-kognitiven Theorie nach Bandura

Die **sozial-kognitive Theorie** nach Albert Bandura beruht auf Erkenntnissen der **Kognitionspsychologie**. Deshalb befasst sie sich mit dem Lernen als **Prozess der Informationsverarbeitung**. Die Kognitionspsychologen, also auch Bandura, sehen den Menschen als **reflektierendes Wesen**. Dieses Menschenbild beinhaltet u. a. die Annahme, dass der Mensch über sich und seine Umwelt nachdenkt. Er lebt und handelt bewusst und zukunftsorientiert. Außerdem steht er in einem permanenten **Wechselwirkungsverhältnis** zu der ihn umgebenden Umwelt und seiner Situation. Bei der Informationsverarbeitung spielt die Wahrnehmung eine große Rolle. Das Individuum beobachtet seine Bezugspersonen. Lernen vollzieht sich innerhalb eines Systems, das die Umwelt, die Mitmenschen und deren Verhalten umfasst. Aufgrund der Mitwirkung der Mitmenschen spricht man bei der sozial-kognitiven Theorie auch vom **Modelllernen**. **Modelle** können real existierende Personen sein, aber auch historische Vorbilder, Medienmodelle oder abstrakte Konstrukte.

Darstellung der Lernprozesse und deren beispielhafte Erläuterung

Wesentliche Elemente von Banduras Lerntheorie sind die Phasen und Prozesse. Er unterscheidet zwischen Aneignungs- und Ausführungsphase.
In der **Aneignungsphase** spielen die **Aufmerksamkeits- und Gedächtnisprozesse** eine große Rolle. Ob ein Modell **Aufmerksamkeit** erhält oder nicht, und ob der Beobachter das gelernte Verhalten auch tatsächlich zeigt, hängt von verschiedenen Bedingungen ab. Diese sind z. B. die Persönlichkeitsmerkmale des Modells, des Beobachters, die Umwelt- und speziellen Situationsbedingungen. Das Verhalten des Modells umfasst viele einzelne Tätigkeiten und Informationen. Der Lernende beobachtet nur die für ihn wichtigen Bestandteile.
Die lernende Person in unserem Beispiel ist die Auszubildende zur Kinderpflegerin. Wie bereits erwähnt, ist ihre Kommunikation zur Erzieherin erst einmal gestört. Aus diesem Grund ist die Erzieherin für sie zunächst kein geeignetes Modell für das Erlernen eines positiven Kommunikationsverhaltens. Die Auszubildende muss aus den ihr zur Verfügung stehenden Informationen modellhafte auswählen, denen sie nacheifern kann. Da sie sich bei der Kommunikation mit der Erzieherin unsicher ist, wie sie sich verhalten soll, sucht sie nach einem Vorbild für gelungene Kommunikation. Eine ihrer

Dozentinnen an der Kinderpflegeschule ist ihr besonders sympathisch. Die Heilpädagogin arbeitet in einer schulvorbereitenden Einrichtung, in der sich auch drei Kinder mit Trisomie 21 befinden. Der Kurs unternimmt eine Exkursion in diese Einrichtung. Karin ist vom liebevollen pädagogischen Umgang der Dozentin mit den Kindern und von ihrem Kommunikationsstil begeistert. Die **Sympathie und Attraktivität**, die diese Person ausstrahlt, fasziniert die Auszubildende. Sie hat auch beobachtet, wie geschätzt und beliebt die Dozentin in der Einrichtung ist. Diese Persönlichkeitsmerkmale und ihr Erfolg machen die Dozentin zum attraktiven Modell für Karin. Auch sie möchte später einmal in ihrem Beruf pädagogisch kompetent und beliebt sein. Die Dozentin und die heilpädagogischen Grundsätze, die sie im Wahlfach vermittelt, haben **modellhaften Charakter** für die Auszubildende.
Die Schülerin **reflektiert** nun aufgrund ihrer Ausbildung im inklusiven Kindergarten ihre kommunikativen Fähigkeiten. Ihre Situation und die Bedingungen des Lernens haben sich verändert. Die neuen **Umweltbedingungen** der Ausbildungszeit im Kindergarten erhöhen ihre **Aufmerksamkeit**. Ihr Bedürfnis, sich u. a. Wissen über Kommunikationsstrategien anzueignen, ist gestiegen. Deshalb verfolgt sie sehr aufmerksam den Kommunikationsstil ihrer Dozentin und versucht, alle Informationen intensiv **wahrzunehmen**. Sie reflektiert die Art, wie ihre Dozentin mit ihren Mitarbeitern und den Kindern umgeht, und holt sich weitere Informationen zur Kommunikation im Internet. Damit unterstützt sie den notwendigen **Gedächtnisprozess**. Im Kindergarten wendet sie dann das erlernte Wissen an, indem sie das klärende Gespräch mit der Erzieherin sucht. So festigt sie die für sie relevanten Informationen in ihrem Gedächtnis. Das unterstützt auf jeden Fall die erfolgreiche Aneignung des modellhaften Verhaltens.

Die **Ausführungsphase** beinhaltet sowohl **Motivations- und Verstärkungsprozesse** als auch **Reproduktionsprozesse**. Bei Motivation und Verstärkung sind die **Kompetenz- und Ergebniserwartungen** zentral. Dabei geht es um die Wirkung von **Bekräftigungen** und die sich daraus entwickelnden **Erwartungen**.
Laut Bandura spielt in diesem Zusammenhang der **Erfolg** eine große Rolle. Nach seiner Theorie wird ein Individuum ein Verhalten dann zeigen, wenn es dazu **motiviert** ist. Motiviert ist es, wenn es sich von seinem Verhalten Erfolg verspricht oder glaubt, einen Misserfolg abwenden zu können. Die Auszubildende ist hoch motiviert, ihre Kommunikation mit der Erzieherin zu verbessern, da sie das vorbildhafte und erfolgreiche Verhalten ihres Modells, der Dozentin, nachahmen will. Sie erlebt den **Erfolg** der Dozentin, die sowohl im Unterricht als auch in der schulvorbereitenden Einrichtung sehr beliebt und anerkannt ist, als **stellvertretende Bekräftigung**. Ihre Lehrerin **bekräftigt sich** auch **selbst**. Das drückt sich durch ihr ausgeglichenes und sympathisches Wesen aus. Die Schülerin versucht nun, gedanklich ihren Erfolg im Umgang mit der Erzieherin vorwegzunehmen. Dabei entstehen bei Karin **Erwartungshaltungen**. Bandura unterscheidet hier zwischen Ergebniserwartungen, Kompetenzerwartungen und der Aussicht auf Selbstbekräftigung. Bei der **Ergebniserwartung** verspricht sich die beobachtende Person, die Auszubildende, vom Nachahmen des Verhaltens ihrer Dozentin angenehme Folgen oder zumindest das Vermeiden unangenehmer Konse-

quenzen. Sie macht sich Gedanken über ihre Fähigkeiten und Möglichkeiten, das beobachtete Verhalten nachzuahmen. Da sie ihr Verhältnis zu der Erzieherin unbedingt verbessern möchte, steigt ihre Motivation weiter und es kommt zu einer **positiven Ergebniserwartung**. Da es ihr im Kindergarten bereits gelungen ist, eine gute Beziehung zu Anna aufzubauen, schätzt sie ihre Möglichkeiten positiv ein. Bandura nennt diese Gedanken **Kompetenzerwartungen**. Karin schätzt ihre Kompetenz zur erfolgreichen Nachahmung hoch ein. Sie hat die Kommunikation zwischen sich und der Erzieherin reflektiert und verfügt über viel Empathie. Das Ergebnis dieser positiven gedanklichen Bewertung der persönlichen Fähigkeiten ist die Aussicht auf ihre eigene **Selbstbekräftigung**. Die Aussicht auf Selbstbekräftigung bewirkt bei der Schülerin die Hoffnung, bald selbst kompetent, erfolgreich, beliebt und zufrieden in ihrem Beruf zu sein. Am Ende kann sie sich für das Erreichte sogar **selbst belohnen**. Die Kommunikation mit Anna ist bereits erfolgreich und die Auszubildende hofft, dass sie auch mit der Erzieherin bald für beide zufriedenstellend verläuft.

AUFGABE I: FALLBESCHREIBUNG

Text **Fallbeschreibung „Jan“**

Jan, 16 Jahre alt, hat sich in den letzten Monaten sehr verändert. Früher eher ein geselliger Typ, zieht er sich nun von den meisten schulischen Aktivitäten zurück und isoliert sich zusehends von seinen Mitschülern und der Clique. Er ist lustlos und verspürt kaum noch Antrieb, in die Schule zu gehen oder mit Freunden etwas zu unternehmen. Auch die Übungsstunden der Jugendfeuerwehr besucht er nicht mehr regelmäßig, was ihm früher viel Spaß bereitete. In der Schule fühlt er sich nicht akzeptiert und glaubt, dass alle anderen besser und anerkannter sind als er. Beeinflussen kann er diese Situation aus seiner Sicht nicht. Er befürchtet, dass er das Schuljahr nicht mehr bestehen kann, was ihn traurig stimmt. Einladungen von Klassenkameraden lässt Jan häufig unbeantwortet. Dafür verbringt er immer mehr Zeit vor seinem PC mit Fantasy-Spielen, in denen er, wie er sagt, „in andere Welten eintaucht“. Über dem intensiven und mittlerweile häufig nächtelangen Spielen vergisst er, regelmäßig zu den Mahlzeiten zu kommen, und konsumiert in großen Mengen Energydrinks. Er ist viel blasser als früher und hat deutlich an Gewicht verloren. Früher war Jan recht sportlich und spielte aktiv Fußball. Nun hat er unter den Augen schwarze Ringe. Häufig fühlt er sich kraftlos und müde. Begonnen haben Jans Probleme mit eher harmlosen Hänseleien in einem sozialen Netzwerk, die sich Jan viel zu sehr zu Herzen genommen hat. Er fühlte sich angegriffen, konterte scharf und wurde in seiner Wortwahl ausfallend. Daraufhin wurde auch er von einigen rüde beschimpft und beleidigt. Nach einigen Wochen war Jan im Netz ziemlich isoliert und hatte dort viele Kontakte verloren.

In seinem Fantasy-Spiel hingegen ist er immer noch erfolgreich und fühlt sich in seiner Rolle als „strahlender Held“ wohl. Hier bekommt er oft anerkennende Rückmeldungen von anderen Spielern aus dem Netz. Neulich bekam er sogar von einem Gegner, den er besiegt hatte, Respekt für sein überragendes Können. Daher möchte er seine Mitspieler aus der Fantasy-Community auf gar keinen Fall im Stich lassen, denn diese würden sich voll auf ihn verlassen.

Jans Eltern fühlen sich hilflos und wissen nicht, wie sie auf die Veränderungen ihres Sohnes reagieren sollen. Sie können nicht mehr richtig schlafen und wälzen sich nachts oft stundenlang unruhig hin und her. Da sie beide das Gefühl haben, nicht an Jan heranzukommen, suchen sie eine Beratungsstelle auf.

Auf die Frage des Sozialpädagogen, was sie denn bisher alles getan haben, berichten die Eltern: „Wir verstehen gar nicht, was mit Jan passiert ist. Wir haben ihn doch immer, so gut wir konnten, unterstützt und ihm einen verantwortungsbewussten Umgang mit dem Internet beizubringen versucht. Wir haben ihm Vorteile und Gefahren des Internets aufgezeigt sowie dieses als zweckmäßiges Hilfsmittel für die Anfertigung seiner Hausaufgaben bewertet. Wir wollten hierdurch erreichen, dass Jan den PC als hilfreiches und sinnvolles Arbeitsmittel verwendet und nicht unreflektiert nutzt. Jetzt stellen wir fest, dass all unser Reden und Tun vergeblich war. Schon seit er klein war, haben wir mit Jan gemeinsam geübt, ihn bei den Hausaufgaben unterstützt und mit ihm die Regeln in unserer Familie zusammen festgelegt. Er hatte diesbezüglich immer volles Mitspracherecht und wir haben uns auch stets bemüht, seinen Wünschen zu entsprechen. Wir hatten dabei eigentlich das Gefühl, dass Jan dies zu würdigen weiß und er sich bei uns sehr wohl fühlt. Aber seit einiger Zeit finden wir keinen Zugang mehr zu unserem Sohn. Selbst von seinen beiden großen Brüdern schottet sich Jan inzwischen richtiggehend ab. Dabei ist uns allen Familie sehr wichtig und wir sind der Meinung, dass wir nur gemeinsam mit Jan eine Lösung finden können."

Teilaufgaben zur Fallbeschreibung „Jan"

1 Die Eltern von Jan bemühen sich sehr bezüglich der Erziehung ihres Sohnes.

Beschreiben Sie am Fallbeispiel „Jan" zwei Merkmale von Erziehung. Beziehen Sie sich dabei insbesondere auf die Ausführungen der Eltern (ab Zeile 32).

2 Trotz der Anstrengungen der Eltern hat sich Jans Verhalten problematisch entwickelt.

Verdeutlichen Sie anhand der Fallbeschreibung den Begriff „psychische Störung" und zeigen Sie dabei auf, inwiefern bei Jan eine psychische Störung vorliegt.

3 Der Sozialpädagoge kann nach einem sozialpädagogischen Handlungskonzept im Sinne der Einzelhilfe vorgehen.

Erläutern Sie alle Schritte eines sozialpädagogischen Handlungskonzeptes, die geeignet sind, Jans problematische Verhaltensweisen zu verändern.

AUFGABE II

Teilaufgaben

Ein Ziel schulischer Bildung ist der Erfolg in Prüfungen.

1 Beschreiben Sie den Wahrnehmungsprozess sowie den Einfluss von zwei individuellen und zwei sozialen Faktoren auf die Wahrnehmung einer Schülerin/eines Schülers während der Vorbereitung auf eine schriftliche Abschlussprüfung.

2 Erklären Sie mithilfe der Gesetze der Bereitschaft, des Effekts und der Frequenz, wie Bezugspersonen (z. B. Freunde, Eltern und Lehrer) zur erfolgreichen Vorbereitung auf die Prüfung einer Schülerin/eines Schülers beitragen können.

Die Aufgabe der Schulsozialarbeit ist es auch, Schülerinnen und Schüler hinsichtlich der Gestaltung günstiger Lernbedingungen zu beraten, z. B. in Bezug auf einen geeigneten häuslichen Arbeitsplatz, sinnvolle Lernstrategien, effektives Zeitmanagement und geeignete Lerngruppen.

3 Verdeutlichen Sie günstig gestaltete Lernbedingungen mit grundlegenden Annahmen und Begriffen eines ökologischen Modells (z. B. Germain/Gitterman oder Wendt).

Lösungsvorschlag

Aufgabe I

1 **TIPP** *Gewichtungsvorschlag: 25 %*

In der ersten Teilaufgabe wird erwartet, dass Sie **zwei Merkmale von Erziehung** anhand der Texthinweise zu den Aussagen der Eltern darstellen.

- Definieren Sie zunächst den Begriff Erziehung und geben Sie einen knappen Überblick über die Merkmale von Erziehung.
- Entscheiden Sie sich für die zwei Merkmale, die in der Fallbeschreibung am deutlichsten werden.
- Geben Sie jeweils die konkreten Textbezüge anhand von **Zeilenangaben** an.
- Bei der Fallbearbeitung haben Sie unterschiedliche Möglichkeiten: Entweder legen Sie die einzelnen fachwissenschaftlichen Kenntnisse dar und wenden die Beispiele aus der Fallbeschreibung jeweils gleich an oder Sie stellen die fachwissenschaftlichen Kenntnisse zunächst vollständig dar und wenden diese daran anschließend auf die Beispiele aus der Fallbeschreibung an.
- Bei der Bewertung Ihrer Ausführungen wird die zutreffende und umfassende Anwendung der fachwissenschaftlichen Erkenntnisse (**Transferleistung**) deutlich **höher bewertet** als die Wiedergabe der fachlichen Inhalte (**Reproduktionsleistung**).

Unter **Erziehung** versteht man ein **soziales Handeln**, das beim zu Erziehenden bestimmte **Lernprozesse bewusst und absichtlich herbeiführen** und unterstützen will, um relativ dauerhafte Veränderungen des Verhaltens und Erlebens zu erreichen. Diese Veränderungen entsprechen bestimmten **Erziehungszielen**. Im Fallbeispiel wird beschrieben, wie Jans Eltern durch soziales Handeln bei Jan Lernprozesse bewusst und absichtlich herbeiführen und unterstützen, um eine dauerhafte Veränderung seines Erlebens und Verhaltens zu erreichen (Z. 32–40). Sie haben auch bestimmte Erziehungsvorstellungen. So ist es ihnen wichtig, dass Jan immer das volle Mitspracherecht hat (Z. 38–41).

Erziehung kann durch verschiedene **Merkmale** beschrieben werden. Sie vollzieht sich in **zwischenmenschlichen**, **persönlichen Beziehungen** und **sozialer Interaktion und Kommunikation**. Weitere wichtige Merkmale sind die **Zielgerichtetheit** und ein **reflektiertes soziales Handeln**.

Beschreibung des Merkmals „Zielgerichtetheit" am Fallbeispiel Jan

Menschen, die miteinander in Beziehung treten, haben dabei immer bestimmte Absichten. Auch in der Erziehung werden Ziele gesetzt und verfolgt. Erziehung ist ein Handeln, mit dem der Erziehende ganz bestimmte **Erziehungsziele** erreichen will. Der Erziehende will beim zu Erziehenden bewusst und absichtlich bestimmte Lernprozesse

herbeiführen und unterstützen. Jans Eltern nennen dem Sozialpädagogen bei der Beratungsstelle als bewusst und absichtlich gesetztes medienpädagogisches Ziel den „verantwortungsbewussten Umgang mit dem Internet" (Z. 33/34).
Aufgabe von Erziehung ist es, den zu Erziehenden vom aktuellen **Ist-Zustand** in einen vom Erzieher erwünschten **Soll-Zustand** zu begleiten. Der **Ist-Zustand** von Jan wird ausführlich beschrieben: Er „verbringt [...] immer mehr Zeit vor seinem PC mit Fantasy-Spielen" (Z. 10). Dabei taucht er nach eigener Aussage „in andere Welten" (Z. 11) ein. Er spielt oft nächtelang und so intensiv, dass er vergisst, „regelmäßig zu den Mahlzeiten zu kommen" (Z. 12/13). Das Ziel der Eltern, der erwünschte **Soll-Zustand**, wird ebenfalls aufgeführt: „Wir wollten [...] erreichen, dass Jan den PC als hilfreiches und sinnvolles Arbeitsmittel verwendet und nicht unreflektiert nutzt" (Z. 36/37).
Die Aufgabe von Erziehenden ist es, durch bestimmte Handlungen das **Verhalten und Erleben des zu Erziehenden** möglichst dauerhaft in Richtung des gesetzten Zieles **zu verändern**. Das zielorientierte Handeln von Jans Eltern wird im Text dargestellt: Sie haben ihm die „Vorteile und Gefahren des Internets aufgezeigt" (Z. 34/35), ihn von Beginn an unterstützt und ihm bei den Hausaufgaben geholfen; auch bei der Festlegung der Regeln innerhalb der Familie hatte er volles Mitspracherecht (Z. 38–40). Eine wesentliche Handlung, um das Verhalten ihres Sohnes dauerhaft in Richtung ihres Zieles zu verändern, ist der Besuch der Beratungsstelle (Z. 29/30).
Erzieherisches Handeln setzt immer Erziehungsziele voraus. Gemeinsam mit Jan und dem Sozialpädagogen in der Beratungsstelle können seine Eltern realistische Ziele entwickeln und geeignete Handlungsstrategien für sich und Jan besprechen.

Beschreibung des Merkmals „Erziehung als soziales, reflektiertes Handeln" am Fallbeispiel Jan

Geht man davon aus, dass bei einem **sozialen Handeln** die daran beteiligten Personen ständig miteinander Informationen austauschen und wechselseitig aufeinander reagieren, sich gegenseitig beeinflussen und steuern (**Interaktion**), so kann man Erziehung als soziales Handeln definieren, das bestimmte **Lernprozesse bewusst** und **absichtlich herbeiführen** und unterstützen will.
Bei Jan und seinen Eltern kann man von **sozialem Handeln** sprechen, da sie ständig miteinander Informationen austauschen, wechselseitig aufeinander eingehen und sich gegenseitig beeinflussen (**Interaktion**). Jans Eltern reagieren auf die vermehrte Zeit, die er am PC mit Fantasy-Spielen verbringt, mit Hilflosigkeit. Sie können nicht mehr richtig schlafen. Die Beeinflussung ist so intensiv, dass sie eine Beratungsstelle aufsuchen (Z. 11–30). Die Eltern wollen für Jan Lernprozesse bewusst und absichtlich herbeiführen. Auf die Frage des Sozialpädagogen, was sie denn bisher alles getan haben, berichten die Eltern von ihren erzieherischen Bemühungen (Z. 32–44): Sie haben ihren Sohn z. B. über die Gefahren des Internets aufgeklärt und ihn bei den Hausaufgaben unterstützt. Auch die Regeln in der Familie wurden gemeinsam festgelegt. Damit wollten sie das Ziel erreichen, dass Jan den PC als hilfreiches und sinnvolles Arbeitsmittel verwendet und nicht unreflektiert nutzt.
Erziehung als soziales, reflektiertes Handeln bezieht sich ausschließlich auf **Lernprozesse**, die **absichtlich** herbeigeführt werden. Man spricht von „**Handeln**", wenn man mit einer Aktion bewusst ein bestimmtes Ziel erreichen will. Außerdem ist **Reflexion**

ein wichtiger Teil des erzieherischen Prozesses. Sie ermöglicht aufgrund von Nachdenken eine veränderte Wahrnehmung, eventuell neue Sichtweisen oder Handlungsstrategien. **Reflexion** umfasst alle Ebenen des erzieherischen Kontextes und beinhaltet alle an dem Prozess beteiligten Personen. Man könnte allerdings hinterfragen, ob wirklich alle erzieherischen Handlungen auf Reflexion beruhen – spontane Reaktionen der Eltern sind nicht immer die Folge abwägenden Nachdenkens. Sicherlich hat aber eine Verbesserung der Reflexionsfähigkeit positiven Einfluss auf die erzieherischen Kompetenzen.
Jans Eltern reflektieren ihr Handeln. Dies ist daran zu erkennen, dass sie eine Beratungsstelle aufsuchen. Die Reflexionsfragen des Sozialpädagogen sind dabei hilfreich, die bisherigen Handlungsstrategien zu benennen und eventuell zu hinterfragen (Z. 32–46). Für Jans Eltern ist Familie sehr wichtig und sie sind der Meinung, dass nur mit ihm gemeinsam eine Lösung gefunden werden kann (Z. 45/46).
Durch die Unterstützung des Sozialpädagogen und dessen zielführende Fragen können Jan und seine Eltern ihre familiäre Situation differenziert reflektieren und konstruktive Lösungsstrategien für alle Beteiligen entwickeln. Das Reflexionsniveau der Eltern kann dadurch wachsen.

2 **TIPP** *Gewichtungsvorschlag: 25 %*

- Bestimmen Sie zunächst den Begriff „psychische Störung“. Gehen Sie dabei auch auf die Begriffsproblematik ein.
- Die Aufgabenstellung fordert, die einzelnen Merkmale dieses Begriffs mit Beispielen aus der Falldarstellung zu verdeutlichen. Es wird auch erwartet, dass Sie mögliche Schlussfolgerungen ziehen und Auswirkungen aufzeigen, die eine psychische Störung auf Jan und seine Eltern hat.
- Bei der Fallbearbeitung haben Sie unterschiedliche Möglichkeiten zur Bearbeitung: Entweder legen Sie die einzelnen fachwissenschaftlichen Kenntnisse dar und wenden diese gleich anschließend auf die Beispiele aus der Fallbeschreibung an oder Sie stellen die fachwissenschaftlichen Kenntnisse zunächst vollständig dar und wenden Sie anschließend auf die Beispiele aus der Fallbeschreibung an.

Der Begriff **psychische Störung** wird sehr unterschiedlich definiert. Die Definition richtet sich auch danach, nach welchem therapeutischen Konzept gearbeitet wird. Im Allgemeinen versteht man unter einer **psychischen Störung** Beeinträchtigungen der normalen Funktionsfähigkeit des menschlichen Erlebens und Verhaltens, die sich in emotionalen, kognitiven, behavioristischen, interpersonalen und/oder körperlichen Beeinträchtigungen äußern und die von der jeweiligen Person nicht oder nur begrenzt beeinflussbar sind. Das Erleben und Verhalten der Person ist stark beeinträchtigt. Problematisch an dieser Definition ist, dass einzelne Merkmale wie z. B. normale Funktionsfähigkeit nicht eindeutig zu definieren sind. Die Abweichung von der Norm ist sozial sehr wertend und abhängig von kulturellen und gesellschaftlichen Entwicklungen.

Grundlage dieser Ausführungen zur Klassifikation und Diagnostik von psychischen Störungen ist der ICD-10-Diagnoseschlüssel der Weltgesundheitsorganisation (WHO). Danach beinhaltet der Begriff „psychische Störungen" die folgenden Merkmale:
Psychische Störungen sind Erlebens- und Verhaltensweisen einer Person, die **von der jeweils gültigen Norm** in einer Gesellschaft **abweichen**.
Im Fallbeispiel werden normabweichende **Verhaltensweisen** wie sozialer Rückzug und selbstgewählte Isolation beschrieben: Jan „zieht [...] sich [...] von den meisten schulischen Aktivitäten zurück und isoliert sich zusehends von seinen Mitschülern und der Clique" (Z. 2/3). Er geht nicht mehr regelmäßig zu den Übungsstunden der Feuerwehr (Z. 4/5). Auf Einladungen von Klassenkameraden reagiert Jan oft gar nicht (Z. 9/10). Normabweichend ist außerdem sein Umgang mit dem Computer. Er verbringt immer mehr Zeit vor seinem PC mit Fantasyspielen, in denen er, wie er sagt, „in andere Welten eintaucht" (Z. 11). Er spielt intensiv und oft nächtelang, sodass er vergisst, regelmäßig zu den Mahlzeiten zu kommen; er konsumiert in großen Mengen Energydrinks (Z. 11–13).
Auch sein eigenes **Erleben** kann man als normabweichend bezeichnen. Jan ist lustlos und „verspürt kaum noch Antrieb, in die Schule zu gehen oder mit Freunden etwas zu unternehmen" (Z. 3/4). Er hat keinen Spaß mehr an den Übungsstunden der Feuerwehr. Auch in der Schule hat sich sein Erleben verändert. Er „fühlt [...] sich nicht akzeptiert und glaubt, dass alle anderen besser und anerkannter sind als er" (Z. 6/7). Er erlebt sich nicht als selbstwirksam, da er davon ausgeht, die Situation nicht beeinflussen zu können (Z. 7/8). Er glaubt außerdem, das Schuljahr nicht bestehen zu können, und ist deswegen traurig (Z. 8/9). Insgesamt fühlt er sich kraftlos und müde (Z. 15/16).

Ein weiteres Merkmal einer psychischen Störung ist, dass die Abweichung von der Norm über einen **längeren Zeitraum** besteht und **erheblich** ist.
Im Fallbeispiel ist zu lesen, dass Jan sich in den letzten Monaten sehr verändert hat (Z. 1). Die Abweichung von der Norm besteht also schon über einen längeren Zeitraum. Sein Verhalten weicht offensichtlich erheblich von der Norm ab, sodass seine Eltern eine Beratungsstelle aufsuchen (Z. 30).

Ein zusätzliches Merkmal besteht darin, dass die abweichenden Erlebens- und Verhaltensweisen mit einem **Leidensdruck** verbunden sind und **die betreffende Person** und **möglicherweise auch ihre Umwelt emotional belasten**.
Jans normabweichendes Verhalten ist mit erheblichem Leidensdruck für ihn und die Menschen in seiner Umwelt verbunden: Er erlebt sich als lust- und antriebslos (Z. 3/4). Er ist traurig und fühlt sich in der Schule nicht akzeptiert (Z. 6–9). Durch harmlose Hänseleien in einem sozialen Netzwerk fühlt er sich angegriffen (Z. 16–18).
Auch sein direktes Umfeld erlebt immer mehr Leidensdruck. Jans Eltern fühlen sich hilflos und wissen nicht, wie sie mit den Veränderungen ihres Sohnes umgehen sollen (Z. 27/28). Auch sie zeigen schon normabweichendes Verhalten: Sie können nicht mehr richtig schlafen und wälzen sich nachts oft stundenlang unruhig hin und her. Aufgrund ihrer Sorgen suchen sie eine Beratungsstelle auf (Z. 28–30).

Ein weiteres Merkmal einer psychischen Störung ist gegeben, wenn das abweichende Erleben und Verhalten zu einer **Beeinträchtigung** für den Betroffenen und/oder die Menschen im sozialen Umfeld führt.
Jans Erleben und Verhalten ist **beeinträchtigt**, seine Selbstwirksamkeit verringert. Auf der körperlichen Ebene werden Veränderungen und Beeinträchtigungen beschrieben: Er ist blasser geworden und hat stark abgenommen (Z. 13/14). Er fühlt sich oft kraftlos und müde (Z. 15/16). Auch seine sozialen Kompetenzen sind eingeschränkt: Auf harmlose Hänseleien antwortet er aggressiv (Z. 16–19).
Jans Eltern erleben sich ebenfalls als hilflos und wissen nicht mehr, wie sie an Jan herankommen können. Sie fühlen sich in ihren Handlungsmöglichkeiten verunsichert und unfähig, wieder einen Zugang zu ihrem Sohn zu finden (Z. 27–30).

Zusammenfassung: Die Analyse der Fallbeschreibung lässt die Vermutung zu, dass viele von Jans Erlebens- und Verhaltensweisen – seine emotionalen, kognitiven und körperlichen Befindlichkeiten – normabweichend sind. Er und seine Eltern empfinden Leidensdruck. Seine Lebensgestaltung hat sich verändert und ist beeinträchtigt. Auch die Eltern fühlen sich in ihren Handlungsmöglichkeiten eingeschränkt. Bei Jan liegen wesentliche Merkmale einer psychischen Störung vor.

3 **TIPP** *Gewichtungsvorschlag: 50 %*

- Die Aufgabenstellung verlangt, dass Sie ein sozialpädagogisches Handlungskonzept erläutern. Dabei können Sie selbst entscheiden, welches Handlungskonzept Sie anwenden.
- Geeignet für diese Fallbeschreibung wäre ein verhaltens- oder klientenzentriertes Vorgehen. Dabei sind immer Theoriebezüge herzustellen.
- Neben der **Erklärung des Begriffs** „Handlungskonzept" wird von Ihnen erwartet, **alle Schritte des gewählten Konzeptes** zu erläutern und **geeignete Handlungsstrategien** zu entwickeln.
- Es empfiehlt sich, jeweils im Anschluss an die theoretische Fundierung die Anwendung am Fallbeispiel zu erläutern.
- Die folgenden Ausführungen beziehen sich auf ein verhaltensorientiertes Handlungskonzept.

Erläuterung des Vorgehens nach einem verhaltensorientierten Handlungskonzept

Der Sozialpädagoge oder die Eltern von Jan konnten ihn offensichtlich überzeugen, ein Beratungsangebot im Sinne der Einzelfallhilfe wahrzunehmen.

Unter **sozialpädagogischem Handeln** versteht man im weitesten Sinne die zielgerichtete Beeinflussung von Personen, Situationen oder Problemlagen, um für diese eine positive Veränderung zu bewirken. Ein **Handlungskonzept** ist ein Modell, das die **Ausgangslage analysiert**, anzustrebende **Ziele und die Inhalte** beschreibt sowie **Methoden und Verfahren** benennt. Den Abschluss bilden die **Bewertung** und **Überprüfung** der Erfolge.

Die Schritte Analyse, Planung mit Zielsetzung, Handlung und Bewertung sind dabei in einen sinnvollen Zusammenhang zu bringen und gemeinsam mit Jan zu entwickeln. Im Folgenden wird ein verhaltensorientiertes Konzept vorgestellt. Dieses stützt sich auf die wissenschaftlichen Erkenntnisse der behavioristischen Lerntheorien. Die folgenden Ausführungen beziehen sich auf das **operante Konditionieren** nach Skinner. Verhaltensorientierte Konzepte basieren auf der Hypothese, dass alle Verhaltensweisen erlernt sind und daher auch wieder verlernt werden können. Das Ziel besteht darin, **problematische Verhaltensweisen zu verringern** und **erwünschte Verhaltensweisen** zu erzeugen. Dies soll durch **gezieltes Training** erreicht werden. Jan soll sein intensives Computerspielen reduzieren und Selbstwirksamkeit im Umgang mit seinen Mitschülern und seiner Clique entwickeln.

1. Analyse

Um Verhalten dauerhaft zu verändern, ist eine gründliche systematische Analyse notwendig. Dabei müssen unterschiedliche Aspekte berücksichtigt werden:

Beschreibung der problematischen Verhaltensweisen
Dabei sollen die problematischen Verhaltensweisen möglichst genau auf verschiedenen Ebenen des menschlichen Erlebens und Verhaltens erkannt und beschrieben werden.
Verhaltensebene: Jan zieht sich z. B. von den meisten schulischen Aktivitäten, seinen Mitschülern und der Clique zurück (Z. 1–3). Er verbringt immer mehr Zeit mit Fantasy-Spielen an seinem Computer. Dabei spielt er intensiv und oft nächtelang (Z. 10–13).
Kognitive Ebene: Jan glaubt, dass seine Mitschüler besser und anerkannter seien als er, und ist der Ansicht, dass er diese Situation nicht beeinflussen kann (Z. 6–8). Er befürchtet, das Schuljahr nicht zu bestehen (Z. 8).
Körperliche Ebene: Er ist blass, zeigt Gewichtsverlust und hat schwarze Ringe unter den Augen. Er fühlt sich kraftlos und müde (Z. 13/14).
Dauer und Intensität des gezeigten Verhaltens werden ebenfalls erfasst. Beispielsweise zieht Jan sich von den meisten schulischen Aktivitäten zurück, er sitzt immer öfter nächtelang vor dem Computer (Z. 2, 10–13).

Analyse der Faktoren, die zur Entstehung und Aufrechterhaltung der problematischen Verhaltensweisen führen
Dabei werden die Bedingungen untersucht, die zu den problematischen Verhaltensweisen führen. Beim **operanten Konditionieren** wird nach auslösenden Bedingungen und Situationen gefragt. Welche Auslöser waren für das exzessive Computerspielen verantwortlich und welche Bedingungen haben es verstärkt? Jans Probleme traten erstmals auf, nachdem er in einem sozialen Netzwerk auf eigentlich eher harmlose Weise gehänselt wurde und dies zu ernst nahm. Da er sich angegriffen fühlte, reagierte er seinerseits mit heftigen Worten und wurde daraufhin „von einigen rüde beschimpft und beleidigt“ (Z. 98). Aufrechterhalten wird sein problematisches Verhalten des exzessiven Computerspielens durch die Anerkennung, die er durch seine Mitspieler erfährt (Z. 21–24).

Analyse der möglichen Ersatz-, Alibi-, oder Entlastungsfunktionen
Oft hat ein bestimmtes problematisches Verhalten eine Funktion. Als Begründung für das Verhalten können z. B. andere Motive als die tatsächlichen benannt werden. So erwähnt Jan als Grund für sein intensives Computerspielen die Alibifunktion, er könne seine neugewonnenen Freunde im Netz nicht im Stich lassen (Z. 25/26).

Analyse der Defizite hinsichtlich des problematischen Verhaltens
Menschen zeigen häufig deshalb ein problematisches Verhalten, weil ihnen keine anderen Handlungsalternativen zur Verfügung stehen. Jan hat offensichtlich Defizite in seiner Kommunikationsfähigkeit, weil er auf die harmlosen Hänseleien im sozialen Netzwerk nicht angemessen reagieren konnte, sondern gleich verbal aggressiv wurde (Z. 17–19).

Definition der erwünschten Verhaltensänderung
Mit Jan müssen nun die notwendigen und gewünschten Verhaltensänderungen festgelegt werden. Hierbei können sowohl die Bedingungen des Umfelds als auch die Veränderung des eigenen Verhaltens gemeint sein, z. B. Abbau des intensiven und häufig nächtelangen Computerspielens oder Aufbau von Selbstwirksamkeit im Umgang mit Jans Mitschülern, seiner Clique und seinen Kontakten im sozialen Netzwerk.

2. Planung

Der nächste Schritt eines verhaltensorientierten Handlungskonzepts ist die genaue und differenzierte Planung des weiteren Vorgehens zur Verhaltensveränderung von Jan. Gemeinsam mit Jan, und wenn möglich auch mit seinen Eltern, werden konkrete Schritte erarbeitet, wie er sich aus dem aktuellen Ist-Zustand (siehe Analyse) zum Soll-Zustand entwickeln kann. Er soll das intensive und häufig nächtelange Computerspielen reduzieren und im Umgang mit seinen Mitschülern, seiner Clique und seinen Kontakten im sozialen Netzwerk Selbstwirksamkeit aufbauen.
Der erste Schritt besteht darin, gemeinsam mit Jan und seinen Eltern Maßnahmen zu überlegen, wie er seinen intensiven Computerkonsum verringern kann. Wie können die Bedingungen des Umfelds sich verändern? Was können Jans Eltern dazu beitragen? Welches neue Verhalten soll Jan einüben?
In den weiteren Schritten soll die **Selbstwirksamkeit** von Jan bezüglich seiner sozialen Kontakte verbessert werden. Es wird vereinbart, dass er wieder Kontakt zur Jugendfeuerwehr und zum Fußballverein aufbaut.
Die Planung bezieht sich auch auf die Dokumentation der Aktivitäten und Verhaltensänderungen. Verfahren zur **Selbst- und Fremdbeobachtung** werden besprochen und eingeübt. Jan könnte z. B. selbst ein kleines Computerprogramm entwickeln, in dem er seine Aktivitäten festhält. Auch Jans Eltern werden zur Mitarbeit und regelmäßiger Berichterstattung aufgefordert. Es besteht auch die Möglichkeit, einen Verhaltensvertrag mit Jan zu schließen und konkrete Vereinbarungen treffen. Festgelegt werden außerdem die regelmäßig stattfindenden Beratungstermine.

3. Handlung

Jan hat nun die Aufgabe, die festgelegten Ziele und geplanten Interventionen sowie die Schritte der Verhaltensänderung im Alltag auszuprobieren und mit eigener Anstrengungsbereitschaft umzusetzen. Die Aufgabe des Sozialpädagogen ist es, Jan dabei zu begleiten, zu **unterstützen** sowie in schwierigen Phasen weiter zu **motivieren** und eventuell die Maßnahmen zu modifizieren. Es soll Jans Wunsch werden, weniger am Computer zu sitzen und mehr Zeit außer Haus mit seinen Freunden und Hobbys zu verbringen.

Bei einer Vorgehensweise nach dem **operanten Konditionieren** bedeutet dies einerseits den **Abbau des problematischen Verhaltens** (exzessives Computerspielen) und andererseits den **Aufbau von erwünschtem Verhalten** (Selbstwirksamkeit im Umgang mit seinen Freunden). Es geht aber auch darum, die **Bedingungen zu verringern**, die die Aufrechterhaltung seines problematischen Verhaltens begünstigen. Außerdem sollen **unangenehme Bedingungen**, die bei erwünschtem Verhalten auftreten, **aufgehoben** werden. Es ist z. B. darauf zu achten, dass Jan, wenn er mit seinen Freunden zusammen ist, nicht isoliert bleibt und Kontakt findet.
Beim Aufbau von erwünschtem Verhalten gibt es nach den Gesetzmäßigkeiten des operanten Konditionierens verschiedene Möglichkeiten: Schaffung von **Motivation**, Darbietung einer **angenehmen Verhaltenskonsequenz**, **Beendigung** oder **Verhinderung einer unangenehmen Verhaltenskonsequenz**, **Verhaltensformung** (Shaping), **Verhaltensbeobachtung**, **Übung** und **Wiederholung**.
Wichtig beim Aufbau neuer Verhaltensweisen ist der **abwechslungsreiche Einsatz von Verstärkern**. Was für Jan ein Verstärker sein könnte, wird im Gespräch mit dem Sozialpädagogen festgelegt. Grundsätzlich gibt es verschiedene Verstärker: **Soziale Verstärker** sind z. B. wertschätzende Äußerungen oder gemeinsame verbrachte Zeit. **Aktivitätsverstärker** sind Verhaltensweisen, die gerne ausgeübt werden, wie z. B. gemeinsam im Stadion ein Fußballspiel anzuschauen. Bei **Selbstverstärkern** ergeben sich die positiven Folgen aus dem Tun selbst, ohne dass von außen Verstärkung nötig wäre: Jan freut sich z. B., bei einem Feuerwehrübungseinsatz mit seinen Freunden dabei zu sein. Auch **materielle Verstärkung** ist möglich: Jans Eltern können z. B. ein Sparkonto einrichten, auf das ein Betrag überwiesen wird, wenn Teilerfolge erreicht sind. Was für das Geld gekauft wird, wird von Jan selbst festgelegt. Besonders wirksam erweist sich beim Aufbau von gewünschten Verhaltensweisen die **differenzielle Verstärkung**. Erwünschtes Verhalten wird bekräftigt, z. B. indem der Sozialpädagoge Jan in der Beratungsstunde lobt, wenn er seinen Computerkonsum eine Woche lang um die Hälfte reduziert hat. Unerwünschtes Verhalten wird nicht beachtet, was zur Extinktion dieses Verhaltens führt. Verhalten wird nicht kritisiert.

Der Sozialpädagoge entscheidet sich für die Methode des **Shaping (Verhaltensformung)**. Dabei werden erwünschte Verhaltensweisen schrittweise aufgebaut, indem schon die ersten Veränderungen in Richtung des erwünschten Verhaltens verstärkt werden.
Am Anfang werden alle Verhaltensweisen umgehend verstärkt, die dem erwünschten Verhalten ähneln. Jan bekommt vom Sozialpädagogen den Auftrag, sich auf seinem Computer eine Datei anzulegen, in der er jede Aktivität notieren soll, die außerhalb

seiner Wohnung und/oder mit seinen Freunden stattfindet – z. B. Fußballspielen oder Feuerwehrübungen. Außerdem soll er festhalten, wie viel Zeit er am Computer verbringt. Er wird zunächst für alle Verhaltensweisen verstärkt, die ungefähr diesen Vorgaben entsprechen.
Im nächsten Schritt wird nur noch das Verhalten verstärkt, das im Bezug auf das zu erreichende Endziel einen Fortschritt bedeutet. Dieses Verhalten wird nun **kontinuierlich**, d. h. jedes Mal, wenn es auftritt, verstärkt. Der Sozialpädagoge wird z. B. solche Verhaltensweisen besonders wertschätzen und im Gespräch mit Jan vertiefen, bei denen er aus eigener Initiative Freunde trifft, Freizeitaktivitäten vorschlägt, eventuell bei der Feuerwehr oder im Fußballverein verantwortliche Tätigkeiten übernimmt. Haben sich diese neuen Aktivitäten bei Jan stabilisiert, wird nur noch **intermittierend**, d. h. nur ab und zu, verstärkt. Ziel dabei ist, dass Jan von der Bestätigung anderer unabhängiger wird und sich letztendlich selbst verstärken und damit selbst steuern kann. Sein Verhalten stärkt sich von selbst durch **Übung und Wiederholung**. Auch diese Aktivitäten trägt Jan in seine angelegte Datei ein.

Das verhaltenstherapeutische Verfahren ist deshalb sinnvoll, weil Jan dabei neue Kompetenzen aufbaut und zugleich weniger Zeit hat, am Computer Fantasy-Spiele zu spielen. Es wird also gleichzeitig unerwünschtes Verhalten und Erleben abgebaut.
Die im Fallbeispiel genannten Gefühle von Jan – seine Lust- und Antriebslosigkeit sowie sein geringes Selbstwertgefühl – werden zunehmend weniger, wenn er sich aktiv für sich und seine im Alltag zu bewältigenden Angelegenheiten einsetzt. Der Reiz der Computerwelt wird wahrscheinlich abnehmen, wenn mehr seiner sozialen Bedürfnisse in der Wirklichkeit befriedigt werden. Durch den Aufbau befriedigender Aktivitäten und sozialer Beziehungen findet Löschung (**Extinktion**) nicht erwünschter Verhaltensweisen statt.
Jan wird z. B. durch **systematische Verhaltenskontrolle** vom Sozialpädagogen darin unterstützt, seinen Computerkonsum zu überwachen. Es wird gemeinsam geklärt, wie lange und für welche Zwecke er seinen PC benutzt. Es wäre z. B. wünschenswert, dass er seine Computerkenntnisse bei der Erstellung einer Homepage für die freiwillige Feuerwehr oder der Schülerzeitung einbringt. Dies wäre ein Beispiel dafür, wie aus unerwünschten Verhaltensweisen soziale Kompetenzen entstehen können und es Jan möglich wird, sich selbstwirksam für sich und andere zu erleben.

4. Bewertung

Die während des verhaltensorientierten Beratungsprozesses erzielten Erfolge müssen bewertet werden. Wichtig ist es weiterhin, das neu aufgebaute Verhalten zu stabilisieren. Dazu werden Methoden der Selbst- und Fremdbeobachtung eingesetzt.
Jan wird weiterhin seine Aktivitäten – z. B. Treffen mit seinen Freunden – dokumentieren. Auch sein Computerverhalten wird er weiterhin schriftlich festhalten.
Die Treffen mit dem Sozialpädagogen werden in größeren Abständen stattfinden. Dies ist notwendig, um Stagnation und Rückschritte wahrzunehmen, zu erkennen und gemeinsam neue Lösungsansätze zu entwickeln.

Den Erstkontakt zur Beratungsstelle haben Jans Eltern aufgenommen. Es ist wichtig, auch deren Rückmeldung einzuholen, um zu erfahren, wie sich durch den Beratungsprozess die Beziehungen in der Familie verändert haben. Positive und negative Auswirkungen sollen gemeinsam mit Jan reflektiert werden.
Eine Nachkontrolle einige Monate später ist sinnvoll, um zu überprüfen, welche dauerhafte Verhaltensänderung gelungen ist.

Aufgabe II

1 **TIPP** *Gewichtungsvorschlag: 35 %*

In den einleitenden Gedanken sollten Sie als Basis Ihrer Ausarbeitung den Begriff „**Kognition**" klären. Anschließend stellen Sie den **Prozess der Wahrnehmung** dar und nennen die ihn **beeinflussenden Faktoren**. Dann wählen Sie je zwei soziale und individuelle Faktoren aus und stellen diese **ausführlich** dar. Nun können Sie entscheiden, ob Sie diese entweder jeweils gleich anhand der Vorbereitung auf eine schriftliche Abschlussprüfung beschreiben oder ob Sie zunächst alle vier Faktoren theoretisch darstellen und dann auf Ihr Beispiel anwenden. In der folgenden Ausarbeitung wird die getrennte Darstellung gewählt.
Denken Sie hier und auch bei den Teilaufgaben 2 und 3 daran, dass Sie für die Anwendung der fachwissenschaftlichen Kenntnisse mehr Punkte erhalten als für die Wiedergabe.

Einleitung

In der ersten Teilaufgabe geht es um einen Teilbereich der Kognition. Die Psychologie definiert den Begriff „**Kognition**" als Gesamtheit aller psychischen Fähigkeiten, Funktionen und Prozesse, die der Aufnahme, Verarbeitung und Speicherung von Informationen dienen. Ein wesentliches Element des menschlichen Erlebens und Verhaltens ist dabei die kognitive Funktion der **Wahrnehmung**. Diese umfasst sowohl den Prozess als auch das Ergebnis der Aufnahme und Verarbeitung von Sinneseindrücken.

Der Wahrnehmungsprozess

Der Wahrnehmungsprozess beginnt mit der Aufnahme von Informationen. Das sind **Reize** (z. B. Lichtquellen, Geräusche, Gerüche, Temperaturen), die von den **Sinnesorganen** (Auge, Ohr, Nase, Haut, Zunge) aufgenommen werden. Diese Reize sind Energien aus dem Körperinneren oder der Umwelt. Sie wirken auf unsere Sinnesorgane ein und rufen bestimmte Reaktionen hervor. Diese Reaktionen werden **Empfindungen** genannt. Die Stärke einer Empfindung ist abhängig von der Reizstärke (z. B. Lautstärke) und von der Qualität eines Sinnesorgans; Schwerhörigkeit führt beispielsweise dazu, dass die Empfindung bei akustischen Reizen schwächer ist. Der Wahrnehmungsvorgang läuft z. B. beim Hören folgendermaßen ab: Physikalische Reize – hier die Schallwellen – treffen auf das Sinnesorgan „Ohr". Über die Ohrschnecke werden diese Reize an das Gehirn weitergeleitet. Die Empfindungen, die

dadurch ausgelöst werden, sind Geräusche, Töne, Sprache oder Musik. Ist die Stärke des Reizes mit der Beschaffenheit des Sinnesorgans nicht kompatibel, ist die Wahrnehmung eingeschränkt oder gar unmöglich.
Da der Mensch nur einen Bruchteil aller auf ihn einwirkenden Reize wahrnehmen kann, findet eine Auswahl statt. Die Psychologie spricht hierbei von **selektiver Wahrnehmung**. Jeder Mensch bewertet die Empfindungen immer im Zusammenhang mit seinen Erfahrungen. Dieser **Empfindungs- und Bewertungsvorgang** findet im Gehirn statt und ist dem Menschen meist nicht bewusst. Das erklärt die Verschiedenheit der menschlichen Reaktionen. **Wahrnehmung** ist also **subjektiv**. Außerdem ist sie abhängig von individuellen und sozialen Faktoren sowie den **neurologischen und physiologischen Bedingungen**.

Verdeutlichung des Wahrnehmungsprozesses anhand eines Beispiels

Folgende Ausgangslage wird angenommen: Die Schülerin Karin möchte Anfang Juni ihr Abitur ablegen. Ihr Jahresfortgang weist durchschnittlich gute Zensuren in den zentralen Fächern auf. So war es bereits im vergangenen Jahr vor dem Fachabitur. Sie ging gut vorbereitet und einigermaßen gelassen in die Prüfungen. Doch dann lief es wider Erwarten in der ersten schriftlichen Prüfung nicht gut. Daraufhin trat sie die weiteren Prüfungen angespannt und ängstlich an. Die Noten waren nur noch „ausreichend" und in Psychologie sogar „mangelhaft". Durch die guten Jahresfortgangsnoten konnte sie dies allerdings ausgleichen. Folglich bestand sie auch das Fachabitur. Ihr Selbstbewusstsein hat jedoch sehr gelitten. Sie zweifelt jetzt an der Effizienz ihrer Vorbereitungen und sieht den Abiturprüfungen ängstlich entgegen. Ihrer Freundin Sonja ist es im letzten Schuljahr ähnlich ergangen. Doch jetzt ist sie wesentlich gelassener und zuversichtlicher als Karin. Die beiden vereinbaren ein Treffen, um gemeinsam zu lernen. Karin besucht ihre Freundin zu Hause. Sonjas gemütliches und helles Zimmer wirkt auf Karin sehr freundlich und einladend. Der optische Reiz löst bei ihr eine wohlige **Empfindung** aus. Im Hintergrund läuft entspannende sanfte Musik. Auch dieser **Reiz** aus Schallwellen verstärkt die angenehme und entspannende **Empfindung**. Sonja bietet ihr eine Tasse Kakao an und erzählt ihr, dass sie in der Volkshochschule an einem Kurs für autogenes Training teilgenommen hat. Jetzt macht sie die gelernten Übungen täglich zu Hause und sie tun ihr sehr gut. Karin hört die ruhige Schilderung ihrer Freundin. Auch diese **Reize** gelangen über **Nervenbahnen** in ihr Gehirn. Sie erinnert sich an angenehme entspannte Situationen. In ihrem **Gehirn** findet eine **Bewertung** statt: Sie empfindet die bei ihrer Freundin wahrgenommene Atmosphäre als positiv. Das dabei entstehende körperliche und seelische Wohlbefinden löst die **Reaktion** aus, dass sie sich entschließt, ebenfalls Entspannungstechniken zu erlernen und ihr Zimmer zu Hause so zu gestalten, dass sie sich beim Lernen wohlfühlt.

Einfluss individueller und sozialer Faktoren auf die Wahrnehmung

Die **Bewertung** der wahrgenommenen Reize wird nicht nur durch die im Gedächtnis gespeicherten **Erfahrungen** bestimmt, sondern durch weitere Faktoren. Die menschliche Wahrnehmung und ihre Bewertung werden wesentlich von individuellen und sozialen Faktoren beeinflusst.

Zu den **individuellen Faktoren** zählen Persönlichkeitsmerkmale, Bedürfnisse und Triebe, Gefühle und Stimmungen, bisherige Erfahrungen, Einstellungen, Wertvorstellungen und Interessen.
Soziale Faktoren, die den Wahrnehmungsprozess beeinflussen, sind Wert- und Normvorstellungen sowie Einstellungen und Vorurteile der sozialen Umwelt eines Individuums. Das bedeutet, die Gesellschaft im Ganzen, aber auch die engere soziale Umwelt wie die Familie und der Freundeskreis beeinflussen die Bewertung der wahrgenommenen Reize und damit auch die Meinungsbildung. Das Gehirn interpretiert und bewertet die durch Reize ausgelösten Empfindungen nicht nur auf Basis der Beschaffenheit der Sinnesorgane und der begrenzten Kapazität der Informationsaufnahme, sondern vor allem auch unter dem Einfluss individueller und sozialer Faktoren. Deshalb ist Wahrnehmung immer ein **subjektiver Prozess**.

Verdeutlichung dieser Faktoren anhand des Beispiels

Wie die **individuellen Faktoren** Karins Wahrnehmung beeinflussen, soll anhand von zwei Beispielen dargestellt werden. Karin hat im aktuellen und im vergangenen Schuljahr die **Erfahrung** gemacht, dass sie sich darauf verlassen konnte, dass ihre gründliche Vorbereitung sich in den Bewertungen der Leistungsnachweise spiegelte. Die Verunsicherung trat auf, als bei der ersten schriftlichen Fachabitur-Prüfung etwas schief lief. Die daraus resultierende Anspannung bestimmte den weiteren Prüfungsverlauf. Doch auch im laufenden Schuljahr erreichte sie aufgrund ihrer gründlichen Vorbereitung gute Ergebnisse in den Leistungsnachweisen. Auf diese Erfahrung kann sie sich also verlassen.
Karins **Persönlichkeitsmerkmale** wie Ehrgeiz, Eifer und Gründlichkeit verstärken ihren Eindruck, es auf diesem Weg zu schaffen. Aufgrund ihres Ehrgeizes verfolgt sie das Ziel, Medizin zu studieren. Das möchte sie auf keinen Fall aufgeben, da auch ihre Eltern beide Ärzte sind. Sie wird sich jetzt nicht nur mit Eifer und Gründlichkeit der inhaltlichen Prüfungsvorbereitung widmen, sondern auch möglichst rasch Entspannungstechniken erlernen und ihre Lernumgebung angenehm gestalten.
Auch **soziale Faktoren** beeinflussen die Wahrnehmung der anstehenden Prüfungen bei Karin. Dies soll ebenfalls anhand von zwei Beispielen erläutert werden. Karins Freundin Sonja hat die Einstellung, dass sie alles schaffen kann, wenn sie es nur wirklich will. Sie ist der **Meinung**, dass sie sich zwar wie bisher fachlich gründlich vorbereiten muss, dass dies aber vielleicht nicht ausreicht. Um kein erneutes Risiko schlechter Ergebnisse (wie beim Fachabitur) einzugehen, will sie auf jeden Fall auch eine gute emotionale Basis durch Entspannung erreichen. Mit dieser Ansicht beeinflusst sie auch Karins Wahrnehmung der Prüfungsvorbereitung. Auch den **Wert- und Normvorstellungen** von Karins **sozialer Umwelt**, besonders der Eltern, entspricht dieses Vorgehen. Leistung ist ein hoher **Wert** ihrer Eltern. Vater und Mutter betreiben eine Gemeinschaftspraxis und haben sich ihren Erfolg hart erarbeitet. Sie wünschen sich sehr, dass Karin in ihre Fußstapfen tritt und eventuell die gut eingerichtete und erfolgreich laufende Praxis weiterführt. Da Karin eine enge Beziehung zu ihren Eltern hat, möchte sie diese auf keinen Fall enttäuschen.

2 **TIPP** *Gewichtungsvorschlag: 25 %*

Klären Sie zu Beginn den Begriff des „Lernens durch Versuch und Irrtum" und beschreiben Sie anschließend die Gesetze der Bereitschaft, des Effektes und der Frequenz. Die Erklärung, wie Bezugspersonen unter Beachtung dieser Gesetze eine Schülerin erfolgreich unterstützen können, kann allgemein geschehen. Sie können dies aber auch unter Zuhilfenahme Ihres obigen Beispiels tun. Auch in diesem Fall können Sie jedes Gesetz gleich anhand des Beispiels erläutern oder zunächst alle Gesetze erläutern und sie daran anschließend auf das Beispiel anwenden. Auch hier wird in der Ausarbeitung die getrennte Darstellung gewählt.

Einleitung

Die Theorie des „**Lernens durch Versuch und Irrtum**" gehört zu den **behavioristischen Lerntheorien**. Das behavioristische Menschenbild geht davon aus, dass jedes Verhalten erlernt ist und auch wieder verlernt werden kann. Jedes Verhalten ist durch Umweltbedingungen determiniert. Durch Umweltreize kann das menschliche Verhalten in die eine oder andere Richtung gelenkt werden. Eine Grundannahme ist, dass die **Konsequenzen** eines Verhaltens Einfluss darauf haben, ob dieses Verhalten in Zukunft wieder auftritt.
Davon geht auch **Thorndike** bei seinen Lerngesetzen aus. Danach geschieht Lernen durch „**Versuch und Irrtum**". Zufällig richtiges Verhalten wird dabei durch den Erfolg verstärkt und tritt in Zukunft vermehrt auf. Das nennt er „**Lernen am Erfolg**".

Beschreibung der drei Gesetze

Wesentlich in Thorndikes Konzept sind drei Gesetze: das Gesetz der Bereitschaft, das Effekt- und das Frequenzgesetz. Das „**Gesetz der Bereitschaft**" besagt, dass nur gelernt wird, wenn das Individuum dazu bereit ist. Das bedeutet, im Organismus muss der Wille vorhanden sein, einen unangenehmen Zustand zu vermeiden oder zu beseitigen und einen angenehmen herzustellen.
Des Weiteren besagt das „**Effektgesetz**", dass ein Verhalten wiederholt wird, wenn darauf **Konsequenzen** folgen, die für den Organismus eine Befriedigung oder einen Erfolg darstellen. Verhaltensweisen, auf die keine oder unangenehme Konsequenzen folgen, werden seltener gezeigt. Die Konsequenzen eines Verhaltens bestimmen somit dessen zukünftige Auftretenswahrscheinlichkeit.
Laut dem „**Frequenzgesetz**" erhöhen Übung und Wiederholung die Wahrscheinlichkeit, dass zum Erfolg führendes Verhalten verstärkt gezeigt wird. Wird ein Verhalten nicht geübt, wird es abgebaut und verlernt.

Erklärung einer erfolgreichen Prüfungsvorbereitung anhand der drei Gesetze

Die Erklärung erfolgt am Beispiel aus der Teilaufgabe 1.

Die **Bereitschaft**, sich auf das Abitur vorzubereiten, ist bei Karin vorhanden. Sie hat den Wunsch der Eltern, Medizin zu studieren, zu ihrem eigenen gemacht und ihn verinnerlicht. Man kann bei ihr von einer **intrinsischen Motivation**, das Abitur erfolgreich abzulegen, sprechen und damit den für sie angenehmen Zustand des Studiums der Medizin zu erreichen. Das „Gesetz der Bereitschaft“ als Grundlage für erfolgreiches Lernen ist also bei ihr erfüllt. Doch leider hat sie die Erfahrung von Misserfolg beim Fachabitur verunsichert. Nun wäre es hilfreich, wenn Bezugspersonen wie die Eltern, Freunde oder Lehrer sie nach den Gesetzen der Theorie Thorndikes unterstützen.

Um im Sinne des „**Gesetzes der Bereitschaft**“ unterstützend zu wirken, müssen die infrage kommenden Personen dazu beitragen, den unangenehmen Zustand von Anspannung und Verunsicherung zu beenden. Wäre bei Karin nicht die grundsätzliche Bereitschaft zur effektiven Abiturvorbereitung vorhanden, hätte das folgende Vorgehen wenig Sinn. Dann müsste erst die Bereitschaft aufgebaut werden. Doch die Freundin hat damit bereits erfolgversprechend begonnen, indem sie Karin zu sich einlud. Karin hat sich in der ruhigen und angenehmen Situation spontan wohlgefühlt. Sonjas positive Erfahrungen mit Entspannungstechniken haben sie davon überzeugt, selbst solche Unterstützungsmethoden zu erlernen und einzusetzen. Als sie ihren Eltern davon erzählt, sind sie sofort bereit, Karin einen Kurs zu finanzieren. Außerdem überlegen sie gemeinsam mit ihrer Tochter, wie sie ihr Zimmer freundlicher gestalten können.

Es gibt auch Möglichkeiten für die Bezugspersonen, im Sinne des „**Effektgesetzes**“ positive Konsequenzen für Karin herbeizuführen: Karin macht der Kurs über autogenes Training sichtlich Spaß. Sie fühlt sich im Kreis der anderen Teilnehmer wohl. Die angenehme Stimme der Trainerin macht es ihr leicht, einen Zustand der körperlichen Entspannung zu erreichen. Diese Entspannung ist für Karin eine angenehme Konsequenz, die dazu führt, dass sie die Entspannungstechniken häufiger anwendet.
Als die letzte Schulaufgabe in Psychologie vor der Abschlussprüfung ansteht, lernt Karin wie gewohnt sehr gründlich und geht den Leistungsnachweis sehr entspannt an. Der Lehrer hat überdies bekannt gegeben, dass diese letzte Arbeit in Bezug auf Zeit, Umfang, Aufgabenstellung und Sitzordnung unter Prüfungsbedingungen abläuft. Karin geht entspannt und mit einem sicheren Gefühl an die Arbeit. Sie kann die Aufgabenstellung in der geforderten Zeit gut bewältigen. Das Ergebnis der Anstrengungen ist in Noten ausgedrückt „gut“. Dieser **erfreuliche Effekt** gibt Karin ihre Selbstsicherheit zurück. Auch die Eltern tragen zu den **angenehmen Konsequenzen** etwas bei: Sie laden ihre Tochter und deren Freundin Sonja zu einem Essen in Karins Lieblingsrestaurant ein. Karin wird nach diesem Erfolgserlebnis weiterhin ihre täglichen Entspannungsübungen machen und sich mit der Aussicht auf Erfolg auf die Prüfung gründlich vorbereiten. Die **Auftretenswahrscheinlichkeit** dieses Vorgehens ist sehr hoch.

Der angenehme Effekt der Entspannung und der damit einhergehende Erfolg führen dazu, dass Karin ihre **Übungen** täglich mit Freude macht. Sowohl die Eltern als auch die Freundin loben sie dafür. Es ist aber auch wichtig, dass sie **wiederholt** erleben kann, dass die Entspannung in Prüfungssituationen hilfreich ist. Der Lehrer kann dazu beitragen, indem er ein „Probe-Abi“ durchführt, an dem Karin entspannt teilnimmt. Außerdem könnte der Lehrer die Schüler dazu anregen, Arbeitsgruppen zu bilden, die in Rollenspielen mit wechselnden Rollen mündliche Abschlussprüfungen nachstellen.

Diese hohe **Frequenz** von Üben und Wiederholen trägt dazu bei, dass Karins Selbstsicherheit erhalten bleibt. Würde sie sich in Sicherheit wiegen und nicht weiter üben, wäre es sehr wahrscheinlich, dass das zum Erfolg führende Verhalten wieder verlernt wird.

3 **TIPP** *Gewichtungsvorschlag: 40 %*

Die Aufgabenstellung erfordert, dass Sie alle grundlegenden Annahmen und Begriffe eines ökologischen Modells beschreiben. In der folgenden Ausarbeitung wird auf das „Life-Model" nach Germain/Gitterman zurückgegriffen. Sie können alternativ auch ein anderes Modell heranziehen. Im zweiten Schritt sollen günstig gestaltete Lernbedingungen mithilfe des gewählten ökologischen Modells verdeutlicht werden.
Grundsätzlich können Sie wieder zwischen der getrennten Vorgehensweise von Theorie und Anwendung oder der sofortigen Verknüpfung wählen. Hier empfiehlt sich aus Gründen der Zeitersparnis die Verknüpfung.

Einleitung

Bereits in den Siebzigerjahren des vergangenen Jahrhunderts tauchte das ökologische Denken in der sozialen Arbeit auf. Diese neue Denkweise stand im Gegensatz zur traditionellen fürsorglichen Vorgehensweise. Der ökologische Ansatz betrachtet den Klienten im Zusammenspiel mit seinem Umfeld. Carel B. Germain und Alex Gitterman entwickelten daraus das Life-Model. Es ist eine Methode für die praktische soziale Arbeit und kann als Analyseinstrument und Möglichkeit zur Verbesserung von Lebensbedingungen und zur Persönlichkeitsstärkung eingesetzt werden.

Verdeutlichung günstiger Lernbedingungen mithilfe der Grundannahmen und Begriffe des ökologischen Modells

Auch die Schulsozialarbeit kann vom ökologischen Ansatz profitieren. Mithilfe des **Life-Models** nach Germain/Gitterman ist es ihr möglich, die Lebensumstände von Schülern mit Lernproblemen oder Prüfungsangst zu analysieren und daraus günstig gestaltete Lernbedingungen zu entwickeln.
Die Kernfrage ist folgende: Besteht ein **Ungleichgewicht** in der **Wechselbeziehung** gegenseitiger Anpassung von Mensch und Umwelt und gefährdet dieses die Lebens- und/oder Beziehungsqualität? Dabei stehen stressverursachende Problembereiche wie kritische Lebensereignisse, belastende Umweltbedingungen und Kommunikations- und Beziehungsprobleme im Mittelpunkt.

Folgende Ausgangslage wird angenommen: Eine angehende Abiturientin sucht den Schulsozialarbeiter auf. Aus ihrer Sicht sind die anstehenden Abiturprüfungen ein **kritisches Lebensereignis**. Sie könnte diese als Herausforderung annehmen und als positiven Stress empfinden; in diesem Fall würde sie konzentriert und diszipliniert mit den Prüfungsvorbereitungen beginnen. Dies fällt ihr leicht, da sie über genügend erfolgversprechende Lernstrategien verfügt. Wahrscheinlich sieht sie die bevorstehende

Situation aber als **Belastung** an, die Ängste in ihr auslöst. Das Life-Model spricht von **negativem Lebensstress**, wenn die tatsächlichen oder vermuteten Fähigkeiten der Schülerin zur Bewältigung der Prüfungen nicht ausreichen. Durch den Erwerb und die Anwendung von sinnvollen Lernstrategien und effektivem Zeitmanagement könnte die Schülerin mehr Selbstvertrauen entwickeln.
Der Sozialarbeiter wird nun in Erfahrung bringen, ob bei der Schülerin **belastende Umweltbedingungen** vorliegen. Dazu zählen Germain/Gitterman die **sozialen Bedingungen** und **physischen Umweltbedingungen**. Belastende Umweltbedingungen können dazu beitragen, Lernbedingungen ungünstig zu gestalten. Hat die Schülerin eventuell Probleme innerhalb der Organisation Schule oder sind ihre sozialen Netzwerke, z. B. ihre Freundschaften oder Strukturen der Freizeitgestaltung ungünstig? Ist dies der Fall, muss der Sozialarbeiter gemeinsam mit der Schülerin und den entsprechenden Personen oder Institutionen Möglichkeiten der Veränderung eruieren. Die negativen Umweltbedingungen sollten verbessert werden.
Auch eventuell bestehende **Kommunikations- und Beziehungsprobleme** müssen analysiert werden. In stressreichen Situationen wie bei der Prüfungsvorbereitung ist die Stimmung in Familien oft sehr angespannt. Das Wissen über Kommunikationsstörungen und die Möglichkeiten einer erfolgreichen Kommunikation können zur Entschärfung von Konflikten beitragen. Die Schülerin muss ihren Familienangehörigen verdeutlichen, dass sie sich zurzeit auf die Abiturvorbereitung konzentrieren muss und deshalb eine Zeit lang nicht allen familiären Verpflichtungen nachkommen kann. Auch gegenüber den Freunden ist dieses Vorgehen sinnvoll. Ziel wäre es, dass die Betroffenen dieses Anliegen verstehen und die Schülerin entlasten und so weit wie möglich unterstützen.

Der verhaltensbeeinflussende Lebensraum eines Menschen wird im Life-Model „**Habitat**“ genannt. Dies ist der Ort, an dem das Individuum anzutreffen ist. Das Habitat besteht aus den baulichen, sozialen und kulturellen Gegebenheiten. Das bedeutet, der Sozialpädagoge befragt die Schülerin nach der **wohnlichen Situation**. Verfügt sie über ein eigenes Zimmer, in dem sie lernen kann? Falls nicht, gibt es vielleicht bei Verwandten, in der Schule oder einer Bibliothek die Möglichkeit, ein „Studierzimmer“ zu nutzen? Liegt die Wohnung in einer ruhigen Gegend oder besteht permanenter Straßen- oder Baustellenlärm? Wie ist das Zimmer eingerichtet? Ist ein bequemer Arbeitsplatz vorhanden? Hier kann oft mit ein paar Handgriffen viel erreicht werden. Ablenkungsquellen wie das Handy oder Bildschirme sollten ausgeschaltet bleiben. Auch die Eltern und Geschwister sollten während der Lernphasen nicht stören. Der Arbeitsplatz sollte aufgeräumt und alle notwendigen Unterlagen sollten griffbereit sein. Auf das **soziale Habitat** wurde bereits in Bezug auf die Kommunikations- und Beziehungsprobleme hingewiesen. Es ist das familiäre und freundschaftliche Beziehungsgeflecht. Für den Zeitraum der Prüfungsvorbereitungen wäre es optimal, wenn zwischen allen Beteiligten klare Regelungen und verbindliche Absprachen getroffen werden könnten. Das beinhaltet die Lernzeiten, die Pausen, die Erholungsphasen, aber auch, welche Verpflichtungen die Schülerin in der Familie oder im Freundeskreis noch übernehmen kann. Die Schülerin sollte auch verdeutlichen, wie sie eventuell unterstützt werden könnte. Darüber hinaus wäre es sinnvoll, wenn sie sich auf eine gut funktionierende

Lerngruppe verlassen könnte, in der sie auch verpflichtende Arbeitsaufträge übernimmt.
Das **kulturelle Habitat** beinhaltet die kulturellen Angebote, auf die die Schülerin zurückgreifen kann. Gibt es nahegelegene Bibliotheken mit einer entsprechenden Auswahl an Fachliteratur? Bietet die örtliche Volkshochschule Kurse zu Entspannungstechniken an? Hat die Schülerin Zugang zum Internet und kennt sie effektive Recherchemöglichkeiten? Es wäre kontraproduktiv, wenn die Schülerin während der Lernperiode jobben müsste, um das dazu notwendige Geld zu verdienen. Ideal wäre eine familiäre finanzielle Unterstützung. Falls dies nicht realisierbar ist, sollte der Sozialarbeiter eine andere Möglichkeit finden.

Schlüsselbegriffe ökologischen Denkens sind die „Transaktion" und die „Anpassung". Die „**Transaktion**" umfasst die ständige gegenseitige Beeinflussung von Person und Situation bzw. Umwelt sowie deren Wirkung und Rückwirkung. Diese **Austauschprozesse** formen, verändern und beeinflussen sich selbst im Laufe der Zeit. Auf der einen Seite steht die Umwelt: Sie bietet Handlungsmöglichkeiten an, stellt Anforderungen und drängt zu Aktivitäten. Die Person mit ihrer Persönlichkeitsstruktur, ihren Fähigkeiten, Einstellungen und Eigenschaften stellt die andere Seite dar.
Zwischen Person und Umwelt werden ständig Informationen ausgetauscht. Dadurch werden beide verändert. Jedes Element ist also sowohl Ursache als auch Wirkung dieses Prozesses. Seit Beginn der Vorbereitung auf die Abschlussprüfung ist sowohl die Kommunikationssituation mit den Lehrkräften als auch die Beziehung zu den Familienmitgliedern sehr angespannt. Der Sozialarbeiter bespricht mit der Schülerin nochmals die Bedingungen erfolgreicher Kommunikation und regt Gespräche mit den Lehrkräften der Klasse und den Familienmitgliedern an. Alle Seiten können darlegen, was sie sich von der jeweiligen sozialen Kommunikation erhoffen und vom Gegenüber wünschen und was sie selbst einbringen können. Dabei beeinflussen sie sich selbst und die Situation. Die entstandenen Austauschprozesse werden sich weiter verbessern und die angespannte Atmosphäre entschärfen. Die Schülerin gesteht sich Schwächen ein und bittet die Lehrkräfte und ihre Familie um Unterstützung. Sie gewinnt ihr altes Selbstvertrauen zurück und geht auf alle potenziellen Unterstützungspersonen offen zu. So nimmt sie auch verstärkt Kontakt zu den Mitschülerinnen auf und schließt sich Lerngruppen an.

Ziel der Austauschprozesse ist die „**Anpassung**". Das bedeutet, die Austauschprozesse sollen zu einer **Übereinstimmung** zwischen Person und Umwelt führen. Übereinstimmen sollen die Bedürfnisse und Ziele einer Person und die Anforderungen der Umwelt an sie. In diesem Sinne bedeutet Anpassung nicht nur Unterordnung unter bestehende Umweltbedingungen, sondern die Veränderung der Person oder der Umwelt. Das beinhaltet die aktive Gestaltung der Umwelt nach eigenen Bedürfnissen, wodurch sie sich verändert. Diese Veränderung auf beiden Seiten wurde in Bezug auf die Transaktion bereits beschrieben. Ergebnis ist, dass sich alle Beteiligten auf „Augenhöhe" begegnen. Die Schülerin wird von den Lehrkräften, der Familie und den Mitschülern ernst genommen. Sie erwarten von ihr Offenheit und begegnen ihr mit derselben. Es besteht ein **Gleichgewicht** zwischen den Erwartungen der Person an ihre Umwelt und dieser an sie. Das versteht das Life-Model als „**Angepasstheit**".

Durch die erfolgreichen Austauschprozesse und die gelungene Anpassung entstehen für die angehende Abiturientin neue Nischen. Unter einer „**Nische**" versteht das Life-Model das Ergebnis von **Person-Umwelt-Transaktionen**. Damit werden die tatsächlich hergestellten Beziehungen und der daraus resultierende soziale Status innerhalb einer Gruppe bezeichnet. Durch individuelle Bewertung entstehen **gute Nischen**. Sie ermöglichen dem Individuum Selbstverwirklichung und Autonomie. Erlebt die Person in einer Gruppe aber Machtausübung und Dominanz, entstehen bei ihr Angst und negative Gefühle. Dann spricht das Life-Model von einer **negativen Nische**. Die Qualität der zwischenmenschlichen Beziehungen spielt dabei eine zentrale Rolle, da Beziehungs- und Kommunikationsstrukturen die Lebensgestaltung sowohl fördern als auch hemmen können.
Durch die oben beschriebenen Austauschprozesse und die erreichte Anpassung aller Seiten hat die Schülerin **positive Nischen** gewonnen. Sie kann sich innerhalb der Familie autonom verhalten. Die Familienangehörigen verstehen, dass die Schülerin Freiraum zur Prüfungsvorbereitung benötigt und sich dann in das Familienleben einbringt, wenn es ihr möglich ist. Ebenso selbstbewusst kann sie nun die sozialen Beziehungen zu ihren Lehrern und den Mitschülern gestalten. Der negative Lebensstress kann sich unter dem zwar weiterhin bestehenden kritischen Lebensereignis „Abschlussprüfungen" in **positiven Lebensstress** verwandeln. Die Schülerin sieht die Prüfungen jetzt aber als persönliche Herausforderung an. Sie ist davon überzeugt, dass sie die Abschlussprüfungen bestehen und ihrer Umwelt zeigen kann, was in ihr steckt.

Um dahin zu kommen, musste die Schülerin Coping-Strategien einsetzen. Als „**Coping**" wird im Life-Model das erfolgreiche Bewältigen von Belastungen bezeichnet. Nötig sind dafür Anstrengungen, um unter Einsatz von persönlichen Fähigkeiten und Hilfsmitteln aus der Umwelt Probleme zu lösen. Es wird unterschieden zwischen **negativem Coping**, wenn der negative Lebensstress weiter vorhanden ist oder sich vergrößert, und **positivem Coping**, wenn die Bewältigungsbemühungen der Person positiv waren. Dann können die stressauslösenden Umweltanforderungen verringert oder sogar gemeistert werden. Dazu haben sicher die Gespräche mit dem Schulsozialarbeiter, den Lehrern und der Familie beigetragen.
Um anpassungsfördernde Transaktionen zu realisieren, bedarf es auch der Analyse der **personalen und sozialen Ressourcen**. Eine günstige Voraussetzung auf der **personalen** Ebene ist die **Resilienz**. Darunter versteht man die bereits ab der frühen Kindheit aufgebaute Widerstandsfähigkeit gegenüber Risikofaktoren. Manche Resilienzfaktoren sind genetisch bedingt, wie z. B. ein aktives offenes Wesen. Weitere Faktoren entwickeln sich im Laufe des Lebens im Wechselwirkungsprozess mit der Umwelt, wie z. B. ein hohes Selbstwertgefühl und ein aktives Bewältigungsverhalten.
Die **sozialen Ressourcen** entstehen durch die Interaktion mit den sozialen Gemeinschaften. So ist z. B. eine enge, positive und kontinuierliche Beziehung zu Bezugspersonen ein wichtiger Faktor, der kindliche Widerstandskraft verstärkt.
Bei der weiteren Entwicklung im Jugendalter spielt die **Mündigkeit** mit der Selbst-, Sozial- und Sachkompetenz eine große Rolle. Die Schülerin hat mit ihrer Bereitschaft und Fähigkeit zum Gespräch bereits Selbst- und Sozialkompetenz bewiesen.

AUFGABE I: FALLBESCHREIBUNG

Text **Fallbeschreibung Eva**

Die 17-jährige Eva ist Schülerin einer Fachoberschule. Im Sportunterricht fordert die Lehrerin Frau Meier die Schülerinnen auf, Übungen auf dem 1,20 Meter hohen Schwebebalken durchzuführen. Da Eva massive Höhenangst hat, will sie nicht auf den Balken steigen.

Unter dieser Angst leidet das Mädchen bereits seit mehreren Jahren. Als Zehnjährige war Eva mit ihrer Freundin Ronja auf einen großen Kirschbaum in ihrem Garten geklettert, um die Früchte besser pflücken zu können. Die beiden Mädchen alberten zwischen den Ästen des Kirschbaumes herum, als Eva plötzlich das Gleichgewicht verlor und zu Boden stürzte. Sie landete unsanft auf dem Rücken und konnte sich zunächst nicht mehr bewegen. Eva kam mit einem schweren Schock und sehr schmerzhaften Prellungen ins Krankenhaus. Seither ist sie nie mehr auf einen Baum geklettert. Der Unfall beeinflusst Eva bis heute. Alles, was hoch ist, löst bei ihr Angst aus: Zum Beispiel das Stehen auf einer Leiter, das Dreimeterbrett im Schwimmbad und auch der Schwebebalken, auf den sie jetzt steigen soll.

In solchen Situationen beginnen ihre Hände zu zittern, sie hat Schweißausbrüche, ihr Magen zieht sich zusammen, ihr Herz rast wie wild. Für Eva ist dies sehr unangenehm und so nimmt ihre Angst noch weiter zu. Sie denkt sofort: „Oh Gott, bestimmt falle ich wieder herunter!"; dabei erinnert sie sich an den schmerzhaften Sturz in der Kindheit. In ihrer Angst nimmt sie den Balken als extrem hoch und bedrohlich wahr.

Als Eva vor dem Schwebebalken steht und lange zögert, feuern sie ihre Mitschüler durch lautes Klatschen und Zurufen an. Evas Angst ist jedoch so stark, dass sie der Situation entfliehen will. Sie stürmt, so schnell sie kann, auf den Hallenausgang zu und läuft verzweifelt in die Umkleidekabine. Dort sitzt Eva zusammengekauert auf dem Boden und weint. Frau Meier betritt voller Sorge den Raum.

Es kommt zu folgendem Gespräch:
EVA *(schluchzt)*: „Bitte lassen Sie mich einfach in Ruhe!"
FRAU MEIER: „Ich mache mir aber Sorgen um dich!"
EVA: „Aber im Moment will ich einfach nur noch weg!"
FRAU MEIER *(kniet sich zu Eva)*: „Eva, ich sehe doch, dass es dir nicht gut geht. Es ist okay, wenn du erst einmal hier bleibst."
Eva schweigt.
FRAU MEIER: „Eva, ich weiß, dass du es eigentlich kannst, und ich will dir gerne helfen. Würdest du es noch einmal probieren, wenn ich daneben stehe und dir Hilfestellung gebe?"

EVA: „Ja, das würde mir vielleicht helfen – aber nur, wenn die anderen mich nicht so stressen."

FRAU MEIER: „Habe ich das richtig verstanden? Geht es darum, dass du Angst hast herunterzufallen und dich zusätzlich von den anderen unter Druck gesetzt fühlst?"

EVA: „Ja, das stimmt."

FRAU MEIER: „Dann gehe ich vor, rede mit deinen Mitschülerinnen und du kommst nach, wenn du so weit bist."

Wenige Minuten später stellt sich Eva der Situation und möchte zumindest versuchen, auf dem Balken zu stehen. Als Eva die Halle betritt, empfängt sie die Klasse mit aufmunternden, aber zurückhaltenden Gesten. Eva ist nun deutlich ruhiger und wagt mit Hilfestellung von Frau Meier, sich für zehn Sekunden auf den Balken zu stellen. Daraufhin ist Eva erleichtert und stolz auf sich. Nach dieser Sportstunde sieht sie den Schwebebalken als nicht mehr so bedrohlich an.

Teilaufgaben zur Fallbeschreibung „Eva"

Wissenschaftliche Pädagogik und Psychologie erfassen und erklären menschliches Erleben sowie Verhalten ganzheitlich.

1 Erläutern Sie Merkmale von Emotion am Beispiel von Evas Angst im Sportunterricht und verdeutlichen Sie die Wechselwirkungen zwischen Evas Emotion und ihren Kognitionen.

2 Erklären Sie die Entstehung von Evas Höhenangst mithilfe relevanter Annahmen der Theorie des Klassischen Konditionierens

Evas Angst kann durch Interaktions- und Kommunikationsprozesse günstig beeinflusst werden.

3a Zeigen Sie auf, dass zwischen Eva und ihrer Lehrerin soziale Interaktion und soziale Kommunikation vorliegen.

3b Erklären Sie anhand geeigneter Textstellen zwei gelungene Kommunikationsabläufe zwischen Eva und der Lehrkraft auf der Basis grundlegender Annahmen einer Kommunikationstheorie (P. Watzlawick oder F. Schulz von Thun).

AUFGABE II

Sie befinden sich im Sportunterricht. In Ihrer Gruppe fällt Ihnen eine Mitschülerin/ein Mitschüler durch exzellente sportliche Leistungen auf. Im Anschluss an den Sportunterricht diskutieren Sie mit Ihren Freunden, warum bestimmte Personen zu solch besonderen Leistungen fähig sind.

Teilaufgaben

1 *Die Entwicklungspsychologie befasst sich auch mit der Frage, warum Menschen zu sportlichen Höchstleistungen fähig sind.*

Verdeutlichen Sie am Beispiel einer sportlich erfolgreichen Person die Entwicklungsbedingungen (Anlage, Umwelt und Selbststeuerung) sowie deren Wechselwirkungen.

2 *Ob sportlich erfolgreiches Verhalten gezeigt wird, hängt von vielen Faktoren und Bedingungen ab.*

Erklären Sie die Ausführung sportlich erfolgreichen Verhaltens – am Beispiel der in Teilaufgabe 1 beschriebenen Person – mit den Teilprozessen Reproduktion und Motivation der sozialkognitiven Theorie nach A. Bandura.

3 *Erfahrungen und Persönlichkeitsentwicklung hängen eng zusammen, beispielsweise bei der Verarbeitung von Erfolgen und Misserfolgen im Sport.*

Erklären Sie einen gelungenen Umgang mit sportlichen Erfolgen und Misserfolgen mithilfe der zentralen Annahmen Selbstkonzept und Selbstaktualisierung der personenzentrierten Theorie nach C. R. Rogers.
Beziehen Sie sich dabei auf die in den Teilaufgaben 1 und 2 beschriebene Person.

Lösungsvorschlag

Aufgabe I

1 **TIPP** *Gewichtungsvorschlag: 30 %*

Ihre Aufgabe ist es, am Beispiel von Evas Angst im Sportunterricht die Merkmale von Emotion zu erläutern und die Wechselwirkungen von Emotion und Kognition zu verdeutlichen. „Erläutern" und „verdeutlichen" bedeuten, einen Sachverhalt genau und differenziert wiederzugeben. Ihre Ausführungen sollten in eigenen Worten erfolgen. Die Fachbegriffe (z. B. „Emotion", „Kognition", „Angst") sollten geklärt werden.
Achten Sie darauf, dass der Zusammenhang zwischen Fachwissen und Fallbeispiel immer wieder hergestellt wird. Dabei sollen Sie sich auf konkrete Textstellen beziehen und die entsprechenden Zeilen angeben.
Überlegen Sie sich, wie Sie bei der Beantwortung der Fragestellung vorgehen möchten. Sie haben dazu zwei Möglichkeiten. Entweder Sie stellen das geforderte Fachwissen dar und erläutern gleich daran die von Ihnen ausgewählten Textzeilen des Fallbeispiels oder Sie stellen zuerst das geforderte Fachwissen vollständig dar und wenden es getrennt davon am Fallbeispiel an. Hier wurde die erste Möglichkeit gewählt. Beachten Sie, dass die Transferleistung deutlich stärker gewichtet wird als die Wiedergabe des Fachwissens.

Emotion ist eine psychische Kraft, die das Erleben (Innenaspekt) und Verhalten (Außenaspekt) eines Menschen beeinflusst. Emotionen sind Ich-Zustände, die den Körper, die Psyche und das Verhalten des Menschen umfassen. Eva leidet unter Höhenangst. **Angst** stellt einen Ich-Zustand dar, der als beklemmend und unangenehm empfunden wird. Dieser Zustand kann u. a. durch den Gedanken ausgelöst werden, dass man eine bestimmte Situation nicht bewältigen kann. Eva kommt bereits mit Höhenangst in den Sportunterricht und sieht sich nicht in der Lage, auf dem Schwebebalken Übungen durchzuführen (vgl. Z. 1–4).

Merkmale von Emotion anhand des Fallbeispiels „Eva"

Organische Komponente

Emotionen äußern sich in körperlichen Veränderungen (z. B. Muskelverspannungen, schnelle Atmung, Zittern). Diese körperlichen Vorgänge können als **Spannung oder Entspannung** erlebt werden. Darüber hinaus können sie auch unterschiedlich **intensiv** sein. Die Stärke des Gefühls hängt von der körperlichen Erregung ab. Die Aufgabe, auf den Schwebebalken zu steigen, löst bei Eva Angst aus: „ihre Hände […] zittern, sie hat Schweißausbrüche, ihr Magen zieht sich zusammen, ihr Herz rast wie wild" (Z. 15/16). Für Eva ist die Situation sehr unangenehm und ihre Angst nimmt weiter zu (vgl. Z. 16/17). Sie erlebt diesen körperlichen Zustand als intensive Erregung bzw. Spannung (Innenaspekt).

Psychische Komponente
Gefühle äußern sich auch in psychischen Vorgängen. Dabei wird man sich seines Ich-Zustandes, z. B. der vorher beschriebenen körperlichen Veränderungen, bewusst. Dadurch verändern sich die Wahrnehmung und das Denken. Die körperliche Erregung wird z. B. als Freude, Trauer, Ärger oder Angst interpretiert. Dabei gibt es qualitative Unterschiede; so kann ein Zustand als angenehm oder unangenehm wahrgenommen werden. Für Eva sind die körperlichen Veränderungen so unangenehm, dass ihre Angst zunimmt (vgl. Z. 16/17). Erinnerungen „an den schmerzhaften Sturz in der Kindheit" (Z. 18/19) werden wach. Ihre Wahrnehmung hat sich verändert, denn sie nimmt den Balken als „extrem hoch und bedrohlich" (Z. 19) wahr. Sie interpretiert ihre körperliche Erregung als Angst und bewertet ihren Zustand als unangenehm.

Konative Komponente
Emotionen beeinflussen das Verhalten des Menschen (konative Komponente). Gefühle können das Verhalten aktivieren und steuern. Sie können den Menschen zu mehr Aktivität und Leistung anregen, aber auch Passivität und **Vermeidungsverhalten** auslösen. Evas Angst löst bei ihr Vermeidungsverhalten aus, denn sie ist seit ihrem Sturz nie mehr geklettert (vgl. Z. 11) und will auch der aktuellen Situation entfliehen (vgl. Z. 21/22). Deshalb stürmt sie raus „und läuft verzweifelt in die Umkleidekabine" (Z. 22/23). Dort möchte sie in Ruhe gelassen werden (vgl. Z. 23–28).
Die drei beschriebenen Komponenten beeinflussen sich gegenseitig, sodass eine Veränderung bei einer Komponente mit Veränderungen der anderen Komponenten einhergeht. Das einfühlsame Verhalten von Frau Meier hat Auswirkungen auf Evas Verhalten (**konative Komponente**). Nach dem Gespräch stellt sich Eva der Situation und steigt auf den Balken (vgl. Z. 42–45). Sie ist nun „deutlich ruhiger" (Z. 44) und erlebt die Situation als erleichternd (**organische Komponente**). Auch Evas Wahrnehmung **(psychische Komponente)** ändert sich, denn sie nimmt den Balken „als nicht mehr so bedrohlich" (Z. 47) wahr.

Verdeutlichung der Wechselwirkungen von Emotion und Kognition anhand des Fallbeispiels
Die Psychologie definiert den Begriff „**Kognition**" als Gesamtheit aller psychischen Fähigkeiten, Funktionen und Prozesse, die der Aufnahme, Verarbeitung und Speicherung von Informationen dienen. Die kognitiven Fähigkeiten, z. B. das Gedächtnis und kognitive Funktionen wie die Wahrnehmung und das Denken, bilden im Zusammenwirken mit den psychischen Kräften die Grundlage menschlichen Erlebens und Verhaltens. Zwischen den **psychischen Kräften**, in unserem Fallbeispiel Emotionen, und den **kognitiven Fähigkeiten** und Funktionen finden **Wechselwirkungen** statt.

Zusammenhang zwischen Wahrnehmung und Emotion
Bei der **Wahrnehmung** spielen Emotionen eine bedeutsame Rolle. Die Wahrnehmung umfasst sowohl den Prozess als auch das Ergebnis der Informationsgewinnung und Verarbeitung von Sinneseindrücken. Dabei können die Sinneseindrücke sowohl aus der Umwelt als auch aus dem Körperinneren stammen. Wahrnehmung ist immer subjektiv, da sie von unterschiedlichen Faktoren abhängig ist.

In unserem Fallbeispiel ist die Wahrnehmung von Emotionen abhängig. Emotionen zählen zu den **individuellen Faktoren**, die den Wahrnehmungsprozess beeinflussen. Evas Höhenangst führt dazu, dass sie der im Sportunterricht gestellten Aufgabe nicht nachkommen kann (vgl. Z. 1–4). Ihre Wahrnehmung ist durch die Angst so stark beeinflusst, dass sie den Balken als „extrem hoch und bedrohlich“ (Z. 19) wahrnimmt. Allerdings wird der Umgang mit Emotionen wiederum von Wahrnehmungsprozessen beeinflusst. Durch die Wahrnehmung der (bedrohlichen) Situation „beginnen [Evas] Hände zu zittern, sie hat Schweißausbrüche, ihr Magen zieht sich zusammen, ihr Herz rast wie wild“ (Z. 15/16). Für Eva ist das sehr unangenehm und „so nimmt ihre Angst noch weiter zu“ (Z. 16/17).

Zusammenhang zwischen Denken und Emotion

Emotionen beeinflussen auch das **Denken**. Als Denken wird ein nicht beobachtbarer Vorgang bezeichnet, bei dem Informationen erfasst und verarbeitet werden. Denken dient der **Informationsverarbeitung**, der **Problemlösung** und der **Entscheidungsfindung**. Evas Angst hat einen erheblichen Einfluss darauf, wie sie die Situation im Sportunterreicht verarbeitet, welche Entscheidung sie trifft und wie sie das Problem löst. Eva denkt, dass sie vom Balken fallen wird (Informationsverarbeitung), und entscheidet sich dafür, der Situation zu entfliehen (Entscheidungsfindung). Als sie die Halle verlassen hat, befindet sie sich nicht mehr in der für die bedrohlichen Situation. Damit ist das Problem für sie zunächst einmal gelöst (Problemlösung). Wäre Evas Angst nicht so groß gewesen, wäre ihr Denkprozess höchstwahrscheinlich anders verlaufen und sie hätte eine andere Entscheidung getroffen.

Zusammenhang zwischen Gedächtnis und Emotion

Das **Gedächtnis** beinhaltet die Fähigkeit eines Organismus, bestimmte Informationen zu speichern und zu verarbeiten. Dabei werden nicht nur sachliche Informationen, sondern auch Erlebnisse, Empfindungen und Gefühle gespeichert. Bei Bedarf werden die gespeicherten Informationen abgerufen. Verschiedenen Gedächtnismodellen zufolge werden Informationen in Speichern aufbewahrt. Dabei wird zwischen dem Einspeicher- und dem Mehrspeichermodell unterschieden.
Der Zusammenhang zwischen Emotion und Gedächtnis wird im Folgenden mithilfe des **Mehrspeichermodells** dargestellt. Ausgehend von diesem Modell besteht das Gedächtnis aus drei separaten Speichern, zwischen denen Kontrollprozesse ablaufen. Das **sensorische Gedächtnis** registriert alle Informationen bzw. Reize, die der Mensch durch seine Sinnesorgane wahrnimmt. Das **Kurzzeitgedächtnis** verarbeitet die Informationen, die es vom sensorischen Gedächtnis erhält. Das **Langzeitgedächtnis** gilt als das „eigentliche“ Gedächtnis, das das Wissen und die Erinnerungen des Menschen enthält. Evas Höhenangst entstand im Alter von zehn Jahren (vgl. 5/6). Sie verlor beim Kirschenpflücken auf dem Baum das Gleichgewicht, fiel herunter und wurde mit einem schweren Schock ins Krankenhaus eingeliefert (vgl. Z. 5–11). Seitdem ist das Mädchen „nie mehr auf einen Baum geklettert“ (Z. 11). Durch den Anblick des Schwebebalkens (sensorisches Gedächtnis) werden alle im Fallbeispiel gennannten Informationen und (psychischen und körperlichen) Reaktionen aktiviert (Kurzzeitgedächtnis) und aus dem Langzeitgedächtnis abgerufen (vgl. Z. 15–19).

2 **TIPP** *Gewichtungsvorschlag: 35 %*

Es wird von Ihnen erwartet, die Entstehung von Evas Höhenangst mithilfe relevanter Annahmen der Theorie des Klassischen Konditionierens zu erklären. „Erklären" heißt in der wissenschaftlichen Pädagogik und Psychologie, Beziehungen zwischen beschriebenen Merkmalen herzustellen, Ursachen und Wirkungszusammenhänge zu erkennen und daraus Gesetzmäßigkeiten zu formulieren. Überlegen Sie sich, wie Sie bei der Beantwortung der Fragestellung vorgehen möchten. Sie haben dazu zwei Möglichkeiten. Entweder Sie stellen das geforderte Fachwissen dar und erläutern gleich daran die von Ihnen ausgewählten Textzeilen des Fallbeispiels oder Sie stellen zuerst das geforderte Fachwissen vollständig dar und wenden es getrennt davon am Fallbeispiel an. Es bietet sich an, die relevanten Grundannahmen des Klassischen Konditionierens anhand des Fallbeispiels zu beschreiben und anschließend die Entstehung von Evas Höhenangst mithilfe dieser Annahmen zu erklären. Beachten Sie, dass die Transferleistung deutlich stärker gewichtet wird als die Wiedergabe des Fachwissens.

Beschreibung der relevanten Annahmen des Klassischen Konditionierens

Die Entstehung von Angst kann mit unterschiedlichen Theorien erklärt werden, u. a. mithilfe der Theorie des **Klassischen Konditionierens**. Dieser Ansatz beinhaltet Konzepte, die Veränderungen von emotionalen Reaktionen wie Evas Höhenangst erklären können. Das Klassische Konditionieren gehört zu den **behavioristischen Lerntheorien**. Behavioristen nehmen an, dass das Verhalten vollständig durch Umweltbedingungen **determiniert** ist. Folglich ist das, was wir werden, größtenteils das Ergebnis der Umwelt, nicht der Vererbung. Somit ist menschliches Verhalten immer erlernt und kann auch wieder verlernt werden. Die von der Psychologie entwickelten Theorien zur systematischen Erklärung von nicht beobachtbaren Lernprozessen werden als **Lerntheorien** bezeichnet. Diese Theorien versuchen die Entstehung und Veränderung des menschlichen Verhaltens zu erklären, vorherzusagen und zu beeinflussen. Beim **Lernen** werden aufgrund von Erfahrungen neue Verhaltensweisen erworben oder schon vorhandene Verhaltensweisen verändert. Dabei sind die Verhaltensänderungen relativ dauerhaft.

Beim **Klassischen Konditionieren** spielen Reize, die einem bestimmten Verhalten *vorausgehen*, eine zentrale Rolle fürs Lernen. Theorien, die die Bedeutung von Reizen beim Lernen erklären, bezeichnet man als **Konditionierungstheorien**. Der Begründer des Klassischen Konditionierens ist der russische Physiologe Iwan P. Pawlow. Seine relevanten Grundannahmen wurden im Labor mit einem Hund erforscht. Das Pawlow'sche Hundeexperiment ist grundlegend für alle weiteren behavioristischen Lerntheorien. Seine Erkenntnisse stellen den ersten und wegweisenden Theorieansatz in der Lernpsychologie dar; deshalb wird seine Theorie als *Klassisches* Konditionieren bezeichnet.

Klassisches Konditionieren findet statt, wenn durch eine wiederholte Koppelung eines neutralen Reizes (NS) mit einem unbedingten Reiz (UCS) der neutrale Reiz irgendwann eine bedingte Reaktion (CR) auslöst und damit zu einem bedingten Reiz

(CS) wird. Die Voraussetzung für diesen Lernprozess ist eine unbedingte (angeborene) Reaktion, die von einem unbedingten Reiz ausgelöst wird. Der Mensch verfügt über eine Reihe angeborener Reaktionen (**Reflexe**), die durch unbedingte Reize automatisch ausgelöst werden (z. B. Saugreflex, Lidschlagreflex). Ebenso gibt es reflexartige emotionale Reaktionen (z. B. Angst), auf deren Grundlage Konditionierungen stattfinden können. Reize wie Schläge lösen Schmerzen und Angst aus. Hier spricht man von einer angeborenen **Reiz-Reaktions-Verbindung**. Diese dient der Lebenserhaltung. Durch das Klassische Konditionieren kann ein ursprünglich neutraler Reiz wie „Baum" oder „Höhe" irgendwann zu einer Angstreaktion führen.

Gesetzmäßigkeiten des Klassischen Konditionierens
Klassische Konditionierung findet nur dann statt, wenn Kontiguität herrscht. Das ist dann der Fall, wenn der neutrale und der unbedingte Reiz mehrmals in zeitlich-räumlicher Nähe auftreten. Häufig sind Konditionierungsprozesse komplexerer Art wahrscheinlich. Dabei werden neutrale Reize mit bereits bedingten Reizen gekoppelt und lösen die gleiche emotionale Reaktion aus. Wenn eine Konditionierung auf einer bereits bestehenden Reiz-Reaktions-Verbindung aufbaut, spricht man von einer Konditionierung zweiter bzw. höherer Ordnung. Der neutrale Reiz wird mit einem bedingten Reiz verknüpft. Wenn ein Reiz, der mit dem bedingten Reiz Ähnlichkeit hat, ebenfalls eine bedingte Reaktion auslöst, spricht man von **Reizgeneralisierung**.

Erklärung der Entstehung von Evas Höhenangst
Nach der Theorie des Klassischen Konditionierens ist Evas Höhenangst erlernt. Die 10-jährige Eva klettert mit ihrer Freundin Ronja auf einen großen Kirschbaum, um Kirschen zu pflücken (vgl. Z. 5–7). Zunächst löst der Anblick des Baumes bei Eva keine besondere Reaktion aus, es handelt sich also um einen **neutralen Reiz** (NS). Doch dann verliert Eva das Gleichgewicht, stürzt und kommt mit Schmerzen und einem schweren Schock ins Krankenhaus (vgl. Z. 8–11). Der Schmerzreiz ist in diesem Fall ein **unbedingter, natürlicher Reiz** (UCS), der die unbedingte, angeborene Reaktion Angst (UCR) auslöst. Nachdem Eva die Erfahrung gemacht hat, dass das Klettern auf einen Baum mit Schmerzen verbunden ist (Koppelung von NS und UCS), wird der Baum für sie zu einem **bedingten Reiz** (CS), der bei ihr eine bedingte emotionale Reaktion (CR), und zwar Angst, Vermeidung und Flucht, auslöst. Seit diesem Erlebnis meidet sie das Klettern auf Bäume (vgl. Z. 11/12). Doch sie fürchtet sich nicht nur vor Bäumen, sondern vor Höhe im Allgemeinen: „Alles, was hoch ist, löst bei ihr Angst aus" (Z. 12). Das bedeutet, dass hier bereits eine **Reizgeneralisierung** stattgefunden hat. Reize, die dem ursprünglichen konditionierten Reiz „Baum" ähneln, z. B. Leiter, Dreimeterbrett und Schwebebalken, lösen bei Eva ebenfalls Angst aus (vgl. Z. 12–19).

3a **TIPP** *Gewichtungsvorschlag 3a und 3b: 35 %*

Es wird von Ihnen gefordert, einen Sachverhalt aufzuzeigen. „Aufzeigen" bedeutet, einen Sachverhalt mithilfe von Fachwissen zu beschreiben und darzustellen. Die Begriffe „soziale Interaktion" und „soziale Kommunikation" müssen bestimmt und anschließend anhand des Fallbeispiels verdeutlicht werden. Da soziale Interaktion und soziale Kommunikation untrennbar miteinander verbunden sind, sollten Wechselwirkungsprozesse aufgezeigt und am Fallbeispiel belegt werden. Überlegen Sie sich, wie Sie bei der Beantwortung der Fragestellung vorgehen möchten. Sie haben dazu zwei Möglichkeiten. Entweder Sie stellen das geforderte Fachwissen dar und erläutern gleich daran die von Ihnen ausgewählten Textzeilen des Fallbeispiels oder Sie stellen zuerst das geforderte Fachwissen vollständig dar und wenden es getrennt davon am Fallbeispiel an.

Soziale Kommunikation und Interaktion bilden die Grundlage für das Zusammenleben der Menschen und sind eng miteinander verknüpft. Unter **sozialer Kommunikation** versteht man in der Kommunikationspsychologie die Vermittlung, die Aufnahme und den Austausch von Informationen. Dieser Begriff umfasst nicht nur sachliche Inhalte, sondern auch Gefühle und Bedürfnisse. Menschen können unterschiedlich kommunizieren, z. B. mithilfe des Körpers, der Stimme und der Sprache. Von sozialer Kommunikation wird nur dann gesprochen, wenn die Informationen **wechselseitig** ausgetauscht werden. Folglich beinhaltet dieser Begriff z. B. keine Selbstgespräche.

Im Fallbeispiel findet **soziale Kommunikation** im Wesentlichen zwischen Eva und ihrer Lehrerin statt. Am Anfang des Gesprächs informiert Eva ihre Lehrerin, dass sie in Ruhe gelassen werden möchte (vgl. Z. 26). Sie vermittelt diese Information verbal und mit ihrem Körper, denn sie sitzt zusammengekauert am Boden und weint (vgl. Z. 23). Frau Meier äußert ihre Sorgen und ihr Verständnis sowohl verbal als auch durch ihre Körperhaltung, z. B. durch das Niederknien. Im Verlauf des Gesprächs tauschen die beiden weitere Informationen aus. Eva teilt Frau Meier mit, dass sie einfach nur weg will. Die Lehrerin bietet Eva ihre Hilfe an (vgl. Z. 33/34). Eva antwortet darauf, indem sie diese Hilfe annimmt. Frau Meier gelingt es, durch ihr aktives Kommunikationsverhalten die Beziehung zu Eva aufrechtzuerhalten. Sie ermöglicht es Eva so, über ihre Angst zu sprechen.

Soziale Interaktion bezieht sich auf alle wechselseitigen Vorgänge, die zwischen Menschen stattfinden. Menschen agieren, reagieren und steuern sich gegenseitig. Frau Meier ist Evas Sportlehrerin. Allein durch diese Tatsache findet zwischen Frau Meier und Eva soziale Interaktion statt. Frau Meier stellt allen Schülern die gleiche Aufgabe; sie fordert sie auf, Übungen auf dem Schwebebalken durchzuführen (vgl. Z. 1–4). Hier findet nicht nur ein Informationsaustausch statt, auch die Interaktion zwischen Frau Meier und Eva beginnt. Die Aufgabenstellung hat großen Einfluss auf Eva, da ihre Höhenangst dadurch aktiviert wird. Das Verhalten von Frau Meier beeinflusst Evas Verhalten erheblich. Eva hat massive Höhenangst und will nicht auf den Balken steigen (vgl. Z. 3/4); sie entflieht der Situation (vgl. Z. 22/23). Hier wird die gegenseitige

Beeinflussung durch soziale Interaktion deutlich. Die Sportstunde nimmt einen anderen Verlauf, da jetzt die Interaktion zwischen Frau Meier und Eva in den Vordergrund rückt. Auch das Interaktions- und Kommunikationsverhalten zu den Mitschülern verändert sich. Frau Meier kommt zu Eva in die Umkleidekabine und verlässt dafür die Sporthalle (vgl. Z. 24).
Soziale Interaktion ist ohne **soziale Kommunikation** nicht möglich. Zu der gegenseitigen Beeinflussung durch soziale Interaktion kommt ein Informationsaustausch hinzu (vgl. Z. 25–41). Zwischen Frau Meier und Eva finden gleichzeitig soziale Kommunikation und soziale Interaktion statt. Dies führt im Fallbeispiel dazu, dass Eva versucht, ihre Höhenangst zu überwinden, indem sie auf den Balken steigt (vgl. Z. 42).

3b TIPP *Gewichtungsvorschlag 3a und 3b: 35 %*

Ihre Aufgabe ist es, anhand geeigneter Textstellen zwei gelungene Kommunikationsabläufe zwischen Eva und ihrer Lehrerin zu erklären.
Wählen Sie eine der angegebenen Kommunikationstheorien aus und stellen Sie die grundlegenden Annahmen dieser Theorie dar. In diesem Lösungsvorschlag beziehen wir uns auf die Kommunikationstheorie von P. Watzlawik und erklären die Kommunikationsabläufe mithilfe der fünf Axiome.
Sie haben zwei unterschiedliche Möglichkeiten der Darstellung. Entweder Sie stellen einzelne relevante Annahmen der Kommunikationstheorie dar und erläutern daran die zwei von Ihnen ausgewählten gelungenen Kommunikationsabläufe oder Sie stellen zuerst die relevanten Annahmen der Theorie dar und getrennt davon die vollständige Anwendung an der Fallbeschreibung.
Denken Sie daran, dass die Transferleistung höher bewertet wird als die Wiedergabe fachwissenschaftlicher Kenntnisse.

Darstellung der relevanten Annahmen der Kommunikationstheorie nach Paul Watzlawick

Paul Watzlawick ist der Begründer der **konstruktivistischen Kommunikationstheorie**. Seine Theorie besagt, dass die Realität, auf die wir in zwischenmenschlichen Beziehungen Bezug nehmen, nicht objektiv vorhanden ist, sondern ein Konstrukt ist, das von uns selbst geschaffen wird. Für Watzlawick ist die sogenannte Wirklichkeit das Ergebnis von Kommunikation. Zwei Personen, die miteinander kommunizieren, werden nicht als Einzelwesen betrachtet, sondern bilden vielmehr ein System, in dem es **Rückkoppelungsprozesse** gibt. So beeinflusst die Kommunikation von Person A die Kommunikation von Person B und umgekehrt.
Watzlawick unterscheidet zwei Wirklichkeiten, die **Wirklichkeit erster Ordnung** und die **Wirklichkeit zweiter Ordnung**. Die Wirklichkeit erster Ordnung bezieht sich auf den Konsens der Wahrnehmung. Beispiel: Eva steht vor dem Schwebebalken (vgl. Z. 20). Die Wirklichkeit zweiter Ordnung umfasst die Bedeutung, die diese Tatsache für Menschen hat. Die Konstruktion dieser Wirklichkeit ist subjektiv. Beispiel: Für Eva ist der Balken mit Angst verbunden (vgl. Z. 21/22).

Watzlawick und seine Mitarbeiter haben ihre Annahmen zur Kommunikation in **fünf Axiomen** formuliert. Ein **Axiom** ist ein Grundsatz, der keines Beweises bedarf. Nach Ansicht Watzlawicks können diese Axiome verdeutlichen, weshalb eine Kommunikation **erfolgreich oder gestört** verläuft. Von **erfolgreicher Kommunikation** spricht man, wenn die Erwartungen und Bedürfnisse der Kommunikationspartner erfüllt und ihre Ziele erreicht werden.

Darstellung zweier gelungener Kommunikationsabläufe zwischen Eva und ihrer Lehrerin

Beispiel 1: Aufgrund ihrer Höhenangst verlässt Eva die Sporthalle und stürmt in die Umkleidekabine. Dort sitzt sie zusammengekauert auf dem Boden und weint. Ihre Lehrerin Frau Meier betritt voller Sorge den Raum. Eva schluchzt und teilt Frau Meier mit, dass sie in Ruhe gelassen werden will. Frau Meier erklärt Eva, dass sie sich Sorgen um sie macht. Eva entgegnet, dass sie einfach nur noch weg möchte. Frau Meier kniet sich zu Eva und teilt ihr mir, dass sie erst einmal in der Kabine bleiben darf (vgl. Z. 21–30).

Für Eva ist die Kommunikation **erfolgreich**, weil sie ihr **Ziel** erreicht – sie muss erst einmal nicht in die Sporthalle zurück. Ihr **Bedürfnis**, nicht auf den Schwebebalken steigen zu müssen, ist befriedigt. Auch Frau Meier erreicht ihr **Ziel**. Es gelingt ihr, mit Eva Kontakt aufzunehmen und ein Gespräch zu beginnen.

Das **zweite Axiom** lautet: **Jede Kommunikation hat einen Inhalts- und einen Beziehungsaspekt**. Das bedeutet, dass jede Nachricht eine **sachliche** und eine **emotionale** Aussage enthält. Der **Inhaltsaspekt** meint die Daten, die verbal übertragen werden. Hier geht es darum, *was* gesagt wird. Der **Beziehungsaspekt** umfasst Mimik, Gestik und Tonfall und kennzeichnet die Beziehung der Kommunikationspartner. Dieser Aspekt vermittelt, wie der Sender die Mitteilung verstanden haben möchte. Hier geht es um die Frage, *wie* etwas gesagt wird. **Erfolgreiche Kommunikation** im zweiten Axiom bedeutet, dass sich die Kommunikationspartner sowohl über den Inhalt der Kommunikation als auch über ihre Beziehung einig sind.

Eva und ihre Lehrerin verbalisieren ihre Gefühle (vgl. Z. 26–28). Frau Meier versucht herauszufinden, was mit Eva los ist (Inhaltsaspekt); gleichzeitig signalisiert sie Eva, dass sie ihr wichtig ist und sie ihr helfen möchte (Beziehungsaspekt). So werden sachliche und emotionale Aussage gleichermaßen berücksichtigt.

Das **vierte Axiom** besagt, dass **menschliche Kommunikation sich digitaler und analoger Modalitäten bedient**. Es gibt grundsätzlich zwei Möglichkeiten, wie etwas mitgeteilt werden kann. **Digitale Kommunikation** findet mithilfe von Sprache, Worten und Zeichen statt. Digitales Mitteilungsmaterial ist komplex und vielseitig. Der Vorteil der digitalen Kommunikation besteht in ihrer Eindeutigkeit, Klarheit und Nachvollziehbarkeit. Allerdings ist diese Kommunikation nicht ausreichend, um Beziehungen zu definieren. Deshalb benötigt es zusätzlich **analoger Kommunikation**. Darunter versteht man die nichtsprachliche Kommunikation mithilfe von Gestik, Mimik und Tonlage, die mehrdeutig und emotional gefärbt ist. **Erfolgreich** ist Kommunikation laut diesem Axiom dann, wenn digitale und analoge Aspekte übereinstimmen. Eva schluchzt (analog) und teilt Frau Meier mit, sie wolle in Ruhe gelassen werden (digital). Frau Meier kniet sich zu Eva (analog) und erklärt ihr, es sei okay, erst einmal

in der Umkleide zu bleiben (digital) (vgl. Z. 28–32). Damit zeigt Frau Meier Eva sowohl auf analogem als auch auf digitalem Wege ihr Verständnis.
Das **fünfte Axiom** besagt, dass **zwischenmenschliche Kommunikationsabläufe symmetrisch oder komplementär** sein können, je nachdem, ob die Beziehung zwischen den Partnern auf Gleichheit oder Unterschiedlichkeit beruht. Ist der Status (bezüglich Wissen, Besitz, Macht usw.) der Kommunikationspartner gleich, spricht man von **symmetrischer** Kommunikation. **Symmetrische** Kommunikation ist auch durch das Bestreben gekennzeichnet, bestehende Unterschiede zu vermindern.
Ist der Status der Partner ungleich, spricht man von **komplementärer** oder sich ergänzender Kommunikation. In diesem Fall befinden sich die Kommunikationspartner hierarchisch in unterschiedlichen Positionen. Der übergeordnete Partner befindet sich in der **Primärposition**, der untergeordnete Partner in der **Sekundärposition**. Der Begriff „komplementär" beinhaltet aber auch den Aspekt, dass die Unterschiede von beiden Partnern akzeptiert werden. Symmetrie und Komplementarität haben nichts mit „gut oder schlecht" zu tun. **Erfolgreiche** symmetrische bzw. komplementäre **Kommunikation** nach diesem Axiom bedeutet die Akzeptanz des anderen Kommunikationspartners in seiner jeweiligen Rolle.
Frau Meier, die sich als Evas Lehrerin in der Primärposition befindet, nimmt Kontakt zu Eva auf, indem sie ihr in die Umkleidekabine folgt (vgl. Z. 23/24). Allerdings bemüht sie sich darum, eine starre Komplementarität zu vermeiden, indem sie sich zu Eva kniet (vgl. Z. 29). Eva ihrerseits akzeptiert Frau Meiers Position und geht auf ihre Fragen ein.

Beispiel 2: Frau Meier bietet Eva ihre Hilfe bei der Übung an. Eva zeigt sich bereit, die Hilfe anzunehmen, signalisiert aber, dass sie sich von ihren Mitschülerinnen unter Druck gesetzt fühlt. Frau Meier fragt nach, ob sie alles richtig verstanden hat: „Habe ich das richtig verstanden? Geht es darum, dass du Angst hast herunterzufallen und dich zusätzlich von den anderen unter Druck gesetzt fühlst?" (Z. 37/38). Eva fühlt sich verstanden und Frau Meier macht den Vorschlag, vorauszugehen und mit den Mitschülerinnen zu reden. Wenige Minuten später stellt sich Eva der Situation und wagt es mit Frau Meiers Hilfe, sich auf den Balken zu stellen (vgl. Z. 31–47).
Auch hier kann man von einer **erfolgreichen Kommunikation** für beide Seiten sprechen. Das Ziel der Lehrerin, Eva dazu zu bringen, sich der Situation zu stellen, wird ebenso erreicht wie Evas Bedürfnis, ihre Angst unter Kontrolle zu bekommen.

Das **erste Axiom** lautet: **In einer sozialen Situation kann man nicht nicht kommunizieren**. Das bedeutet, dass in der Gegenwart anderer jedes Verhalten Kommunikation ist. Alles Verhalten – Sprechen wie auch Schweigen – hat in einer sozialen Situation Mitteilungscharakter. Im ersten Axiom bedeutet **erfolgreiche Kommunikation**, dass beide Gesprächspartner beachten, dass man nicht nicht kommunizieren kann.
Frau Meier lässt sich von Evas Schweigen nicht beirren und bietet ihr freundlich ihre Hilfe an (vgl. Z. 31–34).
Das **dritte Axiom** besagt: **In jeder sozialen Kommunikation ist das Verhalten der Partner sowohl Reaktion auf den anderen als auch Reiz/Auslöser für das Verhalten des Gegenüber.** Jeder Gesprächsteilnehmer interpretiert subjektiv, welches Verhalten in einer Kommunikation die Ursache und welches die Wirkung darstellt. Soziale

Kommunikation stellt einen Regelkreislauf dar, in dem es keinen Anfang und kein Ende gibt. Vorangegangene Verhaltensweisen des Kommunikationspartners werden oftmals als Ursache für die Art der eigenen Kommunikation interpretiert. Diese Gliederung eines Kommunikationsablaufs bezeichnet Watzlawick als **Interpunktion**. Erfolgreiche Kommunikation nach diesem Axiom setzt voraus, dass beide Partner die Kommunikation als Regelkreislauf begreifen, bei dem das eigene Verhalten sowohl Ursache als auch Wirkung darstellt.
Frau Meier erkennt, dass Eva Angst hat. Daraufhin spricht sie ihr Mut zu („ich weiß, dass du es eigentlich kannst", Z. 32) und bietet ihre Hilfe an. Eva interpretiert die Äußerungen von Frau Meier offensichtlich als wertschätzend und hilfreich. Sie fühlt sich von Frau Meier verstanden und nimmt ihre Hilfe an (vgl. Z. 37–45).

Aufgabe II

1 **TIPP** *Gewichtungsvorschlag: 25 %*

Denken Sie grundsätzlich bei der Bearbeitung aller Teilaufgaben daran, dass die Anwendung fachwissenschaftlicher Erkenntnisse deutlich stärker bewertet wird als die reine Wiedergabe dieser. Beschreiben Sie die Entwicklungsbedingungen Anlage, Umwelt und Selbststeuerung und stellen Sie die Bedeutung der Wechselwirkungen zwischen diesen dar. Diese Bedingungen sollen Sie an einem selbstgewählten Beispiel einer sportlich erfolgreichen Person erläutern. Es gibt zwei Möglichkeiten der Bearbeitung: Entweder stellen Sie die Entwicklungsbedingungen und deren Wechselwirkungen zunächst theoretisch dar und verdeutlichen ihre Anwendung anschließend am Beispiel oder Sie verknüpfen die Entwicklungsbedingungen sofort mit Ihrem Beispiel und wenden auch die Bedeutung der Wechselwirkung gleich an. In diesem Lösungsvorschlag wurde bei allen Teilaufgaben die erste (getrennte) Vorgehensweise gewählt.

Laut der Aufgabenstellung befasst sich die Entwicklungspsychologie u. a. mit der Frage, warum Menschen zu sportlichen Höchstleistungen fähig sind. Diese Fragestellung wird von manchen Wissenschaftlern kontrovers diskutiert. Dabei geht es um die Frage, welche Bedeutung den einzelnen **Entwicklungsbedingungen** zukommt. Wird menschliches Verhalten vorrangig durch die genetische Ausstattung festgelegt oder ist der Mensch weitestgehend das Produkt seiner Umwelt? Und welche Rolle spielt dabei die aktive Selbststeuerung?
Einigkeit besteht jedoch darin, dass zwischen diesen Bedingungen und ihren Auswirkungen Wechselwirkungen bestehen (Wechselwirkungsmodell).

Beschreibung der Entwicklungsbedingungen
Die Entwicklungsbedingung **Anlage** bezeichnet die genetische Ausstattung eines Lebewesens, die bereits bei der Befruchtung festgelegt wird. Dieser Vorgang wird **Vererbung** genannt. Vererbte Eigenschaften sind folglich vor der Geburt erworbene Eigenschaften, z. B. körperliche Merkmale wie Größe, Haar- und Augenfarbe oder

Konstitution. Dazu gehören aber auch Begabungen wie musisches Talent sowie psychische Dispositionen wie Intelligenz und Temperament. Diese Eigenschaften werden auch als endogene Faktoren bezeichnet.
Eine weitere Entwicklungsbedingung stellt die **Umwelt** dar. Wesentliche **Umweltfaktoren**, auch exogene Faktoren genannt, sind:

- die natürliche Umwelt (z. B. Landschaft, Klima, Ernährung)
- die kulturelle Umwelt (z. B. Sprache, Wert- und Normvorstellungen, Sitten und Brauchtum, Weltanschauung, Religion, Medien)
- die ökonomische Umwelt bzw. die wirtschaftlichen Gegebenheiten (z. B. Wohnverhältnisse, Vermögensverhältnisse, Zugehörigkeit zu einer sozialen Schicht)
- die soziale Umwelt (z. B. Form der Familie, Freundeskreis, soziale Einrichtungen)

Die Fähigkeit zur **Selbststeuerung** ist die dritte wichtige Entwicklungsbedingung. Man geht davon aus, dass der Mensch von Geburt an mit inneren Kräften ausgestattet ist, mit denen er aktiv Entwicklungsprozesse herbeiführen kann. Diese Kräfte werden auch autogene Faktoren genannt. Sie befähigen den Menschen, bestimmte Einflüsse zu akzeptieren oder sich eigene Ziele zu setzen.
Das **Wechselwirkungsmodell** geht davon aus, dass Erbanlagen und Umweltfaktoren sich gegenseitig bedingen und beeinflussen. Diese Wechselwirkung basiert hauptsächlich auf der Fähigkeit zur Selbststeuerung. Das bedeutet, dass die Auswirkungen von Umwelteinflüssen auf die genetische Ausstattung von der Selbststeuerung abhängig sind. Der Grad der Selbststeuerung wiederum wird von den Möglichkeiten der genetischen Ausstattung und den konkreten Umweltbedingungen beeinflusst.

Verdeutlichung der Entwicklungsbedingungen und ihrer Wechselwirkung an einem Beispiel aus dem Bereich Sport

Beispiel einer sportlich erfolgreichen Person
Die 14-jährige Sofia lebt mit ihren Eltern am Starnberger See und ist eine begeisterte und erfolgreiche Schwimmerin. Seit ihrem achten Lebensjahr ist sie Mitglied in einem Schwimmverein mit eigenem Hallenbad und trainiert dort so oft wie möglich. Schon früh wurde sie Vereinsmeisterin und vertritt den Verein seitdem erfolgreich nach außen. Für dieses Jahr ist sie bei den Bayerischen Schwimmmeisterschaften angemeldet und strebt dabei den Meistertitel an. Trainiert wird sie von ihrer Mutter, die früher selbst eine erfolgreiche Schwimmerin war.

Verdeutlichung der Entwicklungsbedingungen am Beispiel
Sofias **genetische Ausstattung** begünstigt ihre Entwicklung zur erfolgreichen Schwimmerin. Von ihrer Mutter hat Sofia eine gute körperliche Konstitution geerbt; wie die Mutter ist sie groß gewachsen und muskulös. Außerdem ist ihre Motorik hervorragend ausgebildet. Ihre Intelligenz, ihre Strebsamkeit und ihr Ausdauervermögen sind ebenfalls sehr förderliche **Anlagen**.
Auch die **Umweltfaktoren**, die das Mädchen in ihrer Entwicklung beeinflussen, sind positiv zu bewerten. Sofias Wohnort am Starnberger See ist das Zentrum ihrer **natürlichen Umwelt**. Seit ihrer Kindheit lädt der See zum Planschen und Schwimmen ein und das Mädchen fühlt sich wie der sprichwörtliche „Fisch im Wasser“. Außerdem legt Sofias Mutter großen Wert auf gesunde Ernährung und achtet darauf, dass Sofia

genügend Schlaf bekommt. Die **kulturelle Umwelt** hat ebenfalls einen positiven Einfluss auf Sofias Entwicklung. In Sofias Familie spielt Sport eine große Rolle. Alle Familienmitglieder sind der Überzeugung, dass Sport nicht nur der körperlichen Ertüchtigung dient, sondern auch soziale Verhaltensweisen und gesellschaftliches Fair Play fördert. In der Freizeit besucht die Familie oft Sportveranstaltungen und verfolgt wichtige sportliche Ereignisse auf dem Bildschirm. Die wirtschaftlichen Verhältnisse (**ökonomische Umwelt**) von Sofias Familie können als komfortabel bezeichnet werden; die Familie gehört der Mittelschicht an. Der Vater unterrichtet Englisch und Mathematik an einem Gymnasium und die Mutter verdient durch Schwimmunterricht etwas dazu. Die Familie bewohnt eine Reihenhaushälfte in einem ruhigen Viertel und Sofia besucht das neusprachliche Gymnasium, an dem ihr Vater unterrichtet. Auch in ihrer **sozialen Umwelt** ist Sofia gut aufgehoben. Sie hat das Glück, in einer intakten Familie zu leben, und hat in der Schule und im Verein einen großen Freundeskreis.
Neben der positiven genetischen Ausstattung und den förderlichen Umweltfaktoren spielt bei Sofias Entwicklung zu einer erfolgreichen Schwimmerin auch ihre Fähigkeit zur **Selbststeuerung** eine wichtige Rolle. Durch das kindliche Badevergnügen im See wird bei Sofia der Wunsch geweckt, „Schwimmerin" zu werden. Es geht ihr nicht mehr *nur* darum, Spaß im Wasser zu haben. Sofia möchte gezielt verschiedene Schwimmtechniken erlernen und ein höheres Leistungsniveau erreichen. Ihre Mutter war selbst eine erfolgreiche Schwimmerin und arbeitet nun als Trainerin; sie wollte Sofia jedoch nie in eine bestimmte Richtung drängen. Sofias Wunsch, von der Mutter trainiert zu werden, kam von Sofia selbst. Nach und nach steigerte sie ihre Leistung und hat sich nun das **Ziel** gesetzt, an den Bayerischen Schwimmmeisterschaften teilzunehmen und diese zu gewinnen.

Verdeutlichung der Wechselwirkungen der Entwicklungsbedingungen am Beispiel

Die Unterstützungsprozesse seitens der Mutter und des Vereins (Umwelt) sind nur deshalb erfolgreich, weil Sofia genetisch bedingt über eine gute körperliche Verfassung verfügt. Auch ihre angeborenen motorischen Fähigkeiten, ihr Ehrgeiz und ihre Ausdauer sind unabdingbar (Anlage). Sofia hat sich das Ziel, an den Schwimmmeisterschaften teilzunehmen, selbst gesteckt; es wurde ihr weder vom Verein noch von der Mutter aufgezwungen (Selbststeuerung). Seit früher Kindheit wurde bei Sofia durch den nahegelegenen See und die Einstellung der Familie (Umwelt) die Freude am Schwimmen gefördert. Die ökonomischen Verhältnisse, in denen sie aufwächst, ermöglichen es ihr, ihre Begabung im Verein weiterzuentwickeln. Dieser finanzielle Hintergrund erleichtert zudem die Teilnahme an auswärtigen Wettkämpfen (Umwelt). Der örtliche Schwimmverein macht außerdem weite Wege überflüssig und so hat Sofia viel Zeit, sich dem Schwimmen zu widmen. Abschließend kann man sagen, dass Sofia ein „Glückskind" ist. In ihrem Fall greifen die genetische Ausstattung, die Umweltfaktoren und ihr starker Wille (Selbststeuerung) optimal ineinander.

2 **TIPP** *Gewichtungsvorschlag: 30 %*

Die Aufgabenstellung erfordert, dass Sie relevante Annahmen der sozial-kognitiven Lerntheorie von A. Bandura darstellen. Stellen Sie dazu das Menschenbild sozial-kognitiver Theorien knapp dar und beschreiben Sie die wichtigsten Grundannahmen. Zu Beginn sollen Sie die wesentlichen Begriffe klären. Anschließend sollen Sie die Teilprozesse Motivation und Reproduktion ausführlich bearbeiten, und zwar sowohl theoretisch als auch in der Anwendung auf die in Teilaufgabe 1 gewählte Person. Sie können wieder zwischen der verknüpften oder getrennten Vorgehensweise wählen.

Einleitung

Die **sozial-kognitive Theorie** von Albert Bandura kann dem **Kognitivismus** zugeordnet werden. Kognitiv orientierte Lerntheoretiker gehen davon aus, dass nicht die Umweltreize *an sich* Erleben und Verhalten bestimmen, sondern vielmehr die Art und Weise, wie der Mensch Reize wahrnimmt, verarbeitet und bewertet. Der sozial-kognitiven Theorie zufolge denkt der Mensch über sich selbst und seine Umwelt nach und handelt bewusst. Aufgrund von Erfahrungen entwickelt er eine individuelle kognitive Struktur, die sein persönliches Erleben, Verhalten und Fühlen beeinflusst. Der Mensch besitzt die Fähigkeit zur **Selbststeuerung** (vgl. Teilaufgabe 1) und ist ein leistungsorientiertes, aktives, soziales und problemlösendes Wesen.

Beschreibung der Teilprozesse Motivation und Reproduktion

Bandura unterscheidet in seiner Theorie zwischen den Phasen der **Aneignung** und der **Ausführung**. Aufgrund der Aufgabenstellung wird hier nur die **Ausführungsphase** berücksichtigt. Diese gliedert sich in die Teilprozesse **Motivation** und **Reproduktion**.
Im Hinblick auf die **Motivation** geht Bandura davon aus, dass ein Lernender dann motiviert ist, ein bestimmtes Verhalten zu zeigen, wenn er sich davon Erfolg oder die Vermeidung von Misserfolg verspricht. Besonders die Kompetenz- und die Ergebniserwartung können die Bereitschaft, ein beobachtetes und gespeichertes Verhalten zu zeigen, erhöhen.
Die **Kompetenzerwartung** basiert auf der Einschätzung der eigenen Fähigkeiten: Bin ich in der Lage, in einer bestimmten Situation etwas zu tun (hohe Kompetenzerwartung)? Oder bin ich dazu (noch) nicht in der Lage (niedrige Kompetenzerwartung)? Die Einschätzung und die real vorhandenen Fähigkeiten können dabei voneinander abweichen. Bei einer hohen Kompetenzerwartung ist es sehr wahrscheinlich, dass ein Verhalten gezeigt wird. Die **Ergebniserwartung** ist die subjektive Einschätzung der Konsequenzen des eigenen Verhaltens. Auch hier kann die Erwartung vom realen Ergebnis abweichen. Wichtig ist die Überzeugung, ob etwas gelingen kann (Erfolgserwartung) oder nicht (Misserfolgserwartung).
Entscheidend bei der Entwicklung von Motivation sind die möglichen und realen **Konsequenzen** eines Verhaltens. Förderliche Konsequenzen sind nach Bandura **Bekräftigungen**; davon gibt es vier verschiedene Arten. Man unterscheidet dabei, ob die Bekräftigung von außen oder von innen kommt und ob der Lernende selbst oder ein Stellvertreter (Modell) die Bekräftigung erfährt. Die Bekräftigung beim Lernenden

durch die Umwelt nennt man **externe Bekräftigung**. Wird ein Stellvertreter von der Umwelt bekräftigt, handelt es sich um **stellvertretende Bekräftigung**. Bekräftigt sich das Modell selbst, spricht man von **direkter Selbstbekräftigung**. Erlebt man, wie sich ein Anderer selbst bekräftigt, ist das **stellvertretende Selbstbekräftigung**. Bekräftigungen sind zwar förderlich, aber keine notwendige Bedingung. Am wirkungsvollsten für die Ausführung eines Verhaltens ist die Aussicht auf Selbstbekräftigung.
Voraussetzung für die **Reproduktion** eines Verhaltens sind bestimmte Funktionen wie motorische Fähigkeiten, Intelligenz, Sprache oder Kreativität. Das Umsetzen des Gelernten in offenes Verhalten ist von inneren Vorstellungen des Verhaltens gesteuert. Gespeichertes muss in angemessene Handlungen und Verhaltensweisen umgesetzt werden. Dabei werden aus der großen Anzahl der im Gedächtnis gespeicherten Kodierungen die für das Verhalten notwendigen ausgesucht und aktiviert. Die tatsächliche Ausführung ermöglicht die Weiterentwicklung von Fertigkeiten. Dies geschieht durch **Übung** und Korrektur. Dabei vergleicht der Lernende die Ergebnisse seiner Bemühungen mit den gespeicherten Kodierungen.

Erklärung der Ausführung sportlich erfolgreichen Verhaltens mit den Teilprozessen Motivation und Reproduktion am Beispiel
Wie in Teilaufgabe 1 beschrieben, wurde Sofia von ihrem Schwimmverein zur Teilnahme an den Bayerischen Meisterschaften angemeldet. Dort möchte sie den Meistertitel holen. Sie ist sehr **motiviert**, ihr Ziel zu erreichen. Da sie seit vielen Jahren kontinuierlich und konsequent trainiert und ihren Verein bereits erfolgreich vertreten hat, schätzt sie ihre Kompetenzen hoch ein. Bisher waren die Ziele, die sie sich selbst gesetzt hat, stets realistisch. Auch die besondere Situation eines Wettkampfes, die mit Stress und Leistungsdruck verbunden ist, hat sie in der Vergangenheit nicht außergewöhnlich belastet. Dank ihrer **hohen Kompetenzerwartung** blickt sie den Meisterschaften positiv entgegen. Auch ihre **Ergebniserwartung** ist hoch, aber nicht unrealistisch, da sie bereits sehr gute Leistungen gezeigt hat. Außerdem orientiert sie sich am Modell ihrer Mutter, die vergleichbare Situationen erfolgreich bewältigt hat.
Dabei spielen auch die **Konsequenzen** eine große Rolle. Sofia hat am Beispiel ihrer Mutter erlebt, wie der Erfolg ihr Wohlbefinden und Selbstbewusstsein gesteigert hat (reale Konsequenzen). Sie wurde in der nationalen Schwimmwelt anerkannt und in ihrem Verein bewundert. Diese positiven Konsequenzen haben sie ausgeglichen und zufrieden gemacht. Sofia hat bei ihrer Mutter sowohl **stellvertretende Bekräftigung** durch die Umwelt als auch **stellvertretende Selbstbekräftigung** erlebt.
Die Beobachtung dieser Auswirkungen bei ihrer Mutter und ihre eigene **hohe Kompetenzerwartung** verstärken Sofias **positive Ergebniserwartung**. Sie stellt sich vor, wie positiv ein Sieg bei den Meisterschaften sich bei ihr auswirken würde (mögliche Konsequenzen). Sofia geht davon aus, dass sie Anerkennung im Verein und in der Sportwelt sowie den Stolz ihrer Eltern erleben wird. Durch diese **externe Bekräftigung** wird sie bereits in ihrer Vorstellung zufriedener und selbstbewusster, d. h., sie **bekräftigt sich selbst**.
Diese motivierenden Gedanken machen eine gelingende **Reproduktion** des Gelernten sehr wahrscheinlich. Außerdem kann sich Sofia auf ihre gute Konstitution und ihre

motorischen Fähigkeiten verlassen. Sie hat alle wichtigen Schwimmtechniken gründlich geübt, sodass die Bewegungsabläufe beim Wettbewerb voraussichtlich zuverlässig abgerufen und umgesetzt werden können.
Insgesamt lässt sich feststellen, dass Sofia im Sinne des sozial-kognitiven **Menschenbildes** ein **reflektierendes Individuum** ist, das bewusst lebt und handelt. Das Mädchen hat sich ein hohes Ziel gesteckt und ist sehr motiviert. Die Wahrscheinlichkeit, dass sie ihr gelerntes Verhalten bei den Schwimmmeisterschaften reproduzieren kann, ist hoch.

3 **TIPP** *Gewichtungsvorschlag: 45 %*

Sie sollen bei dieser Teilaufgabe eine Erklärung auf der Basis der personenzentrierten Theorie nach C. R. Rogers erarbeiten. Dabei wird von Ihnen erwartet, dass Sie zentrale Annahmen dieser Theorie darstellen. Das sind:
- die Basisannahmen (Aktualisierungstendenz und organismischer Bewertungsprozess),
- Selbstkonzept, Selbstachtung und Aktualisierung des Selbstkonzeptes,
- Bewältigung von Erfahrungen im Sinne einer gesunden seelischen Entwicklung.

Mit diesen relevanten Annahmen sollen Sie am Beispiel einer Person (vgl. Teilaufgabe 1) die gelungene Verarbeitung von Erfolg und Misserfolg erklären. Wieder gilt: Es ist sowohl die getrennte Darstellung von Theorie und Anwendung am Beispiel möglich als auch die Verbindung beider Teile.

Einleitung
Die folgenden Ausführungen beziehen sich auf die **personenzentrierte Persönlichkeitstheorie nach Carl R. Rogers**. Rogers ist ein Vertreter der **Humanistischen Psychologie**. Diese ist von der Ansicht gekennzeichnet, die Natur des Menschen sei im Wesentlichen positiv. Der Mensch wird als ein nach Wachstum und Entwicklung zur selbstbestimmten Persönlichkeit strebendes Wesen gesehen.
Unter **Persönlichkeitstheorie** versteht man den umfassenden wissenschaftlichen Versuch, das nicht beobachtbare Konstrukt „Persönlichkeit" zu beschreiben und zu erklären. Sie beinhaltet hypothetische Annahmen und überprüfte Aussagen über die Struktur, die Dynamik und die Entwicklung der **Persönlichkeit**.

Basisannahmen der personenzentrierten Theorie nach Rogers
Eine grundlegende Annahme ist die Existenz der **Aktualisierungstendenz** des Individuums. Danach besitzt der Mensch ein angeborenes Bestreben, seine Entwicklungsmöglichkeiten zu entfalten und zu verwirklichen. Diese Tendenz beinhaltet auch das Streben nach Unabhängigkeit, Veränderung und Freiheit. Dabei ist es ihr Ziel, den Organismus zu erhalten und weiterzuentwickeln.
Die zweite Basisannahme lautet, dass beim Menschen fortlaufend ein sogenannter **organismischer Bewertungsprozess** abläuft. In diesem Prozess werden Erfahrungen danach bewertet, ob sie der Aktualisierung dienen oder nicht. Das Individuum wertet

Erfahrungen positiv, wenn sie die Selbstverwirklichung fördern, und negativ, wenn sie dem persönlichen Wachstum im Wege stehen. Nach Rogers Ansicht ist der Mensch selbst in der Lage zu beurteilen, was für ihn förderlich ist.

Ein wesentliches Element seiner Persönlichkeitstheorie ist das **Selbstkonzept**. Es umfasst alle Sichtweisen und Meinungen einer Person über sich selbst – einschließlich deren Bewertung. Dieses „Selbstbild" entsteht nach und nach durch Erfahrungen mit sich und der Umwelt. Das **Selbst** wird von seinen Erfahrungen und deren Bewertung geleitet. Es strebt nach innerer Ordnung und einem inneren Wertesystem. Es versucht, Verhalten und Gefühle mit diesem System in Einklang zu bringen. Das Selbstkonzept besteht aus einem Real- und einem Ideal-Selbst. Im **Real-Selbst** spiegelt sich das Selbstbild einer Person mit all ihren vorhandenen Fähigkeiten, Eigenschaften und Verhaltensweisen. Das **Ideal-Selbst** hingegen ist das idealistische Bild einer Person; es zeigt, wie die Person gerne sein möchte und was die Umwelt sich von der Person wünscht.

Der Mensch strebt nach Übereinstimmung zwischen Real- und Ideal-Selbst und möchte die Diskrepanz zwischen den beiden Selbstbildern möglichst gering halten. Auf dem Weg zur Selbstverwirklichung muss das Individuum eine „Balance" zwischen dem *bestehenden* Selbstkonzept und *neuen* Erfahrungen finden. Dabei braucht es neben den eigenen inneren Kräften positive emotionale Zuwendung aus der Umwelt. Rogers betont die Rolle der **Kongruenz** zwischen dem Selbst und den Erfahrungen mit der Umwelt. Jeder Mensch wird im Laufe seines Lebens mit unterschiedlichen Erfahrungen konfrontiert. Wenn die Erfahrungen weitestgehend mit dem Selbstkonzept übereinstimmen, herrscht Kongruenz. **Inkongruenz** besteht dann, wenn die Erfahrungen deutlich vom Selbstkonzept abweichen und keine Übereinstimmung hergestellt werden kann. Unter **Selbstaktualisierung** wird der Prozess verstanden, neue Erlebnisse und Erfahrungen so in das Selbstkonzept einzubauen, dass ein kongruenter Zustand erreicht wird. Das Individuum kann aktuelle Erfahrungen als hemmend für seine Entwicklung einschätzen und sie als nicht relevant ablehnen. Es ist aber auch möglich und wünschenswert, diese Erfahrungen auf den relevanten Anteil hin zu analysieren und sie in das Selbstkonzept einzubauen, sodass erneut Kongruenz entsteht.

Ziel ist nicht nur die Kongruenz, sondern auch die Beibehaltung einer möglichst hohen **Selbstachtung**. Geringe Selbstachtung kann entstehen, wenn das Individuum sich darum bemüht, unter allen Umständen Anerkennung und positive Wertschätzung durch die Umwelt zu erfahren. Dann verleugnet es sich und sein Selbstkonzept und gerät in Gefahr einer erhöhten Inkongruenz. Das nun schon ohnehin beschädigte Selbst verkraftet keine weitere Bedrohung mehr und setzt **Abwehrmechanismen** ein. Werden über längere Zeit Abwehrmechanismen eingesetzt, kommt es zu psychischen Fehlanpassungen bzw. Störungen.

Ist die **Selbstachtung** hingegen **hoch**, entsteht nicht so schnell eine Bedrohung durch inkongruente Erfahrungen. Die neuen Erfahrungen können angenommen und in das Selbstkonzept eingebaut werden. Konflikte mit der Realität werden wahrgenommen und Lösungsmöglichkeiten werden gesucht.

Erklärung einer gelungenen Verarbeitung von sportlichen Erfolgen und Misserfolgen aufgrund relevanter Aussagen Rogers am Beispiel

Bei Sofia, der jungen Schwimmerin aus Teilaufgabe 1 und 2, lässt sich die angeborene **Aktualisierungstendenz** gut erkennen. Von klein auf hat sie nicht nur große Freude an der Bewegung im Wasser, sondern möchte Mitglied im Schwimmverein werden und ihre Leistungsfähigkeit ausbauen. Schon als Kind erhält Sofia viel Lob für ihre sportlichen Fähigkeiten und genießt später die Anerkennung ihrer Eltern und Trainer im Schwimmverein. Durch diese und viele andere Erfahrungen entwickelt sich ihr **Selbstkonzept**. Sofia verfolgt das Ziel, durch Erfolg im Sport ein erfülltes und selbstbestimmtes Leben führen zu können – so wie ihre Mutter.

Sofia lernt frühzeitig zu erkennen, ob eine Erfahrung für ihre weitere Entwicklung als Schwimmerin förderlich oder hemmend ist. Sie muss u. a. entscheiden, ob sie einen größeren Teil ihrer Freizeit dem schulischen Lernen widmet, um ihre Chancen auf bessere Noten und ein sehr gutes Abitur zu erhöhen, oder ob sie die Zeit eher dazu nutzt, ihre sportlichen Fähigkeiten weiterzuentwickeln. Sie hat die Erfahrung gemacht, dass das Schwimmen darunter leidet, wenn sie sehr viel Zeit mit dem Lernen verbringt. So lautet ihr Fazit im Rahmen des **organismischen Bewertungsprozesses**, dass der sportliche Erfolg für sie wichtiger ist als ein sehr gutes Abitur. Dass sie der Schule nicht die gleiche Aufmerksamkeit widmen kann wie dem Sport, ist ihre eigene Entscheidung. Dabei nimmt sie auch in Kauf, dass die Anerkennung vonseiten der Lehrer und Mitschüler evtl. geringer sein wird.

Sofias **Real-Selbst** ist die Vorstellung von ihren tatsächlichen Eigenschaften, Fähigkeiten und Verhaltensweisen. Ihr **Selbstbild** besteht aus dem Wissen um ihre gute körperliche Verfassung, ihren Ehrgeiz, ihre Ausdauer und ihre Disziplin. Ihr Verhalten zielt darauf ab, diese Stärken weiterzuentwickeln. Dabei nimmt sie auch einen geringeren schulischen Erfolg in Kauf.

Das **Ideal-Selbst** von Sofia ist ein freundlicher, offener Mensch, der sportlich erfolgreich ist und aufgrund dieses Erfolges anerkannt wird. Sie verbindet die Vorstellung ihres weiteren Lebens mit dem Schwimmen und mit sportlichen Erfolgen. Damit assoziiert Sofia ein glückliches und selbstbestimmtes Leben.

Da ihre Entscheidung, ihrer Schwimmkarriere den Vorzug zu geben, mit ihrem Selbstkonzept in Einklang ist, besteht der Zustand der **Kongruenz**. Zum Zustand der **Inkongruenz** käme es, wenn Sofia plötzlich Misserfolgserfahrungen machen würde.

So könnte es passieren, dass sie die Bayerischen Schwimmmeisterschaften nicht gewinnt oder sogar auf einem der hinteren Plätze landet (z. B. aufgrund eines Fehlstarts). Dann würden ihre Erfahrungen (sportlicher Misserfolg) nicht mehr mit ihrem Selbstkonzept übereinstimmen. Sie könnte sich folgende Fragen stellen: „Bin ich überhaupt für eine erfolgreiche Schwimmkarriere geeignet? Lohnt es sich, dafür einen schlechteren Schulabschluss in Kauf zu nehmen?“ Sofia würde unter dieser Zerrissenheit leiden und versuchen, den Zustand der Kongruenz wiederherzustellen. Dazu wäre es notwendig, die aktuellen Erfahrungen (in diesem Fall Misserfolg) in das eigene Selbstkonzept einzubauen und das Selbstkonzept zu aktualisieren.

Das würde gelingen, wenn sie akzeptiert, dass zu einer Sportkarriere Siege und Niederlagen gehören. Ihre Mutter könnte bestimmt ähnliche Erfahrungen beisteuern.

Würde Sofia das schaffen, könnte sie ihre **Selbstachtung** bewahren oder sogar noch steigern.
Kann sie ihre hohe Selbstachtung nicht bewahren (**geringe Selbstachtung**), wäre das für die Entwicklung ihrer Fähigkeiten und das Erreichen des Ideal-Selbst sehr **hemmend**. Dann würde sie vielleicht versuchen, durch intensiveres Lernen Lob und Anerkennung im schulischen Bereich zu erhalten, und dadurch das Schwimmen vernachlässigen. Allerdings würde sie dann den wesentlichen Kern ihres Selbst verleugnen. Damit würde sich der Zustand der Inkongruenz zuspitzen und ihr Selbst würde dadurch beschädigt. Um keine weitere Bedrohung ihres Selbst zu erleiden, würde sie Abwehrmechanismen einsetzen. Diese Situation könnte zu weiteren Fehlanpassungen führen und Sofia würde Gefahr laufen, ihre Selbstachtung bezügl. ihrer sportlichen Kompetenz zu verlieren.
Da Sofias Real-Selbst fast identisch mit ihrem Ideal-Selbst ist und sie eine hohe Selbstachtung hat, kann man davon ausgehen, dass sie eine solche Niederlage gut verkraften würde. Durch die Erfahrungsberichte ihrer Mutter würde ihr klar werden, dass das Verlieren zu einer sportlichen Karriere dazugehört. In diesem Sinne würde sie diese Erfahrung (Misserfolg) in ihr Selbstkonzept einbauen. Anschließend würde sie nach Lösungsmöglichkeiten suchen und sich evtl. dafür entscheiden, intensiver an ihren Schwächen zu arbeiten (z. B. in der nächsten Zeit ihr Startverhalten zu trainieren). Diese positive Erfahrung könnte Sofias Selbst letztlich stärken. Sie könnte dadurch neuen Erfahrungen gegenüber offener werden und vereinzelte Misserfolge nicht mehr als Bedrohung ansehen. Sie hätte durch die Niederlage eine Schwäche erkannt, an der man arbeiten kann. Als Folge wäre die Kongruenz wieder hergestellt und Sofia wäre wieder ausgeglichen und zufrieden.

AUFGABE I: FALLBESCHREIBUNG

Text **Fallbeschreibung „Fabian“**

Frau Alt bringt, wie jeden Morgen, ihre Tochter zum Kindergarten. Dieses Mal bleibt sie noch einige Minuten im Gruppenraum, weshalb sie erlebt, wie der 5-jährige Fabian ihrer Tochter ein Spielzeug entreißt und sie zur Seite stößt. Ihre Tochter wirkt dabei vollkommen hilflos. Frau Alt ist empört. Sie beschwert sich sofort bei der Erzieherin der Gruppe: „Fabian ist ein bösartiger Junge! Wenn man bei solchen Kindern nicht rechtzeitig eingreift und geeignete Erziehungsmaßnahmen trifft, sind gewalttätige Karrieren vorprogrammiert.“ Sie fügt verärgert hinzu: „Ich kenne diese Familie sehr gut und weiß, dass die Mutter mit Fabians Erziehung und seiner älteren Schwester Sabine vollkommen überfordert ist. Sie schimpft ständig und fasst die Kinder auch grob an, aber Nutzen hat das keinen. Ich finde, Sabine sollte am besten in ein Heim. Mit 12 Jahren lässt sie sich schon gar nichts mehr sagen. Ich sehe sie immer wieder Zigaretten rauchen. Von der Verkäuferin in unserem Laden habe ich gehört, dass sie schon geklaut hat. Der Vater arbeitet die ganze Woche im Außendienst, da fehlt einfach der Mann im Haus. Bei diesen Verhältnissen ist es ja kein Wunder, dass Fabian so aggressiv ist.“

Da auch der Erzieherin schon häufiger das problematische Verhalten des Jungen aufgefallen ist, nimmt sie Fabians aktuelles Verhalten zum Anlass, um seine Mutter zu einem Gespräch zu bitten. Dabei schildert sie der Mutter ihre Beobachtungen: „Fabian streitet sich häufig mit anderen Kindern um Spielsachen. Dabei fällt auf, dass er zwar oft ein Spielzeug von anderen möchte, selbst aber nicht bereit ist, einen Gegenstand herzugeben bzw. die Bauklötze oder Stifte zu teilen. Er weigert sich zudem, an Bastel- und Malarbeiten teilzunehmen. Während seiner ersten Versuche, mit der Schere zu arbeiten, gelang ihm kein gerader Schnitt. Hilfe wollte er dabei nicht annehmen, er gab lieber auf. Stattdessen störte er die anderen Kinder und versuchte, ihnen die ausgeschnittenen Figuren wegzunehmen. Alle Tätigkeiten, die von ihm Anstrengung und Geduld erfordern, wie Schuhe binden oder Arbeiten an der Werkbank, lehnt er ab. Er kann sich auch wenig mit sich selbst beschäftigen. Er orientiert sich zwar an den anderen, ärgert sie aber, wenn er nicht mithalten kann.“

Fabians Mutter ist betroffen und weiß zunächst nicht, was sie sagen soll. Auf die bisherige Entwicklung ihres Sohnes angesprochen, berichtet sie Folgendes: „Das erste Lebensjahr verlief ganz unproblematisch. Danach habe ich wieder zu arbeiten begonnen. Fabian sollte möglichst schnell sauber werden, damit er tagsüber ohne Windeln auskommt. Bekannte sagten zwar, das sei zu früh gewesen, aber ich war selbst schon als Kind sehr früh sauber gewesen. Dies Fabian beizubringen, kostete mich sehr viel

Geduld, die ich aber nicht immer hatte. Daher wurde Fabian auch manchmal streng behandelt, geschimpft oder bestraft, wenn er versagte. Meiner Überzeugung nach war dieses konsequente Verhalten wegen meiner familiären und beruflichen Situation unerlässlich. An manchen Tagen verweigerte Fabian den Stuhlgang, weshalb ich mir aber keine weiteren Gedanken machte. Da ich ja wieder zur Arbeit ging und mein Mann im Außendienst unterwegs war, wurde Fabian vormittags von seiner Großmutter und nachmittags nach der Schule von seiner Schwester Sabine betreut. Sabine war nicht allzu begeistert von dieser Aufgabe, aber ich war überzeugt, dass beide Geschwister etwas davon hatten: Sabine übernahm Verantwortung und Fabian wurde stets beaufsichtigt. Er lernte, sich an Regeln zu halten. Bei der Großmutter durfte er gar nicht erst herumtoben. Sie wollte auch nicht, dass Fabian auf dumme Ideen kommt, weshalb sie ihn vor den Fernseher setzte. Auch nachmittags sah Fabian mit Sabine fast immer brav fern. Wenngleich das möglicherweise viel war, so haben Sabine und meine Mutter immer darauf geachtet, dass es nur Kindersendungen waren."

Teilaufgaben zur Fallbeschreibung „Fabian"

Die Wesenszüge wissenschaftlicher Pädagogik und Psychologie unterscheiden sich von deren alltäglichem Verständnis.

1 Zeigen Sie drei Unterschiede zwischen Alltagstheorie und wissenschaftlicher Pädagogik und Psychologie auf und verdeutlichen Sie diese an ausgewählten Aussagen von Frau Alt über Erziehung.

Wissenschaftliche Theorien, wie die klassische Psychoanalyse nach S. Freud, erklären die Entstehung von Erleben und Verhalten.

2 Erklären Sie die Entstehung von Fabians problematischem Verhalten mithilfe relevanter Annahmen zur analen Phase der psychosexuellen Entwicklung.

Sozialpädagogische Institutionen, wie z. B. Kindergärten, erfüllen spezifische Aufgaben und Ziele. Dabei treten auch Probleme in der erzieherischen Arbeit auf.

3 Erläutern Sie jeweils zwei Aufgaben und zwei Probleme in der erzieherischen Arbeit mit Fabian oder mit seiner Schwester Sabine in einer sozialpädagogischen Institution.

AUFGABE II

Umwelt und Umweltschutz sind aktuelle Themen, die viele Menschen und Organisationen beschäftigen.

Teilaufgaben

Ob Umweltfragen von jungen Menschen als bedeutsam erachtet werden, hängt von deren subjektiver Wahrnehmung ab.

1 a Erläutern Sie anhand eines selbst gewählten Beispiels den Prozess der Wahrnehmung einer speziellen Umweltproblematik (z. B. Plastikmüll, Luftverschmutzung).

1 b Beschreiben Sie anhand Ihres selbst gewählten Beispiels den Einfluss von zwei individuellen und zwei sozialen Faktoren auf die Wahrnehmung.

Verbesserungsvorschläge für die Gestaltung einer lebenswerten Umwelt zu formulieren, ist oft leichter, als diese in die Tat umzusetzen.

2 Erklären Sie anhand eines geeigneten Beispiels mithilfe des Instanzenmodells der Persönlichkeit nach S. Freud, welche inneren Konflikte im Hinblick auf eine umweltfreundliche Lebensführung stattfinden können. Verdeutlichen Sie in diesem Zusammenhang zwei Abwehrmechanismen anhand selbst gewählter Beispiele.

Die Förderung umweltbewussten Handelns ist auch eine Aufgabe sozialer Arbeit.

3 Zeigen Sie konkrete Möglichkeiten auf, wie Sozialpädagogen vorgehen können, damit Jugendliche umweltbewusst handeln. Beschränken Sie sich dabei auf den Schritt „Handlung“ im Rahmen eines Handlungskonzeptes im Sinne der Einzelhilfe.

Lösungsvorschlag

Aufgabe I

1 **TIPP** *Gewichtungsvorschlag: 30 %*

Bei der Aufweisung der unterschiedlichen Merkmale wissenschaftlicher Pädagogik/Psychologie und Alltagstheorien sind zwei Vorgehensweisen möglich: Sie können den Unterschied entweder je im Anschluss an ein Merkmal wissenschaftlicher Pädagogik/Psychologie darstellen oder zuerst alle Kriterien aufzählen und dann auf die Argumentation Frau Alts beziehen. Wichtig ist immer, dass **zwei gegensätzliche Merkmale** (z. B. unzulässige Verallgemeinerung – Allgemeingültigkeit) in Verbindung gebracht werden. Achten Sie dabei auf eine **zusammenhängende Darstellung**.

Hinführung
Jeder Mensch stützt sich bei der Beurteilung verschiedener Situationen im Alltag auf seine „Menschenkenntnis“. Dabei ist er psychologisch und pädagogisch tätig und geht davon aus, die Wirklichkeit verstehen und erklären zu können. Doch beziehen sich die meisten bei dieser Vorgehensweise nicht auf wissenschaftlich gewonnene Theorien, sondern vielmehr auf ihre persönlichen Erfahrungen. Sie urteilen auf Grundlage von **Alltagstheorien**. Diesen gegenüber stehen die Theorien der **wissenschaftlichen Pädagogik und Psychologie**, die sich in ihrer Erkenntnisgewinnung durch das methodische Vorgehen von den Alltagstheorien unterscheiden. Diese Unterschiede zwischen Alltagstheorie und wissenschaftlicher Pädagogik und Psychologie werden im Folgenden genauer aufgezeigt.

Aufzeigen der Unterschiede anhand von Frau Alts Aussagen über Erziehung (vgl. Z. 5–15)
Bei **Alltagstheorien** handelt es sich um durch persönliche Erfahrungen gewonnenes Wissen zur Erklärung der Wirklichkeit. Die Aussagen, die auf alltagstheoretischen Annahmen basieren, sind **subjektiv**, d. h. die Aussagen basieren auf der eigenen Meinung, Wahrnehmung oder Erfahrung des Einzelnen. Im Alltag kommen verschiedene Personen in Anbetracht desselben Sachverhalts bei gleichen Bedingungen auf unterschiedliche Ergebnisse. So fließen Frau Alts **subjektive Erfahrungen** in die Annahme „bei solchen Kindern […] sind gewalttätige Karrieren vorprogrammiert“ (Z. 5 ff.) ein. Sie ist als Mutter empört darüber, wie Fabian mit ihrer Tochter umgeht (vgl. Z. 4) und schlussfolgert aus der Emotion heraus, dass Fabian mit hoher Wahrscheinlichkeit später einmal gewalttätig wird. Verstärkt wird die Wut der Mutter dadurch, dass sie ihre Tochter als „vollkommen hilflos“ (Z. 4) erlebt. Ihrer Meinung nach ist Fabians Tat also ein schlimmes Vergehen. Ein anderes Elternteil würde vermutlich bei der Beobachtung der Situation im Kindergarten auf eine abweichende Einschätzung zu Fabians Verhalten und Charakter kommen.

Wissenschaftliche Aussagen hingegen sind im Unterschied zu Alltagstheorien mit einem **Objektivitätsanspruch** verbunden. Das heißt, dass verschiedene Forscher bei der Untersuchung ein und desselben Sachverhalts unter vergleichbaren Bedingungen zu einem vergleichbaren Ergebnis kommen würden. Die Beobachtungen werden unabhängig von der Bedürfnis- und Emotionslage des Beobachters getätigt und ausgewertet. In diesem Fall würde nicht die eigene Mutter, sondern unabhängige Beobachter unter standardisierten Bedingungen eingesetzt werden, um ein gewisses Maß an Objektivität in Bezug auf das Verhalten der Kinder gewährleisten zu können.

Ein weiteres Merkmal der Alltagstheorien ist, dass sie **unzulässige Verallgemeinerungen** darstellen. Einmalige und zufällige Ereignisse werden unzulässig auf eine Personengruppe oder Gesamtheit an Situationen verallgemeinert („von einmal auf immer", „von einem auf alle"). Folglich stellt die Aussage „Wenn man bei solchen Kindern nicht rechtzeitig eingreift und geeignete Erziehungsmaßnahmen trifft, sind gewalttätige Karrieren vorprogrammiert" (Z. 5 ff.) eine unzulässige Verallgemeinerung dar. Frau Alt generalisiert eine subjektive Annahme über Fabian, der aus ihrer Sicht „ein bösartiger Junge" ist (Z. 5), und schließt von Fabian auf alle Kinder. Jedoch scheint die Schlussfolgerung überzogen, da Frau Alt ein solches Verhalten (Entreißen des Spielzeugs, Stoßen eines anderen Kindes) nur einmalig und lediglich bei Fabian beobachten konnte, nicht aber bei anderen Gleichaltrigen.

Wissenschaftliche Aussagen hingegen sind **verallgemeinerbar**. Sie besitzen ein hohes Maß an **Allgemeingültigkeit**, denn sie sind anhand einer ausreichend großen Stichprobe gewonnen worden, sodass sie mit hoher Wahrscheinlichkeit auch auf die in der Aussage angegebenen Personen zutreffen. Ein hohes Maß an Allgemeingültigkeit würde die von Frau Alt getroffene Aussage nur besitzen, wenn eine größere Stichprobe an Kindern untersucht werden würde, die ein ähnlich problematisches Verhalten wie Fabian zeigen. Diese Stichprobe müsste im Erwachsenenalter erneut im Hinblick auf ihre „gewalttätigen Karrieren" (Z. 6 f.) untersucht werden, bevor allgemeingültige Aussagen getroffen werden könnten.

Zudem ergeben sich Kenntnisse der Alltagstheorie aus **zufälligen Einzelbeobachtungen und Erfahrungen**. Die Aussagen bzw. Erkenntnisse wurden **nicht systematisch** gewonnen, das heißt, es wurden keine Regeln des methodischen Vorgehens angewandt, es wurde nichts geplant und organisiert. Die Aussagen beruhen auf zufälligen Einzelbeobachtungen und persönlichen Erfahrungen. Diesen Aussagen liegt dann eine individuelle Theorie über mögliches Verhalten und Erleben anderer zugrunde. So verhält es sich auch mit der Sichtweise Frau Alts über Sabine, die „am besten in ein Heim" (Z. 10) sollte, da sie sich mit 12 Jahren nichts mehr sagen ließe und rauche (vgl. Z. 11 f.). Ebenso stützt Frau Alt ihre Aussage, dass die Mutter mit der Erziehung ihrer Kinder überfordert sei, auf Einzelbeobachtungen, die rein zufällig zustande gekommen sind. Sie schildert, dass sie diese Familie sehr gut kenne (vgl. Z. 7 f.), aber weist nicht darauf hin, wo und wie bzw. unter welchen Umständen diese Begegnungen stattgefunden haben. Es handelt sich dabei folglich lediglich um persönliche Erfahrungen. Frau Alt demonstriert ein unsystematisches Vorgehen, das auf Äußerungen anderer und zufälligen Einzelbeobachtungen ihrerseits basiert.

In der wissenschaftlichen Pädagogik und Psychologie werden die Aussagen **systematisch gewonnen**, wobei das **methodische Vorgehen geplant** und **organisiert** ist. Dies geschieht mithilfe wissenschaftlicher Methoden wie systematischen Beobachtungen in Form von Fragebögen, Tests oder Interviews. Daten werden erhoben, ausgewertet, interpretiert und die Ergebnisse mit Theorien erklärt. Um eine wissenschaftliche Aussage zu treffen, müssen die Beobachtungen geplant sein. Dabei berücksichtigt der Beobachter bestimmte im Vornhinein **festgelegte Kriterien**, nach denen das zu beobachtende Verhalten dokumentiert wird. Bei Kindern wie Sabine müsste auch das Alter berücksichtigt werden, da sie sich mit 12 Jahren wahrscheinlich in der (Vor-)pubertät befindet und Frau Alts Begründung für die Heimunterbringung, nämlich dass „sie sich schon gar nichts mehr sagen" (Z. 11) lässt, entwicklungsbedingte Gründe haben könnte.

Abrundung
Obwohl es – wie beim vorliegenden Fall – beim Heranziehen von alltagstheoretischen Annahmen oftmals zu voreiligen oder falschen Schlussfolgerungen kommen kann, haben sie auch ihren Nutzen, indem sie, wie bei Frau Alt zu beobachten ist, eine rasche Beurteilung von Personen ermöglichen und Erklärungen zur Bewältigung lebenspraktischer Situationen bereitstellen.

2 **TIPP** *Gewichtungsvorschlag: 40 %*

Der Fokus der Aufgabenstellung liegt auf der Klärung der Entstehung des problematischen Verhaltens. Somit ist eine reine Schilderung der Ausprägung von Fabians Verhaltens nicht ausreichend. Zunächst müssen die **Grundannahmen der psychoanalytischen Theorie Freuds** knapp bestimmt werden. Beim Phasenmodell liegt das Hauptaugenmerk auf der **analen Phase**, die ausführlich dargelegt werden muss. Wichtig ist, die Entwicklungsaufgaben und in diesem Zusammenhang auch Auswirkungen der Erziehungsfehler in der analen Phase zu schildern, damit beantwortet werden kann, wie das problematische Verhalten Fabians entstehen konnte. Es empfiehlt sich zunächst, die **Theorie darzulegen**, und anschließend auf den **Fallbezug einzugehen**, da es sonst aufgrund des engen Zusammenhangs zwischen Entwicklungsaufgaben und Erziehungsfehlern zu Doppelungen in den Ausführungen kommt. Achten Sie auf eine **zusammenhängende Darstellung**.

Hinführung
Die Psychoanalyse ist eine von Sigmund Freud aufgestellte Entwicklungstheorie. Diese tiefenpsychologische Theorie unterscheidet sich von anderen Theorien v. a. darin, dass sie die unbewussten Prozesse menschlichen Erlebens und Verhaltens in den Fokus der Betrachtung stellt. Sie bietet u. a. die Möglichkeit, die Entwicklung der Persönlichkeit besonders in der Kindheit und frühen Jugend zu verstehen und zu erklären.

Darlegung der relevanten Annahmen zur analen Phase der psychosexuellen Entwicklung

Laut Freud sind die ersten Lebensjahre ausschlaggebend für die Entwicklung der Persönlichkeit. In seinem Phasenmodell der **psychosexuellen Entwicklung** beschreibt Freud die **Libidoentwicklung** in der Kindheit und Jugend in fünf Phasen: orale Phase (1. Lebensjahr), anale Phase (2. und 3. Lebensjahr), phallische Phase (4. und 5. Lebensjahr), Latenzphase (6.–12. Lebensjahr), genitale Phase (ab dem 12./13. Lebensjahr). Die Libido ist die Bezeichnung für die Energie des Lebenstriebes. Sie ist dem Menschen angeboren und strebt nach Lust und Befriedigung, was über bestimmte Körperteile erfolgt: z. B. den Mund, den After und die Genitalien. Ob es zu einer gesunden oder beeinträchtigten Persönlichkeitsentwicklung kommt, führt Freud auf die Bedürfnisbefriedigung in der jeweiligen Phase zurück.

Im Folgenden soll nun genauer auf die **anale Phase** eingegangen werden, da Fabians unangepasstes Verhalten auf Einschränkungen in der Trieb-/Bedürfnisbefriedigung in dieser Phase zurückgeführt werden kann.

In der analen Phase, die sich über das 2. und 3. Lebensjahr erstreckt, sind **Triebquelle** in dieser Zeit die Ausscheidungsorgane (und -produkte). Ziel des Heranwachsenden ist es, den Vorgang der Ausscheidung zunehmend selbstständig zu kontrollieren. **Lustgewinn** wird durch die Beschäftigung mit dem Triebobjekt, wie den Ausscheidungen oder Ersatzformen (um die analen Triebe gesellschaftlich angemessen auszuleben) wie Schlamm, Erde oder Knete, empfunden. Zentrales Thema dieser Phase ist somit das **Hergeben und Zurückhalten** der Ausscheidungsprodukte, die in dieser Phase der Entwicklung den einzigen „Besitz" des Kindes darstellen, über den sie entscheiden und verfügen können. Zu den zentralen **Entwicklungsaufgaben** gehören die Sauberkeit (das Spüren von Signalen des Körpers und das Nutzen der Toilette) und das Hergeben und Zurückhalten v. a. auch in Bezug auf Besitz und Leistung, woraus sich die **Entwicklung von Anstrengungs- und Leistungsbereitschaft** ergibt. Das Kind beginnt des Weiteren seinen eigenen Spielraum in Auseinandersetzung mit sich selbst und der Umwelt auszutesten und zu erweitern, öffnet sich dabei seiner sozialen Umwelt und ist zunehmend bestrebt, die eigene Autonomie zu erweitern. Dabei baut es eine Beziehung zur eigenen Person, zum ICH, auf.

Für die Erziehung bedeutet dies, dass die **Reinlichkeitserziehung** nicht zu streng und rigide erfolgen darf und Sublimierungsmöglichkeiten für die Auseinandersetzung mit den Triebobjekten geboten werden sollten, damit eine angemessene Befriedigung analer Bedürfnisse möglich wird. Zudem benötigt das Kind viel Lob und Zuwendung bei der Ausscheidung, schließlich ist das Produkt eine selbst produzierte Leistung. Das Kind entwickelt somit neben einem positiven Körperempfinden auch Stolz auf die eigene Leistung und ein gewisses Selbstbewusstsein.

Werden diese kindlichen Bedürfnisse in der analen Phase aufgrund eines autoritären Erziehungsstils, in der die Mutter das Lerntempo bestimmt, nicht berücksichtigt oder vernachlässigt, und verläuft die Reinlichkeitserziehung mit besonderer Strenge oder unter starkem Druck, so kann es zu einer **Triebfrustration** kommen. Diese Enttäuschung durch das fortwährende Versagen von Bedürfnissen der Triebbefriedigung kann wiederum eine **Fixierung** in der analen Phase zur Folge haben. Sie bezeichnet das Verhaftetbleiben an den Bedürfnissen, den Erlebens- und Verhaltensweisen der analen Entwicklungsstufe. Das Ergebnis äußert sich in zunehmendem Alter mit Zwängen oder Persönlichkeitsmerkmalen wie Geiz sowie darin, nicht zu teilen können, sich den Besitz anderer anzueignen, keine Leistungsbereitschaft zeigen zu wollen, in einem Mangel an Selbstständigkeit/Autonomie oder unangepasstem Sozialverhalten (kein Einhalten von Regeln, Trotz, Auseinandersetzungen, Aggressionen).

Erklärung der Entstehung von Fabians problematischem Verhalten mithilfe relevanter Annahmen zur analen Phase der psychosexuellen Entwicklung

Fabian weist problematische Verhaltensweisen auf, die auf eine **Fixierung in der analen Phase** hindeuten und auf Erziehungsfehler basierend auf einem **äutoritären Erziehungsstil** zwischen Fabians 2. und 3. Lebensjahr zurückzuführen sind. Als Fabian zwei Jahre alt war, leitete seine Mutter die **Sauberkeitserziehung** ein, da sie wieder mit dem Arbeiten begann und Fabian möglichst schnell sauber werden sollte, damit er tagsüber ohne Windeln auskommt (vgl. Z. 31 ff.). Das dabei von der Mutter als konsequent (vgl. Z. 37) beschriebene Verhalten weist auf die durchgängig zu hohen Anforderungen an Fabian bezüglich des Sauberwerdens hin. Dabei hatte die Mutter nicht immer Geduld (vgl. Z. 34 ff.) und war streng. Auch Fabians Bemühen wurde nicht belohnt, sondern die Mutter schimpfte und bestrafte ihn, wenn er beim Erledigen des Geschäftes aus ihrer Sicht versagte (vgl. Z. 35 f.). Durch die schnelle Reinlichkeitserziehung wurde Fabian das Bedürfnis der selbstgesteuerten Auseinandersetzung mit dem Ausscheidungsvorgang und -produkt genommen und somit auch die Möglichkeit, den Ausscheidungsvorgang und somit die Thematik des Hergebens und Behaltens als lustvoll zu erleben. Das Ergebnis ist eine **Triebfrustration** in der **analen Phase**.
Diese ist auch daran zu erkennen, dass Fabian an manchen Tagen den Stuhlgang verweigerte (vgl. Z. 38). Auf diese Gegebenheit lässt sich Fabians Neigung zurückführen, Besitz festzuhalten, nicht teilen oder Gegenstände hergeben zu wollen (vgl. Z. 21), sondern das Bedürfnis zu haben, sich den Besitz anderer anzueignen (Z. 19 f.). Analog zum Hergeben und Behalten von Objekten ist er auch nicht bereit, Anstrengungen zu unternehmen und Leistung zu erbringen, sondern hält diese zurück, verweigert sich (vgl. Z. 21 ff.).
Zudem wird die **Selbstständigkeit** des Zweijährigen **stark eingeschränkt**. Seine Mutter setzte den Beginn der Reinlichkeitserziehung fest, gab vor, wann Fabian sein Geschäft zu erledigen hatte (vgl. Z. 34 ff.), ohne dabei auf die angemessene Befriedigung der analen Bedürfnisse einzugehen. Ihm wurde somit die selbstständige Kontrolle über den eigenen Vorgang des Hergebens und Behaltens verweigert. Hinzu kommt, dass aufgrund der oben dargestellten, eher problematischen, Persönlichkeitsmerkmale deutlich wird, dass der Beziehungsaufbau zur eigenen Person als gestört eingestuft werden kann. Fabian ist nicht in der Lage, sich mit sich selbst zu beschäftigen (vgl. Z. 27) und ihm mangelt es an Durchhaltevermögen (vgl. Z. 25 ff.). Der Junge hatte auch bei der Großmutter keine Möglichkeit, seine Impulse nach Selbstständigkeit auszuleben: Bei ihr durfte er gar nicht erst „herumtoben“ (Z. 45) oder auf „dumme Ideen“ (Z. 45) kommen, sondern saß bei seiner Schwester Sabine überwiegend vor dem Fernsehen (vgl. Z. 44 ff.). Das kindliche Bedürfnis, in diesem Alter Autonomieer-

fahrungen zu machen und die ICH-Entwicklung voranzutreiben, indem er Eigeninitiative entwickelt, wurde unterbunden. In der Folge orientiert sich Fabian auch heute noch eher an anderen und kann sich kaum mit sich selbst beschäftigen (vgl. Z. 27 f.). Aufgrung der Triebfrustration im 2. und 3. Lebensjahr, die sich aus der Enttäuschung heraus entwickelte, dass die oben genannten Bedürfnisse nicht befriedigt wurden, ist demnach von einer Fixierung auf die Bedürfnisse, Triebwünsche und Verhaltensweisen der analen Phase auszugehen. Fabian weist dieselben **Verweigerungstendenzen** und dasselbe **Trotzverhalten** auf wie in dieser Entwicklungsphase.

Abrundung
Somit wird deutlich, wie es zu problematischen Verhaltensweisen aufgrund einer zu strengen Reinlichkeitserziehung in der analen Phase und eingeschränkter Autonomiegewährung kommen kann.

3 **TIPP** *Gewichtungsvorschlag: 30 %*

Die Aufgabe kann in Bezug auf Fabian **oder** Sabine bearbeitet werden. Dabei muss berücksichtigt werden, dass es sich auch um verschiedene Institutionen handelt (Fabian: Kindergarten, Sabine: Schule). Die Aufgabenstellung verlangt das **Darlegen je zweier Aufgaben und Probleme** in der **erzieherischen Arbeit**. Bei der Auswahl dieser ist auf die Anwendbarkeit in Bezug auf den Fall zu achten. Weniger treffende Fallbezüge bestehen z. B. bei den Aufgaben der Förderung von religiöser Erziehung sowie des Umwelt- und Naturverständnisses oder bei Problemen wie der abweichenden Weltanschauung zwischen Träger, Erziehungsberechtigten und Personal sowie Sprachproblemen.

Hinführung
Die Sozialpädagogik umfasst als Teilbereich der Sozialarbeit die Theorie und Praxis erzieherischen Handelns in der Kinder- und Jugendhilfe. Hier stehen Aufgaben der Erziehung, Beratung, Hilfe und Fürsorge für alle Kinder und Jugendliche im Vordergrund. Die Institutionen und Aufgaben werden im Kinder- und Jugendhilfegesetz geregelt. Eine sozialpädagogische Institution stellt der Kindergarten dar, der verschiedene Aufgaben zu erfüllen und sich dabei diversen Problemen zu stellen hat.

Erläuterung zweier Aufgaben und Probleme in der Theorie und anhand des Fallbeispiels „Fabian"
Der **Kindergarten** soll als familienergänzende Einrichtung die Erziehung der Familie unterstützen. Dabei handelt es sich um ein freiwilliges Angebot für Kinder zwischen vier und sieben Jahren, das der Aufsicht von Jugendamt und Regierung unterliegt. In der Regel werden die Pflege und Erziehung der Kinder von ausgebildeten Sozialpädagogen, Erziehern und Kinderpflegern geleistet.
Die pädagogische Arbeit eines Kindergartens hat gemäß des Bayerischen Bildungs- und Erziehungsplans u. a. die Aufgabe, die **Entwicklung des Sozialverhaltens** zu för-

dern. Im Kindergarten wird das Voneinander-Lernen in relativ altershomogenen Gruppen gefördert. Kinder lernen im Umgang mit anderen Kindern beispielsweise, Konflikte auszutragen, aufeinander Rücksicht zu nehmen, zu teilen, hilfsbereit und fürsorglich zu sein. Dabei müssen eigene Bedürfnisse teilweise in den Hintergrund gestellt oder angemessen formuliert und die der anderen stärker wahrgenommen werden.
Auch Fabian besucht eine solche Kindergartengruppe. Durch zahlreiche Möglichkeiten des Spiels und gemeinsame Aktivitäten soll das Sozialverhalten der Kinder gefördert werden. Dabei fällt auf, dass Fabian problematisches Verhalten im Umgang mit anderen Kindern zeigt. Er hat Schwierigkeiten, Grenzen und Regeln einzuhalten. So stößt er ein Kind zur Seite (vgl. Z. 3), nimmt anderen die Spielsachen weg (vgl. Z. 19), oder stört die anderen beim Basteln (vgl. Z. 24 f.). Es ist Aufgabe der Erzieherin, Fabian hinsichtlich seiner Kompetenzen zum Handeln zu fördern. Sie muss bei Konflikten entsprechend eingreifen und ihm beim Klären der Konflikte beiseitestehen und alternative Handlungsmöglichkeiten für die Zukunft aufweisen. Dazu bieten sich beispielsweise Spiele an, die darauf abzielen, dass Gegenstände geteilt oder getauscht werden. Sobald Fabian erwünschtes Verhalten an den Tag legt, ist es wichtig, dass er eine positive Verstärkung, z. B. in Form von Lob, erhält. Um gewünschtes Verhalten zu vermitteln, eignen sich Handpuppen, anhand derer beispielsweise das Teilen von Gegenständen mit anderen Kindern exemplarisch ausgeführt werden kann. Auch eröffnen Handpuppen den Kindern die Möglichkeit, ihre eigenen Gefühle in Worte zu fassen, und stoßen somit einen Verarbeitungsprozess an. Fabian kann auf diese Weise ein Bewusstsein für seine Gefühle entwickeln.
Eine weitere Aufgabe ist die **Förderung der Lernmotivation**. Durch ansprechende Aktivitäten soll beim Heranwachsenden eine Willenshaltung geweckt werden, sodass das Kind für eine gewisse Zeit seine Aufmerksamkeit auf ein Ziel fokussieren kann. So ist das Kind dazu in der Lage, Selbstwirksamkeit zu erleben. Darunter versteht man die subjektive Überzeugung, dass in der Zukunft liegende, anspruchsvolle Situationen bewältigt werden können.
Der Kindergarten, den Fabian besucht, erfüllt diese Aufgabe durch das Schaffen einer kindgerechten Lernumgebung, in der durch gemeinsame Bastelarbeiten das gerade Schneiden geübt sowie das Schuhbinden oder der Umgang mit der Werkbank gelernt werden sollen (vgl. Z. 26 f.). Dabei handelt es sich um Tätigkeiten, die Anstrengung und Geduld von den Kindern erfordern (vgl. Z. 25 f.) und nur mit einem gewissen Maß an Motivation gelöst werden können. Die Erzieherin begleitet diese Aufgaben bei Fabian und bietet ihm gezielt Hilfe an, die er jedoch ablehnt (vgl. Z. 23). Aus diesem Grund müsste die Erzieherin für Fabian eine leichtere Aufgabe finden, die nicht so schnell zu Frustration und somit zum schnellen Aufgeben bei dem Jungen führt. Wichtig ist, dass Fabian durch altersgerechte Aufgaben und Lob nach erfolgreicher Arbeit seine Selbstwirksamkeit erfahren kann. So ist es z. B. möglich, ihn durch ein Token-System schrittweise an höhere Leistungsanforderungen beim Werken heranzuführen. Durch ein Token-System kann erwünschtes Verhalten verstärkt werden. Man erhält einen Token, wenn man erwünschtes Verhalten zeigt; dieser kann dann z. B. gegen einen Kinobesuch eingetauscht werden.
Am Fall Fabian ist deutlich zu erkennen, dass die erzieherische Arbeit im Kindergarten meist nicht ohne Probleme verläuft. So **überfordern schwierige Kinder häufig die**

Erzieher/-innen und erschweren ihre pädagogische Arbeit. Erzieher/-innen sind verpflichtet, sich um eine ganze Kindergartengruppe zu kümmern, ihre Ressourcen werden jedoch nicht selten von einzelnen verhaltensauffälligen Kindern beansprucht. Die Grenzen in Bezug auf ihre fachliche Kompetenz werden dann erreicht, wenn sonderpädagogische Maßnahmen, z. B. bei Kindern mit Störungen in ihrem Sozialverhalten, die stellenweise außerhalb der Gruppe Einzelbetreuung benötigen, geleistet werden müssten.
Fabian beansprucht durch sein auffälliges Verhalten die Aufmerksamkeit und Energie der Erzieherin stärker als ein anderes Kind, indem er häufig die anderen Kinder ärgert. Dabei muss die Erzieherin sich sowohl um das Wohlergehen der durch Fabian beeinträchtigten Kinder als auch um Fabian selbst kümmern. Ihm müssen sein Fehlverhalten vor Augen geführt und gleichzeitig Alternativen aufgewiesen werden. In der Konsequenz sucht die Erzieherin das Gespräch mit der Mutter (vgl. Z. 17 f.), doch müssen auch Maßnahmen in der Gruppe selbst ergriffen werden, um bei Fabian ein sozial angepasstes Verhalten zu erzielen.
Des Weiteren kann es aufgrund von **Differenzen zwischen dem elterlichen und dem im Kindergarten praktizierten Erziehungsstil** zu Problemen kommen. Es kann durch die unterschiedlichen Anforderungen geschehen, dass sich Kinder im Kindergarten zurückziehen oder sich auffällig und aggressiv verhalten, um sich so Aufmerksamkeit zu verschaffen. Auch kann es passieren, dass sich Eltern über die Erziehungsarbeit im Kindergarten beschweren. Fabians Mutter berichtet, ihren Sohn zunächst sehr streng erzogen zu haben (vgl. Z. 35 f.) und mit dem Einstieg in das Arbeitsverhältnis die Erziehung an die Schwester und die Großmutter übertragen zu haben, bei der Fabian „lernte, sich an Regeln zu halten" (Z. 44). Diese Hinweise deuten auf einen autoritären Erziehungsstil hin, bei dem Fabian starke Vorgaben zu seinem Verhalten gemacht sowie Regeln und Verbote gesetzt werden. Im Kindergarten wird im Gegensatz dazu ein demokratischer Erziehungsstil praktiziert, bei dem Fabian die Möglichkeit hat, viele Dinge selbst zu bestimmen und diese zu erproben (vgl. Z. 22 ff.). Fabian erfährt im Umgang mit der Kindergartengruppe ein ausgewogenes Maß an Lenkung und Freiheit. Dies geschieht durch Vorschläge, die ihm in Form von verschiedenen Tätigkeiten gemacht werden, aber ohne dass ihm alles konkret vorgegeben wird. Doch das eigentliche Ziel der Förderung der Eigeninitiative und Selbstständigkeit kann nicht erreicht werden, da Fabian dieses Maß an Wahlmöglichkeit und Selbstbeschäftigung zu Hause nicht erfährt. Stattdessen kommt es aufgrund von Verunsicherung zu Verhaltensauffälligkeiten und aggressiven Ausschreitungen des Fünfjährigen.

Abrundung

Wie oben exemplarisch dargelegt, müssen sich Erzieher/-innen zunehmend komplexer werdenden und sich häufenden Problemen widmen, welche die Erfüllung der dem Kindergarten zugeschriebenen Aufgaben behindern können.

1 a **TIPP** *Gewichtungsvorschlag 1 a und 1 b: 30 %*

In den einleitenden Gedanken sollten Sie den Begriff **Wahrnehmung** allgemein **darstellen** und in den Bereich der **Kognition einordnen**. Im Anschluss beschreiben Sie den **Prozess der Wahrnehmung** am Beispiel einer speziellen **Umweltproblematik**. Im Folgenden wird als Beispiel Plastikmüll, der in einem See schwimmt, gewählt. Auch Beispiele zur Luftverschmutzung oder einer anderen speziellen Umweltproblematik sind möglich. Achten Sie auf eine zusammenhängende Darstellung.

Einleitende Gedanken

Die **Wahrnehmung** gehört zu den kognitiven Prozessen bzw. Fähigkeiten. Der Begriff **Kognition** meint dabei alle psychischen Fähigkeiten, Funktionen und Prozesse, die der Aufnahme, Verarbeitung und Speicherung von Informationen dienen.
Wahrnehmung selbst umfasst die Aufnahme und Verarbeitung von Informationen und das Ergebnis dieses Prozesses.

Beschreibung des Wahrnehmungsprozesses am Beispiel einer speziellen Umweltproblematik

Folgendes Beispiel wird zugrunde gelegt: Die 17-jährige Tina erblickt beim Besuch ihres Lieblingsbadesees im Wasser schwimmendes Plastik.
Wahrnehmung läuft in Form eines Prozesses ab, bei dem ein **Reiz** auftritt. Dies ist entweder ein **innerer Reiz**, der durch den Organismus selbst ausgelöst wird (z. B. Schmerz, Gefühl), oder ein **äußerer Reiz**, der aus der Umwelt stammt (z. B. Licht- und Schallwellen, thermische Reize). Im vorliegenden Fallbeispiel liegt ein **äußerer Reiz** in Form des im See schwimmenden Plastikmülls vor. Dieser visuelle Reiz besteht aus **Lichtwellen**.
Reize werden über die **Sinnesorgane** (z. B. Ohr, Auge, Haut) aufgenommen, die dabei eine **Reizschwelle** überschreiten müssen (absolute Schwelle), damit Reize wahrgenommen werden. Die Information wird über die Rezeptoren an den Sinnesorganen in eine für das Nervensystem verständliche Form gebracht. Es liegen also **Prozesse der Informationsverarbeitung** vor. Der vorliegende Reiz, also der schwimmende Plastikmüll, trifft auf das Sinnesorgan Auge und wird über die Rezeptoren, hier die Netzhaut des Auges, in eine für das Nervensystem fassbare Form gebracht. Es finden damit Prozesse der Informationsgewinnung statt.
Die über die Reize gewonnenen Informationen werden nun an das **Gehirn** weitergeleitet, von diesem aufgenommen, verarbeitet und (zum Teil) gespeichert; es finden also ebenfalls Prozesse der Informationsverarbeitung statt. Dieser Prozess ist abhängig von bereits gemachten Erfahrungen der betroffenen Person. Im nächsten Schritt betrachtet man die **Empfindung bzw. die Bewertung der Empfindung**. Empfindung meint hierbei das bewusste Erleben der vom Gehirn umgewandelten und entschlüsselten Reize. Der aufgenommene Reiz, also der schwimmende Plastikmüll, wird im Gehirn

verarbeitet. Tina hat in der Schule gelernt, dass im Wasser schwimmendes Plastik den Tieren im See schadet, weil sie sich in großen Stücken verfangen bzw. kleine Stücke verschlucken können. Dieser Müll ist demzufolge umweltschädlich. Daher wird diese **Empfindung** von Tina als **negativ** bewertet.
Als Ergebnis der Informationsverarbeitung folgt Tinas **Reaktion** in Form einer konkreten Verhaltens-/Handlungs-/Erlebensweise. Tina ist empört (= **Erleben**, das von außen nicht direkt beobachtbar ist) und plant, an einer Müllsammelaktion teilzunehmen (**gezieltes Handeln**).

1 b **TIPP**

Nennen Sie die Faktoren, die die Wahrnehmung subjektiv machen, und stellen Sie je **zwei individuelle** und **soziale Faktoren** bezogen auf das von Ihnen gewählte Beispiel dar. Beachten Sie, dass die Darstellung zusammenhängend erfolgen sollte.

Darstellung zweier individueller und sozialer Einflussfaktoren auf die Wahrnehmung
Wahrnehmung ist immer ein **subjektiver Vorgang**, d. h. von der jeweiligen Person abhängig. Dabei beeinflussen **individuelle und soziale Faktoren** die Wahrnehmung, die dadurch verändert oder verfälscht werden kann. Zu den **individuellen Faktoren** zählen zum Beispiel Gefühle, Bedürfnisse, Triebe, Stimmungen, bisherige Erfahrungen, Einstellungen, Wertvorstellungen und Interessen. **Soziale Faktoren** sind beispielsweise Wert- und Normvorstellungen der betreffenden Gesellschaft, Einstellungen und Vorurteile sowie der Einfluss von anderen Personen.

Verdeutlichung dieser Faktoren anhand des Beispiels
Ein möglicher **individueller Faktor** können bisherige **Erfahrungen**, z. B. in Form von schulischem Wissen, sein.
Tina hat in der Schule viel über das komplexe Zusammenwirken von Tier- und Pflanzenarten in biologischen Lebensräumen gelernt. So weiß sie, dass das Sterben der Fische durch den Plastikmüll im See beispielsweise Auswirkungen auf andere Tiere wie Reiher hat, die durch den entstehenden Mangel an Fischen weniger Futter finden. Aufgrund ihres subjektiven Wissens bewertet Tina daher den Plastikmüll im See als Bedrohung für die Umwelt. Angesichts der Wahrnehmung dieser Umweltbedrohung setzt bei Tina eine Reaktion im Erleben und Handeln ein: Sie reagiert mit Empörung und entschließt, sich an einer umweltschützenden Maßnahme zu beteiligen.
Ein weiterer **individueller Faktor** sind Tinas **Bedürfnisse**. Durch die Verschmutzung des Sees durch Plastikmüll entfällt dieser als attraktive Bademöglichkeit im Sommer. Tina fühlt sich durch den Müll abgestoßen und bewertet dementsprechend das im See schwimmende Plastik negativ.
Ein **sozialer Faktor** ist beispielsweise der **Einfluss anderer Personen**. Tina hat durch die Erziehung durch ihre Eltern, die Mitglied im Bund Naturschutz sind, verinnerlicht,

dass die Natur das wichtigste Gut für den Fortbestand der Erde ist. Aufgrund vorgelebter Werte durch die Eltern nimmt Tina den mit Plastik vermüllten See negativ wahr. Darüber hinaus kann man **Wertvorstellungen** als **sozialen Faktor** betrachten. Da Tina als Wert internalisiert hat, dass jedes Mitglied unserer Gesellschaft die Aufgabe hat, die Umwelt zu schützen und Müll angemessen zu entsorgen, wird sie den achtlos in den See geworfenen Plastikmüll als äußerst negativ auffassen und sich dafür engagieren, diesen zu beseitigen.
Somit wird deutlich, wie verschiedene Faktoren die **Wahrnehmung**, bezogen auf eine Umweltproblematik, **beeinflussen** können.

2 **TIPP** *Gewichtungsvorschlag: 35 %*

Sie sollen ein **Beispiel entwerfen**, anhand dessen Sie die inneren Konflikte auf **Basis des Instanzenmodells nach S. Freud**, die bei einer umweltfreundlichen Lebensführung auftreten können, verdeutlichen. Sie können dabei an das Beispiel aus 1 a anknüpfen oder ein neues entwickeln.
Die Formulierung „im Hinblick auf eine umweltfreundliche Lebensführung" kann hier auch implizieren, dass keine solche an den Tag gelegt wird. Zeigen Sie anschließend auf, dass es hier zu einer **ICH-Schwäche** kommt (hier wurde exemplarisch eine ICH-Schwäche mit einem dominanten ES gewählt, aber auch andere Formen der ICH-Schwäche sind möglich), und wählen Sie **zwei geeignete Abwehrmechanismen**, die zur Bekämpfung der aufgrund der ICH-Schwäche entstandenen Angst geeignet sind. Achten Sie auch in dieser Teilaufgabe auf eine zusammenhängende Darstellung.

Einleitende Gedanken
Sigmund Freud, der Begründer der Psychoanalyse, hat eine umfassende Theorie geschaffen, die neben Annahmen zum Unbewussten und der Trieblehre auch ein Persönlichkeitsmodell, das sogenannte Instanzenmodell, umfasst.

Darstellung eines Beispiels
Für die exemplarische Darstellung wird hier die Schülerin Elsa herangezogen.
Die 19-jährige Elsa hat einen relativ kurzen Schulweg. Mit dem Auto ist sie bereits innerhalb von 10 Minuten an ihrer Schule angelangt. Mit dem Bus braucht sie allerdings fast eine halbe Stunde, da dieser die Schule von ihrem Zuhause aus nicht direkt anfährt und an vielen Haltestellen stoppt. Trotz des längeren Schulweges nimmt Elsa zu Beginn des Schuljahres häufig den Bus, da ihr der Schutz der Umwelt sehr am Herzen liegt. Im Laufe der Schulwochen fällt es Elsa aber immer schwerer, sich zu motivieren, früher aufzustehen, um auch mit dem Schulbus pünktlich zur Schule zu kommen. Vor allem an Tagen mit schlechter Wetterlage (z. B. Regen oder Schnee) fährt sie zunehmend mit dem Auto.

Verdeutlichung mithilfe des Instanzenmodells der Persönlichkeit nach S. Freud, welche inneren Konflikte im Hinblick auf eine umweltfreundliche Lebensführung stattfinden können

Die von Geburt an vorliegende Instanz, das **ES**, steht für die Triebe und Wünsche eines Menschen und damit für das **Lustprinzip**. Das ES insistiert auf die unmittelbare Bedürfnisbefriedigung, ohne dabei auf rationale Gründe oder ethische Normen zu achten. Es teilt dem **ICH** Wünsche und Bedürfnisse mit. Elsa möchte im Laufe des Schuljahres die kurze Wegstrecke in die Schule lieber mit dem Auto zurücklegen, da sie das Bedürfnis hat, länger zu schlafen. Elsas ES meldet diesen Wunsch beim ICH an.

Das **ÜBER-ICH** umfasst die **Wert- und Normvorstellungen** und führt das ICH im Sinne der verinnerlichten Moral (**Moralitätsprinzip**). In dieser Instanz werden die Wünsche des ES im Sinne dieser verinnerlichten Werte und Normen dahingehend beurteilt, ob die Wünsche zugelassen oder abgewiesen werden sollen. Elsas ÜBER-ICH fasst den Triebwunsch, für die Fahrt zur Schule das Auto zu nutzen, als unrechtmäßig auf. Der Ausstoß von Schadstoffen, den die Autofahrt zur Folge hat, steht im Widerspruch zur von Elsa verinnerlichten gesellschaftlichen Norm, umweltbewusst zu handeln, d. h. in diesem Fall den Bus zu wählen.

Die Instanz des **ICH** versucht zwischen den Wünschen des **ES** und den Forderungen des **ÜBER-ICHs abzuwägen** und leistet die bewusste Auseinandersetzung mit der Realität (**Realitätsprinzip**). Als Resultat dieser Abwägungen werden Wünsche entweder erfüllt oder abgewehrt. Elsas **ICH** muss nun also zwischen dem Wunsch des ES, länger zu schlafen und mit dem Auto zu fahren, und den verinnerlichten Moralvorstellungen des **ÜBER-ICHs**, die Umwelt zu schützen und daher den Bus vorzuziehen, abwägen.

Zusätzlich zu den Instanzen spielt in Freuds Modell der Persönlichkeit auch die **Realität** eine wesentliche Rolle. Sie ist zwar keine Instanz der menschlichen Persönlichkeit, sondern umfasst Beschaffenheit und Forderungen der Außenwelt, aber jegliches menschliche Erleben, Verhalten und Handeln muss immer im Zusammenhang mit der Realität gesehen werden, d. h. das ICH muss die Realität überprüfen. Die Beschaffenheit der Außenwelt hindert Elsa in diesem Fall nicht am Zeigen des Verhaltens, da sie ein Auto besitzt, das sie nutzen kann, und das Fahren mit dem Auto auch zu keinerlei negativen Konsequenzen (als Forderung der Außenwelt), z. B. in Form von Strafen, führt. Außerdem begünstigt die schlechte Wetterlage (z. B. Regen oder Schnee) die Entscheidung für das Auto, da Elsa so nicht den äußeren Widrigkeiten ausgesetzt ist. Elsas ICH lässt also den Wunsch des ES zu und sie fährt mit dem Auto in die Schule.

Aufzeigen einer ICH-Schwäche und des Einsatzes zweier Abwehrmechanismen gegen die auftretende Angst

Befinden sich alle Instanzen – ICH, ES und ÜBER-ICH – und die Realität in einem ausgewogenen Verhältnis, spricht man von einer ICH-Stärke. Leitet jedoch eine Instanz der Persönlichkeit (ES, ÜBER-ICH) oder die Realität das ICH, spricht man von einer ICH-Schwäche. Man unterscheidet generell zwischen drei verschiedenen ICH-Schwächen, bei denen entweder das ES, das ÜBER-ICH oder die Realität einen so starken Einfluss ausüben, dass das ICH nicht mehr in der Lage ist, zwischen allen Instanzen und den Anforderungen der Realität zu vermitteln.

Auch bei Elsa lässt sich eine ICH-Schwäche beobachten. Ihr vom ES angekündigtes Bedürfnis, nämlich der Wunsch, ausschlafen zu können und dann rasch mit dem Auto zur Schule zu fahren, kontrolliert zunehmend ihr Verhalten, während der Einfluss des ÜBER-ICHs auf das ICH in Bezug auf den Umweltschutz zu schwach ausgeprägt ist. Auch ist es möglich, dass der Einfluss der Realität in Form der Eltern oder Freunde, die den Umweltschutz stärker berücksichtigen, nicht ausreichend stark ist. Die ICH-Schwäche manifestiert sich bei Elsa darin, dass sie die Entscheidung getroffen hat, das Auto zu nutzen. Das ICH wird in diesem Fall von den Ansprüchen des ES dominiert.
Eine Folge dieser ICH-Schwäche, also dem Ungleichgewicht der Instanzen und der Realität, ist das Auftreten von **Angst**. Da hier das ES die dominante Instanz ist, **fürchtet** sich Elsa vor den übermäßigen **Forderungen des ES**. Elsa hat den Eindruck, dass sie gegenüber den Wünschen des ES machtlos ist. Sie ist aufgrund ihrer vermeintlichen Bequemlichkeit über sich selbst erschrocken und hat das Gefühl, sich in ganz besonderem Maße umweltschädlich zu verhalten.
Aufgrund dieser Angst kommt es laut Annahmen der Psychoanalyse nach Freud zu einem übertriebenen Einsatz von **Abwehrmechanismen**. Damit sind Maßnahmen des ICHs gemeint, mit deren Hilfe es sich gegen angstauslösende Konflikte verteidigt und damit Ängste verringert oder vermeidet. Als möglichen Abwehrmechanismus beschreibt Freud die **Rationalisierung**. Für verpönte Bedürfnisse oder unangemessenes Verhalten werden dabei vernünftige Erklärungen gefunden. Elsas Autofahren für die Strecke in die Schule stellt eine unangepasste Verhaltensweise dar, da es nicht ihrer Überzeugung, umweltbewusst zu handeln, entspricht. Für dieses Verhalten wird eine plausible Erklärung gesucht: Elsa argumentiert, dass sie nur mit dem Auto fährt, weil sie sonst zu spät zur Schule kommen würde, wenn es ihr morgens nicht gelingt, rechtzeitig aufzustehen, was ebenfalls gesellschaftlich schlecht bewertet wäre.
Ein weiterer Abwehrmechanismus stellt die **Projektion** dar. Dabei schreibt man Eigenschaften, die man an sich selbst als unerwünscht empfindet, anderen Personen oder Gegenständen zu. Im vorliegenden Fallbeispiel möchte Elsa sich ihrem umweltschädigenden Verhalten, das sich in den häufigen Autofahrten in die Schule zeigt, nicht stellen. Anstatt ihr eigenes Handeln kritisch zu hinterfragen, äußert sie ihren Unmut über das Verhalten ihrer Mitschüler, die mit dem Auto zur Schule fahren und den Parkplatz belegen, obwohl sie lediglich wenige Minuten entfernt wohnen. Zudem beklagt Elsa sich, dass ihre Mitschüler auch bei schöner Wetterlage das Auto nutzen, wohingegen sie nur bei schlechtem Wetter auf das Auto ausweicht.
Mithilfe der beschriebenen Abwehrmechanismen kann Elsa die durch die ICH-Schwäche ausgelösten Ängste bewältigen und ihre in ihr auftretenden inneren Konflikte ins Unbewusste überführen. Denn die betroffenen Personen sind sich nicht bewusst, dass ihr Handeln von Abwehrmechanismen geprägt ist. Dies ist jedoch keine gesunde Entwicklung, sondern kann langfristig zur Entstehung von psychischen Störungen führen.

3 **TIPP** *Gewichtungsvorschlag: 35 %*

In dieser Teilaufgabe sollen Sie mithilfe der **Handlung eines verhaltensorientierten Handlungskonzepts** der sozialen Arbeit im Sinne der Einzelfallhilfe die Förderung umweltbewussten Handelns verdeutlichen. Dieses Handlungskonzept kann sich auf das klassische Konditionieren, das operante Konditionieren oder auch auf die sozial-kognitive Theorie stützen. Hier wird exemplarisch das operante Konditionieren zur Erläuterung herangezogen. Wichtig ist, dass hier konkrete Möglichkeiten aufgezeigt werden, wie Sozialpädagogen vorgehen können, damit Jugendliche umweltbewusst handeln. Dabei können Sie sich entweder auf die Verhaltensformung **oder** auf die differenzielle Verstärkung beziehen. Sie können hier wiederum an Ihr Beispiel anknüpfen oder ein neues wählen. Wie in den vorangegangenen Teilaufgaben müssen Sie auch hier auf eine zusammenhängende Darstellung achten.

Einleitende Gedanken

Dem verhaltensorientierten Handlungskonzept der sozialen Arbeit liegt die Annahme zugrunde, dass **jedes Verhalten**, auch unangepasstes, **erlernt** wurde und auch wieder verlernt werden kann. Es fußt demnach auf den Lerntheorien. Unter einem Handlungskonzept versteht man eine Methode, die sich aus vier Schritten des Vorgehens zusammensetzt: Analyse, Planung, Handlung und Bewertung. Zunächst wird dabei die Ausgangssituation **analysiert**, bevor in einem nächsten Schritt die Ziele benannt und **geplant** werden, die schließlich zur entsprechenden **Handlung** führen. Am Ende dient die **Bewertung** der Kontrolle des Erfolgs. In den folgenden Ausführungen spielt lediglich der **Schritt der Handlung** eine Rolle.

Aufzeigen der Förderung umweltbewussten Handelns bei Jugendlichen durch den Schritt der Handlung im Rahmen eines Handlungskonzeptes der Einzelfallhilfe

Folgendes Beispiel wird zugrunde gelegt: Der 17-jährige Marco wurde von dem Sozialpädagogen bereits mehrmals dabei beobachtet, dass er alle Arten von Müll in einen einzigen Mülleimer wirft und somit die Mülltrennung missachtet.

Das **Ziel der Handlung** im Rahmen des verhaltensorientierten Konzeptes soll hier sein, dass Marco im Hinblick auf eine korrekte Mülltrennung umweltbewusste Verhaltensweisen erlernen soll. Dies kann u. a. durch Nutzung verschiedener Mülleimer umgesetzt werden.

Als Grundlage des Konzeptes wird im Folgenden das **operante Konditionieren** gewählt, da es sich bei umweltbewusstem Handeln um eine Verhaltensweise handelt und nicht, wie beim klassischen Konditionieren, um einen äußeren Reiz. Dieses Verhalten kann durch gezielte **Verstärkung** aufgebaut und gefestigt werden.

In einem ersten Schritt ist es wichtig, dass zunächst die entsprechende **Motivation** geschaffen wird, damit das gewünschte Verhalten von Marco aufgebaut werden kann. Dies kann dadurch erfolgen, dass Marco von dem Sozialpädagogen eine **angenehme Verhaltenskonsequenz** auf umweltbewusstes Handeln dargeboten wird. Marco könnte beispielsweise ein Ausflug seiner Wahl wie etwa eine Kanufahrt in Aussicht gestellt werden, wenn er langfristig umweltfreundlich handelt, indem er Müll sachgerecht trennt.

Anschließend müssen die **Bedingungen beseitigt** werden, welche die Aufrechterhaltung von Marcos **unerwünschtem Verhalten** begünstigen. Der Sozialpädagoge sollte darauf achten, dass Verhaltensweisen, die eine Umweltverschmutzung zur Folge haben (z. B. Vernachlässigung der Mülltrennung), nicht länger positive Konsequenzen nach sich ziehen: Das Ignorieren der Mülltrennung darf nicht dazu führen, dass Marco dadurch weniger Arbeit hat, indem er durch die Nutzung eines einzigen Mülleimers für jegliche Art von Müll Zeit spart. Dadurch würde Marcos unerwünschtes Verhalten verstärkt werden, da eine angenehme Konsequenz, nämlich weniger Arbeit, folgt. Vielmehr muss Marco durch den Sozialpädagogen kontinuierlich dazu aufgefordert werden, eine sachgerechte Mülltrennung vorzunehmen.

Zudem müssen alle **unangenehmen Bedingungen**, die bei **erwünschtem Verhalten** auftreten, **eliminiert** werden. Trennt Marco dem gewünschten Verhalten entsprechend Müll, dürfen Freunde ihn dafür nicht verspotten oder ihn durch Bezeichnungen wie „Öko" degradieren. Auf diese Weise würde die Verstärkung der erwünschten Verhaltensweise eingeschränkt werden.

Als konkrete **Methode des Verhaltensaufbaus** kann der Sozialpädagoge die **Verhaltensformung (shaping)** einsetzen. Dabei werden Verhaltensweisen, die nicht sofort erlernbar sind, sukzessive aufgebaut. Es werden bereits erste kleine Schritte in Richtung des **Endverhaltens** verstärkt. Ist ein Schritt erfolgreich verlaufen, werden die Anforderungen für eine weitere Verstärkung allmählich erhöht. Marco soll als Endverhalten vollständig sachgerechte Mülltrennung durch die Nutzung verschiedener Mülleimer erlernen. Im ersten Teilschritt wird zunächst jedes **Verhalten**, das dem **gewünschten Endverhalten ähnelt**, sofort und regelmäßig **verstärkt.** Das bedeutet, dass eine Trennung in Papier- und Restmüll, was dem gewünschten Endverhalten, also der sachgerechten Mülltrennung, bereits in Ansätzen entspricht, unmittelbar und beständig durch einen **sozialen Verstärker**, z. B. Lob oder Aufmerksamkeit, gewürdigt wird.

In einem zweiten Teilschritt wird nun das Verhalten **verstärkt**, das innerhalb der gewünschten Verhaltenskonsequenzen einen **Fortschritt** darstellt. Die Verstärkung eines solchen Verhaltens findet **kontinuierlich** statt, d. h. jedes Mal, wenn dieses Verhalten gezeigt wird. Wenn Marco zusätzlich zur Trennung von Papier und Restmüll auch den Biomüll getrennt entsorgt und dadurch ein Fortschritt innerhalb der Verhaltenssequenz in Richtung des gewünschten Verhaltens, also der vollständigen Mülltrennung, erkennbar ist, wird dies durch einen **materiellen Verstärker**, einen Token (einer Wertmarke, welche die eigentliche Belohnung vertritt), honoriert. Wenn ausreichend Tokens gesammelt sind, kann Marco die Wertmarken beispielsweise gegen einen Kinobesuch eintauschen.

Hat sich diese Verhaltensweise gefestigt, erfolgt im nächsten Teilschritt nur noch eine **Verstärkung** der Verhaltensweisen, die der letztlich gewünschten Verhaltensweise immer mehr entsprechen, bis schließlich das gewünschte **Endverhalten** gezeigt wird. Wenn Marco das tatsächliche Endverhalten, also die sachgerechte Mülltrennung, an den Tag legt, wird er mit einem Aktivitätsverstärker, z. B. einem selbst gewählten Ausflug, belohnt.

Anfänglich wird das erwünschte Verhalten **kontinuierlich verstärkt**, d. h. die Verstärkung erfolgt jedes Mal nach Zeigen des Verhaltens. Anschließend wechselt man zur **intermittierenden Verstärkung**. Hier erfolgt die Verstärkung lediglich gelegentlich nach Zeigen des erwünschten Verhaltens. Die kontinuierliche Verstärkung eignet sich besonders zum Aufbau eines gewünschten Verhaltens, intermittierende Verstärkung zu dessen Festigung. Anfangs wird Marco folglich für jedes erwünschte Verhalten bezogen auf die Mülltrennung mithilfe eines angemessenen Verstärkers belohnt. Dies entspricht der kontinuierlichen Verstärkung, die dem Verhaltensaufbau dient. Anschließend erfolgt die Verstärkung intermittierend, also nur beispielsweise jedes dritte Mal, wenn Marco die korrekte Mülltrennung vollführt. Somit wird Marco immer weniger von der Bestätigung durch den Sozialpädagogen abhängig.
Das erlernte Verhalten muss anschließend durch ausreichende **Übung** und **Wiederholung** stabilisiert werden. Das Verhalten wird schließlich aufgrund von Gewöhnung gezeigt. Marco muss auch in Zukunft die Möglichkeit haben, weiterhin den Müll sorgfältig trennen zu können und für das Zeigen des erwünschten Verhaltens, also der vollständigen Mülltrennung, eine positive Konsequenz erfahren können.
Auch die **differenzielle Verstärkung** ist ein geeignetes Mittel, neues Verhalten aufzubauen bzw. unerwünschtes abzubauen. Hierbei folgt auf ein unerwünschtes Verhalten keine Konsequenz, weder Belohnung noch Bestrafung, sodass diese Verhaltensweise nach und nach reduziert wird. Man bezeichnet dies als Extinktion. Erwünschtes Verhalten wird gleichzeitig verstärkt. Im vorliegenden Fall könnte Extinktion dadurch stattfinden, dass Marcos Verhalten, der anfänglich vereinzelt beispielsweise Papierstücke in den Restmüll wirft, nicht kritisiert wird. Entsorgt er jedoch beim nächsten Mal die Papierschnipsel korrekt in den Papiermüll, wird er zum Beispiel durch ein Lob des Sozialpädagogen positiv verstärkt.
Setzt man anstelle der Methode der Verhaltensformung die differenzielle Verstärkung ein, ist es ebenso sinnvoll, anfangs kontinuierlich zu verstärken und anschließend zu einer intermittierenden Verstärkung überzugehen und das neu erworbene Verhalten durch Übung und Wiederholung zu festigen.
Mithilfe der oben beschriebenen Schritte im Sinne der Handlung kann die **Förderung von umweltbewusstem Verhalten** demnach sehr gut umgesetzt und auch in Marcos Alltag realisiert werden.

AUFGABE I: FALLBESCHREIBUNG

Text **Fallbeschreibung „Pia“**

Pia ist Ihre Mitschülerin in der 12. Klasse der Beruflichen Oberschule (FOS/BOS). Sie hat sich in letzter Zeit stark verändert. Während sie früher immer ausgeschlafen und gut vorbereitet zum Unterricht kam, sieht sie neuerdings oft müde aus, wirkt unkonzentriert und hat in ihren schulischen Leistungen deutlich nachgelassen. In der Mittagspause sprechen Sie Pia auf Ihre Eindrücke und Beobachtungen an und fragen sie nach möglichen Gründen. Pia erzählt Ihnen Folgendes:

„Du hast recht, im Moment weiß ich wirklich nicht mehr, wo mir der Kopf steht. Vor einem Dreivierteljahr ist mein Vater daheim ausgezogen und wohnt jetzt bei seiner neuen Freundin ein paar Straßen weiter. Meinen Vater habe ich seither selten getroffen. Er interessiert sich gerade nur noch für seine Freundin. Meine Mutter und ich haben seitdem ein engeres Verhältnis und wir haben die ganze Situation, wie ich finde, gemeinsam ziemlich gut gemeistert.

Aber vor sechs Wochen ist dann einfach so viel Unerwartetes über mich hereingebrochen: Zuerst hat mein Vater mir bei einem Treffen mitgeteilt, seine Freundin erwarte ein Baby von ihm. Das hat mich einerseits zwar nicht wirklich überrascht, aber andererseits doch irgendwie traurig gemacht. Ich bin enttäuscht, wie schnell mein Vater sich von uns abgewandt hat. Als ich meine Mutter darauf ansprach, wusste sie schon Bescheid. Und dann platzte die nächste Bombe: Sie gestand mir, mein Vater und sie hätten sich schon Gedanken über meine Zukunft gemacht. Und rate einmal warum? Ich soll mit meiner Mutter nach Berlin ziehen, weil sie dort eine neue Stelle antreten wird. Stell dir vor, das hat sie mir die ganze Zeit einfach verschwiegen. Mich hat keiner gefragt! Ich wusste gar nicht, worüber ich mich mehr aufregen sollte – den Vertrauensbruch meiner Mutter oder die Bevormundung meiner Eltern. Ich wollte doch im nächsten Jahr hier an der Schule noch mein Abitur machen und danach studieren. Meine Mutter sagte zwar, ich könne ja die Zeit überbrücken, zunächst bei meinem Vater wohnen und danach zum Studium zu ihr nach Berlin ziehen, aber diese Vorstellung überfordert mich im Moment einfach völlig.

Ich sage dir etwas: Neulich war ich bei meiner Cousine. Sie studiert hier in der Stadt und lebt in einer Wohngemeinschaft mit anderen Studentinnen. Da ist Platz ohne Ende. Vielleicht sollte ich das nutzen? Schließlich bin ich kein Kind mehr! Bestimmt kannst du verstehen, dass ich mich frage, wie es mit mir und meinem ganzen Leben weitergehen soll.“

Teilaufgaben zur Fallbeschreibung „Pia“

1 Erläutern Sie Pias Lebenssituation mithilfe grundlegender Annahmen und Begriffe des „Life Model“ nach Germain/Gitterman. Beschränken Sie sich dabei auf Transaktion, Anpassung, Habitat und Lebens-Stress.

2 Verdeutlichen Sie Pias Identität auf der Grundlage des Identitätsmodells nach Marcia.

3 *Die Berufliche Oberschule hat als übergreifendes Erziehungs- und Bildungsziel Selbst-, Sozial- und Sachkompetenz zu fördern.*

Erläutern Sie, wie diese drei Kompetenzen im Unterricht an der Beruflichen Oberschule erworben werden und inwiefern diese Pia bei der Bewältigung ihrer Lebenssituation unterstützen können.

AUFGABE II

Ihre Mitschülerin Maja und Sie machen gemeinsam ein Praktikum im Kindergarten. Als die Anleiterin eines Tages mit Maja über ihre Einschätzung von deren Praktikumsleistungen spricht, beobachten Sie, wie sich ein Streit entwickelt. Maja ist verärgert, weil sie nicht mit allen Bewertungen der Anleiterin einverstanden ist.

Teilaufgaben

Beachten Sie, dass zur Bearbeitung der Teilaufgaben die Weiterentwicklung der oben beschriebenen Situation erforderlich ist.

1 *Im Einschätzungsbogen zu den Praktikumsleistungen wird ein bestimmtes Kompetenzprofil deutlich, das auch einige Persönlichkeitseigenschaften und Verhaltensdispositionen aufgreift.*

Erläutern Sie die Einschätzung von Majas Praktikumsleistungen (siehe Einschätzungsbogen in der Anlage) mithilfe zweier Dimensionen der „Big Five" nach Costa/McCrae.

2 *Beim Gespräch über die Praktikumsleistungen kommt es zwischen Maja und der Anleiterin zu einem Streit.*

Erklären Sie anhand eines selbst entwickelten Streitgesprächs zwischen Maja und der Anleiterin die Entstehung einer möglichen Kommunikationsstörung auf der Basis des 1. Axioms und einer weiteren auf der Basis des 4. Axioms der Kommunikationstheorie nach Watzlawick und Mitarbeitern.
Zeigen Sie bezugnehmend auf diese Störungen „Ich-Botschaften" als Technik gelungener Kommunikation auf.

3 *Maja möchte einzelne Kompetenzen während ihres Praktikums verbessern.*

Verdeutlichen Sie anhand einer von Majas Kompetenzen (siehe Einschätzungsbogen in der Anlage) den Begriff „Lernen".

Anlage zu Aufgabe II

Einschätzungsbogen der Anleiterin zu Majas Praktikumsleistungen:

SOZIALKOMPETENZ	**kaum**	**teil-weise**	**regel-mäßig**	**immer**
begegnet den Kolleginnen und Kollegen sowie Vorgesetzten zuvorkommend, respektvoll und hilfsbereit			✗	
bringt sich in das Gruppengeschehen aktiv ein, nimmt Argumente anderer auf und geht darauf ein		✗		
kommt pünktlich und kann Termine/Absprachen einhalten				✗
SELBSTKOMPETENZ	**kaum**	**teil-weise**	**regel-mäßig**	**immer**
hinterfragt eigenes Handeln selbstkritisch und konstruktiv, nimmt Kritik an und erkennt eigenes Entwicklungspotenzial	✗			
fragt nach, was sie verbessern kann und setzt Verbesserungsvorschläge um			✗	
erledigt Aufgaben zuverlässig, planvoll und selbstständig			✗	
METHODENKOMPETENZ	**kaum**	**teil-weise**	**regel-mäßig**	**immer**
stellt zu fachlichen Aspekten Nachfragen, zeigt fachliches Interesse und Eigeninitiative		✗		
nutzt vorhandene Informationen gewinnbringend zur Problemlösung und führt Aufgaben regelgerecht aus			✗	
geht achtsam mit den Arbeitsmaterialen um und hält Ordnung am Arbeitsplatz				✗

Lösungsvorschlag

Aufgabe I

1 **TIPP** *Gewichtung: 40 %*

In den einleitenden Gedanken sollten Sie Bezug auf das „**Life Model**“ nehmen und dieses thematisch einordnen. Sie können hier auch bereits darauf eingehen, dass nicht das komplette Konzept, sondern lediglich **ausgewählte Begrifflichkeiten** erläutert werden sollen. Es werden im Folgenden zur Veranschaulichung eine **anpassungsfeindliche** und eine **anpassungsfördernde Transaktion** exemplarisch dargestellt, es genügt jedoch eine passende Transaktion, um den Begriff zu veranschaulichen. Trotzdem sollte in der Theorie sowohl die anpassungsfördernde als auch die anpassungsfeindliche Transaktion beschrieben werden. **Anpassung** spielt vor allem im Sinne der Bestimmung der gewählten Transaktion als anpassungsfördernd bzw. anpassungsfeindlich eine Rolle, der Begriff Anpassung sollte jedoch ebenfalls theoretisch bestimmt werden.
Achten Sie bei der Darstellung des **Habitats** darauf, die jeweiligen Gegebenheiten nicht nur darzustellen, sondern auch deren Einfluss auf Pia herauszuarbeiten. Da sowohl **positiver** als auch **negativer Lebens-Stress** im Fallbeispiel ersichtlich werden, werden hier beide erwartet. Achten Sie auf eine zusammenhängende Darstellung.

Einleitende Gedanken

Das „Life Model“ von Carel B. Germain und Alex Gitterman ist ein ökologisches Denkmodell der Sozialarbeit. Ökologie beschreibt dabei die Wechselbeziehung zwischen Mensch und Umwelt. Es gilt in diesem Kontext, verschiedene Umwelten – die soziale, die natürliche, die ökonomische und die kulturelle – zu betrachten, mit denen die Person in Austausch tritt.

Erläuterung von Pias Lebenssituation mithilfe grundlegender Annahmen und Begriffe des „Life Model“ nach Germain/Gitterman (Beschränkung auf Transaktion, Anpassung, Habitat und Lebens-Stress)

Ein zentraler Begriff im „Life Model“ stellt die **Transaktion** dar. Darunter versteht man die andauernde gegenseitige Beeinflussung von Individuum und Umwelt im Sinne von Wirkung und Rückwirkung, wobei sich beide durch diese Austauschprozesse selbst im Verlauf verändern.
Es findet im vorliegenden Fall beispielsweise eine Transaktion zwischen Pia, die hier das **Individuum** darstellt, und ihrer sozialen **Umwelt**, hier in Form des Vaters (vgl. Z. 8 ff.), statt. Die Trennung der Eltern und der darauffolgende Auszug des Vaters (vgl. Z. 8) **wirken** (als Umwelteinfluss) auf Pia (das Individuum) so ein, dass sie das Gefühl hat, ihr Vater interessiere sich kaum noch für sie, sondern „nur noch für seine

Freundin" (Z. 10). Diese neue Lebenssituation erzeugt die **Rückwirkung** auf die soziale Umwelt, dass Pia ihren Vater als Ansprechpartner weitgehend nicht mehr zurate zieht, da sie sich nur selten mit ihm trifft (vgl. Z. 9).
Auf die gleiche Situation – die Trennung der Eltern – bezogen findet hier eine weitere Transaktion in Bezug auf die Mutter statt. Die Mutter ist ebenfalls Teil von Pias (Individuum) sozialer Umwelt. Das alleinige Zusammenwohnen mit der Mutter nach dem Auszug des Vaters (vgl. Z. 8) **wirkt** sich (als Umwelteinfluss) auf Pia (Individuum) so aus, dass sie sich verstärkt ihrer Mutter zuwendet, sodass sie im Sinne von Wirkung und **Rückwirkung** seitdem ein „engeres Verhältnis" (Z. 11) zueinander haben.
Im Zusammenhang mit Transaktion muss immer auch **Anpassung** untersucht werden. Anpassung bezeichnet dabei den Prozess, durch den eine Übereinstimmung zwischen dem Individuum mit seinen Bedürfnissen, Rechten und Zielen und den Anforderungen bzw. Möglichkeiten seiner Umwelt hergestellt wird. Dabei kann sich die eigene Person gemäß den Umweltanforderungen, die Umwelt gemäß den Bedürfnissen der Menschen oder die Beziehung zwischen Individuum und Umwelt verändern. Ansatzpunkt wäre bei dieser Transaktion die Beziehung zwischen Pia und ihren Eltern.
Transaktionen, wie die oben beschriebenen zwischen Pia und ihren Eltern, können sowohl **anpassungsfördernd** als auch **anpassungsfeindlich** sein. **Anpassungsfeindliche Transaktionen** haben ein Missverhältnis zwischen Person und Umwelt zur Folge, da sie die biologische, soziale bzw. kognitive Entwicklung des Menschen sowie sein emotionales und physisches Wohlbefinden beeinträchtigen. **Anpassungsfördernde Transaktionen** sind solche Prozesse, die zu einer Übereinstimmung zwischen Person und Umwelt führen. Das Ergebnis dieses Wechselwirkungsprozesses ist ein positives Person-Umwelt-Verhältnis; anpassungsfördernde Transaktionen begünstigen die Entwicklung des Menschen sowie sein physisches und emotionales Wohlbefinden.
Die veränderte Situation im vorliegenden Fall bringt es mit sich, dass ein Missverhältnis zwischen Pia und ihrer Umwelt im Sinne einer **anpassungsfeindlichen Transaktion** entstanden ist. Durch den Auszug des Vaters ist Pias kognitive Entwicklung beeinträchtigt; dies manifestiert sich in nachlassenden schulischen Leistungen (vgl. Z. 4). Zudem weiß sie „nicht mehr, wo [ihr] der Kopf steht" (Z. 7), ihr emotionales Wohlbefinden ist also ebenfalls beeinflusst.
Die **Transaktion** mit Pias Mutter führt als **anpassungsfördernder** Austausch zur Entstehung eines positiven Person-Umwelt-Verhältnisses. Durch das alleinige Zusammenleben mit der Mutter entsteht ein „engeres Verhältnis" (Z. 11) zwischen Pia und ihrer Mutter, das für emotionales Wohlbefinden bei Pia sorgt.
Neben Transaktion und Anpassung spielt das Habitat einer Person beim „Life Model" eine tragende Rolle. Unter **Habitat** versteht man den unmittelbaren Lebensraum, der das Erleben und Verhalten eines Menschen beeinflusst. Er setzt sich zusammen aus baulichen, sozialen und kulturellen Gegebenheiten.
Pias **soziales Habitat** umfasst alle verhaltens- und erlebensbeeinflussenden Personen in ihrem Umfeld. Dazu zählt unter anderem ihr Vater, der ein neues Lebensverhältnis eingegangen ist, wodurch sie wenig Kontaktmöglichkeiten zu ihm hat (Einfluss auf Pia) (vgl. Z. 16 f.). Zu diesem Bereich gehört auch Pias Mutter, die Pia als enge Vertraute ansieht (vgl. Z. 11); allerdings hat sie das Vertrauen von Pia gebrochen (Einfluss auf Pia) (vgl. Z. 22 f.). Auch ihre Cousine, die ihr neue Zukunftsperspektiven aufzeigt

(vgl. Z. 28 ff.) (Einfluss auf Pia), ist in diesem Bereich anzusiedeln. Das **kulturelle Habitat** beinhaltet verhaltens- und erlebensbeeinflussende kulturelle Einrichtungen. Pia besucht die 12. Klasse der Beruflichen Oberschule (also die FOS/BOS) (vgl. Z. 1), da sie durch das Abitur ein Studium angehen kann (Einfluss auf Pia) (vgl. Z. 24). Das **bauliche Habitat** bezieht sich auf die verhaltens- und erlebensbeeinflussende Wohnverhältnisse einer Person. Pia lebt mit ihrer Mutter, einige Straßen von ihrem Vater entfernt, zusammen. Die weitgehende Abwesenheit des Vaters empfindet sie als belastend (Einfluss auf Pia) (vgl. Z. 7 ff.).

Gerät der Mensch also durch Anpassungsprozesse in seinem Habitat in eine Lage, in der seine Ziele und Bedürfnisse nicht mit den Anforderungen und Möglichkeiten der Umwelt übereinstimmen, entsteht Lebens-Stress. Dies ist ein Belastungs- und Spannungszustand, der durch eine Störung der Übereinstimmung von Person und Umwelt ausgelöst wird. Das „Life Model" geht zudem davon aus, dass kritische Lebensereignisse Lebens-Stress hervorrufen. Wichtig ist hierbei **negativer Lebens-Stress**, wenn also Umweltanforderungen als persönliche Überforderung wahrgenommen werden und es erwartet wird, dass diese trotz Versuchen nicht bewältigt werden können. Im Gegensatz liegt **positiver Lebens-Stress** vor, wenn Umweltanforderungen als persönliche Herausforderung erlebt werden und die Person davon ausgeht, diese meistern zu können.

Auslöser für **negativen Lebens-Stress** ist bei Pia die Information der Mutter hinsichtlich des geplanten Umzuges nach Berlin (vgl. Z. 20). Zusätzlich erzeugt die Tatsache, dass sich die Eltern Gedanken um Pias Zukunft machen, ohne sie mit einzubeziehen (vgl. Z. 18 ff.), negativen Lebens-Stress bei Pia. Da diese Information einen Belastungszustand bei ihr provoziert, ist der Lebens-Stress hier als negativ zu bewerten. Pia ist verärgert, dass sie niemand gefragt hat (vgl. Z. 21 f.) und fühlt sich überfordert (vgl. Z. 27). Diese Situation führt bei Pia zu einer Störung der biologischen, kognitiven, emotionalen und sozialen Entwicklung. Sie „sieht oft müde aus, wirkt unkonzentriert" (Z. 3 f.) und ihre Noten verschlechtern sich (kognitive Beeinträchtigungen). Sie ist von ihren Eltern enttäuscht und empfindet deren Umgang mit ihr als Vertrauensbruch (emotionale und soziale Beeinträchtigungen). Somit befindet sich Pia in einem negativen Person-Umwelt-Verhältnis, das negativen Lebens-Stress verursacht.

Pia erlebt jedoch auch **positiven Lebens-Stress**. Sie hegt Gedanken an ein Studium in der eigenen Stadt und an ein Leben in einer Wohngemeinschaft (vgl. Z. 28 f.). Dieser Lebens-Stress ist als positiv zu beurteilen, da sie sich wie eine Erwachsene der Herausforderung stellen und nicht wie ein Kind behandelt werden möchte (vgl. Z. 30).

Abrundung

Das Ziel ökologisch orientierter Sozialarbeit ist das Herstellen einer ausgewogenen Abgestimmtheit von Person und Umwelt. Sozialarbeiter sollten Pia und ihre Eltern darin unterstützen, die bestehenden Beziehungsprobleme zu beheben und auf einer vertrauensvollen Basis den gegenseitigen Bedürfnissen gerecht zu werden.

Hinweis: Entsprechend können auch andere Textbelege für Transaktion und/oder Lebens-Stress herangezogen werden.

2 **TIPP** *Gewichtung: 30 %*

In den einleitenden Gedanken sollten Sie Bezug auf den Begriff **Identität** nehmen. Diese muss dann zunächst allgemein bei Pia aufgezeigt werden. Anschließend ist das **Modell von Marcia** zu erläutern. Hierbei ist es relevant, auch die **Dimensionen**, auf die sich die Identitätstypen beziehen, darzustellen. Es sollten anschließend alle **vier Identitätstypen** allgemein beschrieben werden, wobei der kritischen Identität besondere Bedeutung zukommt, da das Fallbeispiel am meisten Anhaltspunkte für diesen Identitätstyp aufweist. Diese muss auch anhand des Textes verdeutlicht werden.

Einleitende Gedanken

Der Entwicklungspsychologe James E. Marcia stellte ein Modell der menschlichen Identität auf. Identität meint das Selbstverständnis, eine einmalige und unverwechselbare Person zu sein. Dieses Selbstverständnis resultiert aus eigener Betrachtung und aus Fremdbeobachtung heraus.

Verdeutlichung von Pias Identität auf der Grundlage des Identitätsmodells nach James E. Marcia

Zunächst soll **Pias Identität** allgemein beleuchtet werden. Dabei gibt es zwei Kriterien der **eigenen Betrachtung** als unverwechselbare Person: zum einen die Person, für die man sich hält, und zum anderen die Person, die man gerne wäre bzw. die man zu werden glaubt. Pia selbst sieht sich als Erwachsene (vgl. Z. 30) und möchte in Entscheidungen als geleichberechtigte Person mit einbezogen werden (vgl. Z. 21 f.). Zudem hat sie ein klares Bild davon, wie sie gerne sein würde: Sie möchte an ihrer bisherigen Schule ihr Abitur machen, um dann ein Studium aufzunehmen (vgl. Z. 24).
Bei der **Fremdbeobachtung** untersucht man ebenfalls zwei Kriterien: die Person, für die andere einen halten und die Person, wie andere einen haben möchten. Im Text ist vor allem sehr deutlich erkennbar, wie Pias Mitschüler*innen (ihre Umwelt) sie sehen. Pia hat sich nach deren Empfinden „stark verändert“ (Z. 2), sie wirkt in den Augen der Mitschüler*innen müde und unkonzentriert (vgl. Z. 3 f.), sie weiß nicht, „wo [ihr] der Kopf steht“ (Z. 7). Auch das Verhältnis zum Vater ist hier bedeutsam. Die nur noch selten stattfindenden Treffen mit ihm (vgl. Z. 9) weisen darauf hin, dass sie für ihn keine zentrale Rolle mehr spielt.
James E. Marcia führt in seinem Modell vier unterschiedliche **Identitätstypen** auf. Diese unterscheiden sich in ihrem Ausmaß der Verpflichtung gegenüber Werthaltungen und der Experimentierfreudigkeit diesen Werthaltungen gegenüber.
Ein Status ist die **erarbeitete Identität**. Jugendliche mit diesem Identitätsstatus zeigen eine hohe Verpflichtung gegenüber erworbenen Werten, gleichzeitig sind sie intensiv auf der Suche nach neuen Formen und testen diese aus. Dadurch werden vorhandene Überzeugungen kritisch reflektiert und überprüft. Jugendliche mit einer erarbeiteten Identität haben deshalb feste Standpunkte und ein großes Selbstwertgefühl, sie sind stressresistent und ausdauernd.

Zudem gibt es den Identitätsstatus der **übernommenen Identität**. Jugendliche mit einer übernommenen Identität sind ihren familiären Überzeugungen und Werten ebenfalls in hohem Maße verpflichtet. Sie streben jedoch nicht nach neuen Überzeugungen. Eine kritische Auseinandersetzung mit erworbenen Einstellungen findet somit nicht statt. Jugendliche mit einer übernommenen Identität weisen ein hohes Selbstwertgefühl auf, sind aber stressanfälliger und verletzlicher als diejenigen mit einer erarbeiteten Identität.
Jugendliche im **diffusen Identitätsstatus** hingegen haben weder Werte und Einstellungen von ihren Eltern noch von anderen Bezugspersonen übernommen. Auch sind sie nicht bestrebt, andere geeignete Werte zu entdecken. Sie sind vielmehr unentschlossen und desinteressiert. Die Folge sind ein geringer Selbstwert und oft ein Gefühl von Hoffnungslosigkeit und depressiver Verstimmung.
Von besonderer Bedeutung ist hier die **kritische Identität** (**Moratoriumsidentität**), da der Text Hinweise darauf bietet, dass bei Pia diese Identitätsform vorliegen könnte. Jugendliche mit diesem Identitätsstatus erkunden intensiv neue Werte und Einstellungen, die sie schließlich für sich austesten. Sie empfinden aber nur einen geringen Grad an Verpflichtung für übernommene Überzeugungen, es fehlen ihnen (eindeutige) Werte. Die Jugendlichen sind folglich nicht sehr stabil und (relativ) ängstlich. Sie befinden sich in einer krisenhaften Situation. Marcia nennt diese Form auch die Moratoriumsidentität.
Das Vorliegen der kritischen Identität bei Pia lässt sich folgendermaßen belegen: Sie zeigt eine geringe Verpflichtung gegenüber elterlicher Werthaltungen. Sie betrachtet das Vorenthalten der Information über das zukünftige Geschwisterchen und den Vorschlag ihrer Mutter, nach Berlin umzuziehen, als Vertrauensbruch und will den Vorschlag nicht annehmen (vgl. Z. 25 ff.). Auch hält sie wenig vom Lebensmodell des Vaters mit seiner neuen Freundin (vgl. Z. 14 ff.). Zudem ist Pias Experimentierfreudigkeit neue Werthaltungen betreffend hoch. Dies zeigt sich daran, dass sie nach Alternativen hinsichtlich Studiermöglichkeiten im eigenen Ort sucht (Z. 28 ff.). Auch Pias Persönlichkeitsmerkmale weisen darauf hin, dass sie dieser Phase entspricht: Sie ist unsicher (vgl. Z. 30 ff.) und wenig stabil (vgl. Z. 3 f.). Pia weiß darüber hinaus nicht, „wo [ihr] der Kopf steht" (Z. 7) und ist überfordert (vgl. Z. 27).

Abrundung
Auch wenn die vorliegenden Informationen aus dem Fallbeispiel auf eine kritische Identität hindeuten, sollten aufgrund der relativ geringen Anzahl an Belegen zu Pias Identität im Idealfall noch zusätzliche Daten gewonnen werden, um die obige Zuordnung zu unterstützen.

3 **TIPP** *Gewichtung: 30 %*

Neben der reinen Klärung des Begriffs „**pädagogische Mündigkeit**" kann man in der Einleitung auch Bezug auf den Begriff der „Kompetenz" nehmen. Um die **Selbst-, Sach- und Sozialkompetenz** eines Menschen annähernd umfassend zu beschreiben, sollte mehr als eine Qualifikation aus dem Spektrum der einzelnen Kompetenzen erläutert werden. Aus diesem Grund werden im Folgenden pro Kompetenz **jeweils zwei Qualifikationen** dargestellt. Es ist darauf zu achten, dass in der Anwendung sowohl deutlich ausgearbeitet wird, wie die jeweilige Qualifikation an der Beruflichen Oberschule (FOS / BOS) gefördert werden kann, als auch, wie diese Qualifikation Pias Lebenssituation verbessern kann.

Einleitende Gedanken

Die **pädagogische Mündigkeit** verdeutlicht einen lebenslangen Prozess, der ständiges Weiterlernen erfordert, um pädagogisch mündig zu sein bzw. zu bleiben. Sie beschreibt die Bereitschaft und Fähigkeit eines Menschen, das eigene und das soziale Leben sowie die Sachwelt in Beruf, Umwelt und Politik bewältigen zu können. Sie umfasst die Selbst-, Sach- und Sozialkompetenz.

Erläuterung, wie die drei Kompetenzen (Selbst-, Sozial- und Sachkompetenz) bei Pia durch den Unterricht an der Beruflichen Oberschule erworben werden können und daraus folgend, inwiefern diese Pia bei der Bewältigung ihrer Lebenssituation unterstützen

Die **Selbstkompetenz** eines Menschen umfasst die Fähigkeit, mit sich selbst und seinem eigenen Leben umgehen zu können. Die Person muss also mit sich selbst zurechtkommen, ihr eigenes Leben gestalten und Verantwortung für eigene Handlungen übernehmen können. Typische Qualifikationen der Selbstkompetenz sind zum Beispiel Konzentrationsfähigkeit, Ausdauer oder Selbstverantwortung.
In Pias momentaner Lebenssituation stellen ihre Unkonzentriertheit und nachlassende schulische Leistungen (vgl. Z. 3 f.) ein Problem dar. Dies bedeutet, dass Pias **Konzentration**, eine Qualifikation im Rahmen der Selbstkompetenz, gesteigert werden muss. Ganz im Sinne des kompetenzorientierten Unterrichts an der Beruflichen Oberschule (FOS / BOS) achten Lehrkräfte deshalb darauf, dass die Konzentrationsfähigkeit der Schüler*innen gefördert wird. Dies lässt sich umsetzen, indem sie konzentriert eigenständig Literatur lesen, den Kerngehalt herausfiltern und somit eigene Beiträge recherchieren müssen. Eine erhöhte Konzentrationsfähigkeit trägt dann dazu bei, dass Pia ihre zukünftigen Ziele – Abitur und Studium – erfolgreich meistern wird.
Pias schulische Leistungen haben zudem nachgelassen, da sie neuerdings müde in den Unterricht kommt (vgl. Z. 3). Deshalb ist es wichtig, dass Pias **Selbstverantwortung** gestärkt wird. Die Lehrkräfte der Beruflichen Oberschule achten darauf, dass ihre Schüler*innen regelmäßig und pünktlich zum Unterricht erscheinen, Hausaufgaben erledigen und aktiv im Unterricht mitarbeiten. Von Anfang an wird den Schüler*innen mitgeteilt, welche Konsequenzen ein etwaiges Fehlverhalten, wie Verspätungen oder Schlafen im Unterricht, nach sich ziehen. Es liegt dann in der Selbstverantwortung der Schüler*innen, also auch Pias, nicht verspätet am Unterricht teilzunehmen und ihre

Leistungsbereitschaft durch aktive Mitarbeit im Unterricht zu beweisen. Diese erhöhte Selbstverantwortung kommt ihr zugute, um ihr eigenes Leben in allen Bereichen (Schule/ Studium, eigenständiges Leben in einer Wohngemeinschaft etc.) erfolgreich meistern zu können.
Eine weitere relevante Kompetenz ist die **Sozialkompetenz**. Sozialkompetenz ist dadurch gekennzeichnet, dass eine Person das soziale Leben in verschiedenen Bereichen realisieren kann, z. B. innerhalb von Organisationsformen wie Familie, Kindergarten, Schule und in Beziehungen zu z. B. Familienmitgliedern, Mitschülerinnen und Mitschülern oder Freunden. Typische Qualifikationen der Sozialkompetenz sind etwa Offenheit, Teamfähigkeit oder Konfliktlösefähigkeit.
Auch im Bereich der Sozialkompetenz offenbart sich bei Pia Unterstützungsbedarf, um ihre Lebenssituation zu bewältigen. Als ihre Mutter ihr mitteilt, dass sie nach Berlin ziehen möchte, empfindet Pia dies als Vertrauensbruch (vgl. Z. 20 ff.). Wichtig ist für Pia, dass sie im Zusammenleben mit anderen Menschen in der Lage ist, **Konflikte zu lösen**. In der Beruflichen Oberschule nimmt das Arbeiten von Schülerinnen und Schülern mit unterschiedlichen Mitschülerinnen und Mitschülern in Gruppenarbeiten einen hohen Stellenwert ein. Dies erfordert einen angemessenen Umgang mit diversen Meinungen und ein ausgeprägtes Konfliktlösepotenzial. Eine gut entwickelte Konfliktlösefähigkeit wirkt sich positiv auf die Bewältigung des sozialen Lebens auch außerhalb der Schule aus. So wäre es Pia eventuell möglich, durch Perspektivübernahme den Wunsch ihrer Mutter nach einem Umzug nach Berlin besser nachvollziehen zu können. Somit würde ihr bewusst, dass es sich nicht um einen Angriff gegen sie handelt. Dadurch könnte der Konflikt mit der Mutter gelöst werden.
Als Alternative zu einem Umzug nach Berlin möchte Pia in eine Wohngemeinschaft ziehen (vgl. Z. 28 ff.). Um mit anderen Menschen zusammenzuwohnen, ist es relevant, dass Pia über **Teamfähigkeit** verfügt. Wie bereits oben erwähnt, werden in der Beruflichen Oberschule Kenntnisse häufig über Gruppenarbeiten vermittelt, die eine gute Zusammenarbeit erfordern. Die somit verbesserte Teamfähigkeit könnte Pia ein Leben in einer Wohngemeinschaft erleichtern. In Wohngemeinschaften ist es wichtig, die Bedürfnisse der Mitbewohner*innen wahrzunehmen und zur Umsetzung eines angenehmen Zusammenlebens zusammenzuarbeiten, sei es durch einen gemeinsam erarbeiteten Putzplan oder durch gemeinsame Regelungen bezüglich Ruhephasen, damit auch ausreichend Zeit für das Lernen der Schüler*innen und Studierenden gewährleistet ist.
Zuletzt ist die **Sachkompetenz** zu untersuchen. Diese beschreibt die Fähigkeit im Umgang mit der dinglichen Welt. Eine Person muss demnach die Sachwelt in Bereichen wie beispielsweise Beruf, Politik und Umwelt verstehen und meistern können. Typische Qualifikationen der Sachwelt sind beispielsweise Wissen in Bezug auf Abitur und Studium und die Beherrschung von Arbeitstechniken.
Auch für Pia ist Sachkompetenz von großer Bedeutung. Sie strebt im nächsten Schuljahr ihr Abitur an, um dann studieren zu können (vgl. Z. 24). Voraussetzung für das Bestehen des Abiturs ist es, dass die Berufliche Oberschule die für die Prüfung benötigten **fachlichen Kenntnisse** vermittelt. Dies geschieht durch den Unterricht in diversen Fächern, z. B. Mathematik, Sprachen, Pädagogik/Psychologie. Das angeeignete Wissen ist zudem Grundvoraussetzung für ein späteres Studium, das gewisse Grundlagen, z. B. bezogen auf Fremdsprachenkenntnisse, voraussetzt.

Darüber hinaus ist es im Sinne der Sachkompetenz erforderlich, dass Pia verschiedene **Arbeitstechniken** beherrscht. Im Rahmen des Unterrichts erlernen die Schüler*innen der Beruflichen Oberschule beispielsweise das Recherchieren zu verschiedenen Themen oder das Strukturieren eines Themas. Diese Techniken nützen Pia sowohl beim Erreichen des angestrebten Abiturs, in dem sie etwa für einen Aufsatz ihre Ideen zu einem bestimmten Thema strukturieren muss, als auch bei dem anschließenden Studium, in dem sie immer wieder bestimmte Themen für Referate oder Seminararbeiten recherchieren muss.

Abrundung
Auch wenn die dargestellten Kompetenzen nur in eingeschränktem Maß einen Beitrag dazu leisten können, dass Pia ihre Enttäuschung über die Eltern und deren Pläne bewältigt, so bieten sie dennoch eine grundlegende Unterstützung für Pias neue Lebensphase, das Studium.

Hinweis: Für die Darstellung der drei Kompetenzen können auch andere Qualifikationen in ähnlicher Weise ausgeführt werden.

1 **TIPP** *Gewichtung: 30 %*

Für die Bearbeitung von Teilaufgabe 1 muss das **Zusatzmaterial** herangezogen werden. Dabei ist es sinnvoll, Informationen aus dem Einschätzungsbogen zu nutzen, die herausstechen und relativ klar interpretiert werden können. Somit können anhand des Einschätzungsbogens Informationen über vier Faktoren der „Big Five" gewonnen werden: Offenheit, Gewissenhaftigkeit, Extraversion und Verträglichkeit. Zu Majas emotionaler Stabilität gibt der Einschätzungsbogen keine Hinweise. Da die Aufgabenstellung verlangt, **zwei Dimensionen** zu **beschreiben**, ist es wichtig, in der Theorie zunächst alle Dimensionen zu nennen und nur die beiden verwendeten Dimensionen genauer auszuführen. Dabei müssen beide Seiten der Skala aufgeführt werden und in der Anwendung eine Einschätzung vorgenommen werden, welcher Ausprägungsgrad der Eigenschaft bei Maja vorliegen könnte.
Beginnen Sie Ihre Ausführungen mit einer einleitenden Hinführung und schließen Sie mit einer kurzen Zusammenfassung ab. In der Hinführung können Sie alternativ zu dem vorliegenden Lösungsvorschlag auch den Begriff „Persönlichkeit" definieren.

Erläuterung der Einschätzung von Majas Praktikumsleistungen mithilfe zweier Dimensionen der „Big Five" nach Costa/McCrae

Hinführung

Um aus der Vielzahl von Persönlichkeitseigenschaften eine Charakterisierung des menschlichen Verhaltens vornehmen zu können, ist es nötig, diese auf einige grundlegende Eigenschaften zu reduzieren. So ermittelt das faktorenanalytische Modell von Costa und McCrae einige wenige Faktoren der Persönlichkeit, um eine sinnvolle Klassifizierung der verschiedenen Eigenschaften zu ermöglichen.

Kenntnisse

Wissenschaftler konnten nachweisen, dass es fünf Grundfaktoren der Persönlichkeit gibt, die sie unter den „**Big Five**" zusammenfassten. Sie lassen sich in **fünf Dimensionen** beschreiben, auf denen die Ausprägung einer Persönlichkeitseigenschaft einzuordnen ist: **Offenheit** versus Verschlossenheit, **Gewissenhaftigkeit** versus Schlampigkeit, **Extraversion** versus Introvertiertheit, **Verträglichkeit** versus Unverträglichkeit, **Neurotizismus** versus emotionale Stabilität.

Beschreibung zweier Dimensionen der „Big Five", z. B. „Gewissenhaftigkeit" und „Offenheit" im Hinblick auf das Anwendungsbeispiel

Die **Gewissenhaftigkeit** beschreibt das Ausmaß an Verpflichtung gegenüber Zielen und Aufgaben und äußert sich in einem hohen Maß an Selbstorganisation, Pflichtbewusstsein, Ordentlichkeit, Zielstrebigkeit oder Sorgfalt und Zuverlässigkeit, mit denen Anweisungen befolgt und Aufgaben erledigt werden. Auf der anderen Seite der Skala

findet sich die Nachlässigkeit mit Eigenschaften wie Leichtfertigkeit, Gleichgültigkeit, Planlosigkeit oder Unzuverlässigkeit.
Personen mit einem hohen Maß an **Offenheit** zeigen großes Interesse an neuen Erfahrungen, Eindrücken und Theorien; sie sind zudem offen für kulturelles Geschehen oder Gefühle anderer Personen. Offene Menschen können als fantasievoll, neugierig und gebildet charakterisiert werden, die bestehende Norm- und Wertvorstellungen hinterfragen. Das Gegenteil stellt die Verschlossenheit für neue Erfahrungen dar. Menschen, die sich diesem Ende der Skala zuordnen lassen, werden als beharrlich, traditionsbewusst, unbeweglich, fantasielos oder nüchtern erlebt; sie scheinen sich mit Vertrautem und Bekanntem wohlzufühlen.

Anwendung

Einschätzung der Praktikumsleistungen von Maja in Bezug auf die Dimensionen „Gewissenhaftigkeit" und „Offenheit" mithilfe des Einschätzungsbogens (Zusatzmaterial)

Im Fall Maja lässt sich das Modell der „Big Five" anhand der Beurteilung ihrer Praktikumsleistungen näher erläutern. Maja weist eine hohe Ausprägung der Dimension **Gewissenhaftigkeit** auf. Dies zeigt sich daran, dass sie immer pünktlich ist und Termine und Absprachen einhalten kann (Sozialkompetenz). Des Weiteren erledigt sie Aufgaben regelmäßig zuverlässig, planvoll und selbstständig (Selbstkompetenz). Auch ihr Arbeitsplatz ist immer ordentlich und sie geht stets achtsam mit den Arbeitsmaterialen um (Methodenkompetenz). Dies weist auf ein hohes Pflichtbewusstsein für Aufgaben hin; sie zeigt ein strukturiertes, organisiertes und sorgfältiges Handeln im Praktikum.
Majas **Offenheit** für neue Erfahrungen ist hingegen geringer ausgeprägt. Dies äußert sich dadurch, dass sie einerseits zwar regelmäßig nachfragt, was sie verbessern kann, und setzt die Vorschläge dann um (Selbstkompetenz). Andererseits hinterfragt sie ihr eigenes Handeln jedoch kaum selbstkritisch und konstruktiv, nimmt Kritik kaum an und erkennt das eigene Entwicklungspotenzial nur in geringem Maße (Selbstkompetenz). Auch Nachfragen zu fachlichen Aspekten sowie Signalisieren von fachlichem Interesse und Eigeninitiative erfolgen nur teilweise (Methodenkompetenz). Somit ist im Praktikum ein eingeschränkt geringes vielfältiges Interesse an neuen Erfahrungen, Erlebnissen und Eindrücken, sowie ein geringer kritischer Umgang in Auseinandersetzung mit dem eigenen Handeln zu erkennen; Maja zeigt sich in Teilen unbeweglich und beharrlich.

Abrundung

Mithilfe des „Big Five"-Modells kann eine Beschreibung der Persönlichkeitsdimensionen Majas vorgenommen werden. Eine Erklärung, wie es zur Ausprägung der Eigenschaften kommt, und wie diese verändert werden können, liefert dieses Modell allerdings nicht.

2 **TIPP** *Gewichtung: 45 %*

Diese Aufgabe ist zweigeteilt. Der umfassendere **Teil 1** verlangt das Aufweisen einer Störung auf dem 1. und einer Störung auf dem 4. Axiom. Hierzu muss ein Fallbeispiel konstruiert werden (das Teil der Anwendungsleistung ist). Mit Blick auf den zweiten Teil der Aufgabe bietet sich die Integration wörtlicher Redeanteile an. Im Theorieteil sollten verschiedene Störungen auf den beiden Axiomen genannt werden, wohingegen in der Anwendung nur eine Störung pro Axiom aufgezeigt werden muss.
Im **zweiten Teil** muss in Bezug auf die zuvor dargelegten Störungen verdeutlicht werden, wie diese mithilfe von Ich-Botschaften vermieden werden könnten. Es ist somit wichtig, dass die Störungen in Teil 1 so gewählt werden, dass sie mithilfe einer Ich-Botschaft behoben oder verhindert werden können. Auch hat Teil 2 einen Theorie-Anteil: die Erläuterung des Begriffs „Ich-Botschaften" und die Darstellung ihrer Komponenten.
Führen Sie auch bei dieser Aufgabe mit einer kurzen Einleitung in die Thematik ein, und schließen Sie Ihre Erläuterungen mit einem Fazit ab.

Erklärung der Entstehung einer möglichen Kommunikationsstörung auf der Basis des 1. Axioms und einer weiteren auf der Basis des 4. Axioms nach der Kommunikationstheorie von Watzlawick und Mitarbeitern anhand eines Streitgesprächs zwischen Maja und ihrer Anleiterin

Hinführung

Für ein funktionierendes Zusammenleben ist soziale Kommunikation unabdingbar. Kommunikation dient dazu, Beziehungen zu definieren, Informationen zu vermitteln oder Menschen zu einem bestimmten Verhalten zu bewegen.

Kenntnisse

Begriffsklärungen „soziale Kommunikation" und „Kommunikationsstörungen"

Unter dem Begriff „**soziale Kommunikation**" versteht man in der Psychologie die Vermittlung, die Aufnahme und den Austausch von Informationen, die sachliche Inhalte, Gefühle und Bedürfnisse sein können. Dabei sind an der sozialen Kommunikation immer mindestens zwei Personen beteiligt: ein Sender und ein Empfänger. Ziel einer **erfolgreichen Kommunikation** ist es, durch das Senden einer Botschaft, die gewünschte und beabsichtigte Wirkung beim Empfänger zu erreichen. Gelingt dies nicht, und die beabsichtigte Wirkung bleibt aus, so spricht man von einer **gestörten Kommunikation**.

Grundlagen der Kommunikationstheorie nach Watzlawick und Mitarbeitern; Darstellung des 1. und 4. Axioms und möglicher Störungen

Paul Watzlawick und seine Mitarbeiter verdeutlichen in **fünf Axiomen**, warum eine Kommunikation erfolgreich bzw. gestört verläuft.
Das **erste Axiom** besagt, dass man in einer sozialen Situation nicht nicht kommunizieren kann. Das heißt, jedes Verhalten, selbst das Schweigen, hat in einer sozialen

Situation Mitteilungscharakter. In Bezug auf das erste Axiom bedeutet **gestörte Kommunikation** ein Ignorieren der Kommunikation, z. B. durch Nicht-Eingehen auf das, was der Gesprächspartner sagt. Zu einer Störung kommt es zudem durch eine widerwillige Annahme eines Gesprächs, eine Entwertung einer Aussage oder durch eine Abweisung und einseitige Beendigung der Kommunikation. Auch eine Flucht in Symptome wie Kopfschmerzen oder Müdigkeit führt zu dieser einseitigen Beendigung.
Das **vierte Axiom** bezieht sich auf die verschiedenen Arten einer Mitteilung, die digital und analog sein können. So gibt es zwei Modalitäten, etwas mitzuteilen: durch das Wort, das einem Objekt zugeteilt ist (digital) oder durch eine Entsprechung wie eine Zeichnung, ein Geschenk, Mimik oder Gestik (analog). Störungen auf dem 4. Axiom entstehen, wenn das digitale Mitteilungsmaterial nicht klar zu codieren ist oder das analoge mehrdeutig entschlüsselt werden kann. Auch wenn digitale und analoge Kommunikation nicht übereinstimmen, eine Modalität überwiegt oder sich der Gesprächspartner seiner analogen Modalität nicht bewusst ist, können daraus Konflikten resultieren.

Anwendung
Skizzieren eines Konfliktgesprächs im Mitarbeiterzimmer, z. B.:
Maja ärgert sich über die Einschätzung der Anleiterin: „Wieso haben Sie hier, bei der Selbstkompetenz, ‚kaum' angekreuzt? Da liegen Sie falsch, ich nehme Ihre Kritik doch an!"
Die Anleiterin begründet von diesem Vorwurf genervt: „Als Praktikantin müssen Sie darauf achten, dass die Kinder beim gemeinsamen Frühstücken mit dem Essen am Tisch sitzen bleiben. Das habe ich Ihnen schon mehrmals gesagt, aber Sie setzen es trotzdem nicht um!"
Maja gibt ein genervtes Seufzen von sich und schüttelt den Kopf, weil sie sich ungerecht behandelt fühlt. Trotzdem will sie zeigen, dass sie die Kritik ernst nimmt und antwortet: „Dann steh' ich halt das nächste Mal auf und setze die Kinder höchstpersönlich auf ihren Platz zurück."
Darauf die Anleiterin: „Also hören Sie mal! Was soll denn das jetzt?!"
Maja: „Ach, egal. Ich kümmere mich lieber wieder um meine Aufsicht, das bringt hier eh nix." Sie dreht sich um und entfernt sich von der Anleiterin.

Anhand des Streitgesprächs lässt sich eine **Störung auf dem 1. Axiom** verdeutlichen. Maja scheint sich nicht bewusst zu sein, dass auch ihr Verhalten Mitteilungscharakter hat und zu weiteren Störungen in der Kommunikation zwischen ihr und der Anleiterin führt. Mit dem abrupten Abbruch des Gesprächs (der einseitigen Beendigung), indem sie sich von der Anleiterin entfernt, beachtet Maja nicht, dass es nicht möglich ist, nicht zu kommunizieren, auch wenn sie es versucht. Dadurch bestätigt sie, dass sie sich mit der Kritik nicht konstruktiv auseinandersetzen möchte oder kann, obwohl sie vorgibt, die Kritik der Anleiterin anzunehmen.
Doch auch Majas analoger Kommunikationsanteil im Sinne des **4. Axioms** hat Störungen im Gespräch zwischen ihr und ihrer Anleiterin zur Folge. Das Kopfschütteln in Kombination mit dem Seufzen entwertet die Kritik der Anleiterin und gibt ihr das Gefühl, in ihrer Einschätzung nicht ernst genommen zu werden, obwohl Maja auf digitale

Weise ausdrückt, dass sie die Kritik umsetzen wird. Maja ist sich der analogen Modalität der Nachricht nicht bewusst und löst Empören („Also hören Sie mal!") bei der Anleiterin aus.
Somit wird Majas Ziel, die Bewertung nachvollziehen zu können, oder gar die Meinung der Anleiterin über ihre Selbstkompetenz ändern zu können, nicht erreicht. Das Gegenteil ist der Fall: Maja scheint noch erboster über die Einschätzung, gleichzeitig ist die Anleiterin empört über Majas Verhalten. Zudem fühlt sie sich in ihrer Einschätzung zu Majas Kritikfähigkeit bestätigt, was nicht Majas Absicht war.

Aufzeigen von Ich-Botschaften als Technik gelungener Kommunikation bezugnehmend auf diese Störungen

Kenntnisse

Beschreibung „Ich-Botschaften"

Ich-Botschaften drücken aus, was der Sender denkt, fühlt und meint, und beschreiben seine Bedürfnisse und Ziele. In einer Ich-Botschaft wird das ausgelöste oder erwünschte Verhalten beschrieben, ohne es zu bewerten. Somit wird sich zum einen der Sender seiner eigenen Gedanken, Bedürfnisse oder Befürchtungen bewusst. Aber auch der Partner erkennt, was in seinem Gegenüber vorgeht und kann angemessen darauf reagieren. Zudem vermeiden Ich-Botschaften eine Verteidigungshaltung oder Abwehr des Gegenübers, da es sich um eine Wahrnehmung oder ein Gefühl des anderen handelt, welche beide schwer bestritten werden können. Somit machen Ich-Botschaften das Annehmen einer Information wahrscheinlicher. Zu den Elementen einer gut formulierten Ich-Botschaft gehören eine Sachaussage, eine Gefühlsaussage, Auswirkungen, die eine Situation auf den Sender hat, sowie eine Wunschaussage.

Anwendung

Bezug zu den beschriebenen Störungen

Im Fall Maja wird deutlich, dass sich sowohl die Anleiterin vom Vorwurf *„Da liegen Sie falsch, ich nehme Ihre Kritik doch an!"* als auch Maja von der Einschätzung und der Begründung der Anleiterin *„[...] aber Sie setzen es trotzdem nicht um"* angegriffen fühlen. Maja beendet das Gespräch in der Folge einseitig. Um einer einseitigen Beendigung eines Gesprächs vorzubeugen, könnte eine Ich-Botschaft folgendermaßen eingesetzt werden:
Maja sagt: *„Ich bin enttäuscht über die Einschätzung, dass ich mit Kritik nicht konstruktiv umgehen kann. Das wirft ein ganz schlechtes Bild auf mich und deshalb möchte ich mit Ihnen noch einmal darüber sprechen."*
Auf diese Weise äußert Maja ihr Gefühl (enttäuscht) über den Sachinhalt (zu schlechte Bewertung), die Auswirkungen (schlechtes Bild von ihr), die eine solche Bewertung für Maja haben und ihren Wunsch (Gespräch über Beurteilung).
Die Anleiterin könnte nun präziser erfragen, in welchen Situationen Maja glaubt, Kritik konstruktiv angenommen zu haben, oder mit einer Ich-Botschaft darstellen, wie sie Maja wahrnimmt.
Eine einseitige Beendigung des Gesprächs könnte somit abgewendet und Majas Ziel, eine Begründung für die Einschätzung zu erhalten, erreicht werden.

Ebenso kann eine Störung auf dem 4.Axiom, der Tatsache, dass sich Maja der Wirkung ihrer Gestik nicht bewusst ist, mithilfe einer Ich-Botschaft verhindert werden. Anstatt eines genervten Seufzers und Kopfschüttelns könnte Maja sich folgendermaßen äußern: *„Jetzt bin ich ganz verärgert* (Gefühl). *Ich habe die Situation anders wahrgenommen und es fällt mir schwer, diese Kritik anzunehmen* (Sachinhalt). *Ich würde mir wünschen, dass Sie das nachvollziehen können* (Wunsch).*"* Eine solche Aussage kann die Anleiterin ebenso dazu veranlassen, näher nachzufragen, wie Maja die Situation wahrgenommen hat, ohne sich angegriffen zu fühlen.

Abrundung
Für einen erfolgreichen konstruktiven Umgang mit Konflikten, ist es wichtig, dass sich beide Parteien auf ein klärendes Gespräch einlassen. Dabei ist ein Bewusstsein über die Grundprinzipien gelungener Kommunikation und ein gezielter Einsatz von Gesprächstechniken wie Ich-Botschaften von Nutzen.

3 **TIPP** *Gewichtung: 25 %*

Die Herausforderung dieser Aufgabe besteht darin, die einzelnen Merkmale des Begriffs „**Lernen**" abzuarbeiten und an dem Erwerb einer Kompetenz Majas zu verdeutlichen. Dabei können Sie eine bestehende Kompetenz (z. B. Bereiche der Methodenkompetenz) wählen und erläutern, wie Maja diese erlangte, oder Sie beschrieben, wie Maja eine Kompetenz verbessern kann (z. B. Bereiche der Methodenkompetenz). Es gibt zwei Möglichkeiten des Vorgehens: Es kann zuerst die nötige Theorie zum Begriff „Lernen" vollständig reproduziert und im Anschluss angewandt werden, oder die einzelnen Merkmale werden in Verbindung mit der fallbezogenen Verdeutlichung dargelegt. Empfehlenswert ist der thematische Bezug zu den zuvor dargelegten Fallinhalten aus Teilaufgabe 2, da auf diese Weise keine verständnisstiftenden Fall-Ausführungen nötig sind.

Verdeutlichung des Begriffs „Lernen" anhand einer von Majas Kompetenzen

Hinführung
Der Mensch durchläuft im Laufe seines Lebens zahllose Lernprozesse. Dabei kommt es durch Auseinandersetzung mit der Umwelt zum Erwerb neuer, aber auch zur Änderung bestehender Erlebens- und Verhaltensweisen.

Kenntnisse
Nach dem wissenschaftlichen Verständnis des Begriffs „Lernen", kennzeichnen diesen Prozess verschiedene Merkmale. Die Voraussetzung dafür, dass man von einem Lernprozess sprechen kann, ist eine Erlebens- und Verhaltensänderung. Diese hat die Entstehung neuer oder die Änderung bereits bestehender Erlebens- und Verhaltensweisen zur Folge. Sie weisen eine relative Beständigkeit auf, d. h. das Lernprodukt besteht relativ dauerhaft. Zudem kommt das Erlernte durch Erfahrung mit der Umwelt zustande und wurde nicht allein durch Reifung hervorgerufen. Der Lernprozess besteht weiterhin aus Aneignung, Verarbeitung und Speicherung von Informationen, die das

Erleben und Verhalten verändern. Dieser innerpsychische Prozess ist jedoch nicht beobachtbar. Folglich kann erst an den veränderten Erlebens- und Verhaltensweisen erkannt werden, ob ein Lernprozess stattgefunden hat.

Anwendung

Maja muss während ihres Praktikums bestimmte Kompetenzen erlernen oder verbessern. Eine davon ist die Methodenkompetenz, die beispielsweise voraussetzt, zu fachlichen Aspekten Nachfragen zu stellen, um somit gesteigertes fachliches Interesse und Eigeninitiative zu zeigen (siehe Anlage). So setzt eine Verbesserung dieser Kompetenz, die Maja nur teilweise erwirbt, eine **Änderung von Verhaltens- und Erlebensweisen** voraus. Diese Kompetenz hat Maja erlangt, sobald sie sich informiert, wie die Anleiterin beispielsweise mit Kindern umgeht, die unerlaubt während des Essens aufstehen. Auf diese Weise nimmt Maja neue Handlungsmöglichkeiten (Verhalten) auf und bewertet die Reaktion der Anleiterin auf ungehorsame Kinder als zielführend. Die Chance, Informationen einzuholen und ihre Eigeninitiative zu steigern, lösen in ihr positive Gefühle (Erleben) aus. Eine **relativ dauerhafte Veränderung** dieses Erlebens und Verhaltens besteht, wenn Maja auch bei weiteren auftretenden Unsicherheiten Bereitschaft zeigt, sich bei der Anleiterin Hilfe zu suchen oder Informationen aus Fachliteratur einzuholen. Auf diese Weise erkennt Maja, dass sie ihre Methodenkompetenz durch Ausprobieren selbstständig erweitern kann. Dadurch macht sie die **Erfahrung**, dass ihre erarbeiteten Informationen zum Umgang mit Kindern positive Wirkung zeigen. Durch den Einschätzungsbogen beginnt Maja, sich mit der Frage auseinanderzusetzen, wie sie mehr Eigeninitiative entwickeln kann. Die Anleiterin bietet ihr an, auf sie zuzukommen oder im Internet nach Handlungsmöglichkeiten zu recherchieren (**Aneignung**). Maja verknüpft diese Information mit diesbezüglich bereits gemachten Erfahrungen aus der Schulzeit (**Verarbeitung**) und **speichert** den Weg des Nachfragens und der Internetrecherche zur Vertiefung ihrer Methodenkompetenz als zielführend ab. Majas Lernprozess kann **nicht beobachtet** werden, doch ließe sich an einer weiteren Einschätzung der Methodenkompetenz im Bewertungsbogen eine Verhaltensänderung in Form von gesteigerter Eigeninitiative im Kindergarten erkennen. So würde Maja beispielsweise aktiv bei Problemen im Umgang mit Kindern nachfragen oder eine eigenständige Recherche zu Handlungsmöglichkeiten einleiten und die Ergebnisse mit der Anleiterin besprechen.

Abrundung

Ein abrundender Satz ist nicht unbedingt nötig, da das Ende der Anwendung gleichzeitig auch die Aufgabenstellung abschließt, indem sie einen Ausblick bietet.

AUFGABE I: FALLBESCHREIBUNG

Text Fallbeschreibung „Carla“

Carla, eine befreundete Mitschülerin aus der Parallelklasse der 12. Jahrgangsstufe der Beruflichen Oberschule (FOS/BOS), hat sich seit letztem Jahr stark verändert. An der gemeinsamen Lerngruppe zur Vorbereitung auf das Fachabitur hat sie schon länger nicht mehr teilgenommen. Auf Nachfrage antwortete sie, sie müsse noch das neue Schminkset ausprobieren und dazu Videos (sog. Tutorials) auf ein Videoportal hochladen. Carla ist schon seit Jahren an Mode und Make-up interessiert und ein großer Fan von Influencerinnen, die Videos zu den Themen Mode, Kosmetik und Lifestyle drehen und teilweise bereits Millionen Fans haben. Einige Influencerinnen sind so erfolgreich, dass sie bereits verschiedene Preise und auch Gastrollen in Filmen oder Musikvideos erhalten haben. In den sozialen Netzwerken bekommen sie große Aufmerksamkeit und viele „Likes“. Carla sagt, für sie seien diese Stars fast wie echte Freundinnen, so oft sehe sie sich deren Videos an. Seit diesem Jahr hat Carla sogar ihren eigenen Beauty-Kanal auf einer bekannten Plattform eingerichtet. Dabei halfen ihr auch Fertigkeiten, wie beispielsweise der Umgang mit der Videoschnittsoftware, die sie sich im „Video“-Arbeitskreis ihrer Schule aneignete. Carla testet und bewertet nun ebenfalls regelmäßig Kosmetik aller Art. Sie möchte unbedingt ein Internetstar werden oder zumindest durch ihre Videos ihren Lebensunterhalt verdienen können. In ihren Beauty-Kanal investiert Carla zwar sehr viel Zeit und Geld, aber die eigenen Produktionen machen sie auch zufrieden und glücklich.

Seit einiger Zeit jedoch wirkt Carla bedrückt und niedergeschlagen. Sie machen sich Sorgen und sprechen Carla diesbezüglich an. Daraufhin erzählt sie:

„Ich habe leider etwas total Dummes angestellt. Für meinen Beauty-Kanal benötige ich eine große Anzahl an Produkten, um diese testen und vorstellen zu können. Leider bekomme ich noch keine Kosmetikartikel gesponsert, sodass ich viel Geld dafür ausgeben muss. Um Geld zu sparen, habe ich in Drogerien einige Produkte gekauft, jedoch immer auch zwei bis drei Sachen einfach eingesteckt, ohne diese zu bezahlen. Die Versuchung war so groß und diesen schönen Dingen konnte ich einfach nicht widerstehen. Ich wollte diese Produkte einfach unbedingt haben und für meine Videos verwenden.

Ich weiß, eigentlich sollte man nicht stehlen, aber es waren ja immer nur zwei, drei Produkte. Ich dachte mir, für so eine große Drogeriekette sollte das doch kein Problem sein. Außerdem haben auch berühmte Internetstars schon geklaut. Es war so einfach, etwas zu stehlen, weil nie Verkaufspersonal in der Nähe war. Ein halbes Jahr ist das gut gegangen, doch vor drei Monaten wurde ich erwischt. Meine Gerichtsverhandlung steht nun an und ich merke jetzt erst so richtig, was ich mir da eingebrockt habe. Manchmal möchte ich einfach davonlaufen, weil mir das alles über den Kopf wächst. Ich weiß nicht, was ich mir dabei gedacht habe. Aber letztlich habe ich eigentlich nichts Schlimmes verbrochen."

Nachdem Sie Carla einige Wochen lang nicht gesehen haben, erfahren Sie von ihr, dass die Situation für sie sehr belastend war. Ihre Eltern waren aufgrund der Diebstähle zunächst wütend. Nun unterstützen sie Carla in dieser Situation, weil diese über ihr Fehlverhalten nachgedacht hat und es inzwischen bereut. Auch ihre Freunde geben ihr Halt. Carla wirkt auf Sie nun nicht mehr so niedergeschlagen, sondern eher zuversichtlich. Kein Wunder, denken Sie sich, Carla war schon immer eine optimistische und positive Person.

Teilaufgaben zur Fallbeschreibung „Carla"

1 *Einige Internetstars haben großen Einfluss auf Carlas Verhalten.*

Erklären Sie Carlas Erleben und Verhalten mithilfe der Aufmerksamkeitsprozesse sowie zweier Erwartungshaltungen der sozial-kognitiven Theorie nach Bandura.

(Gewichtung: 35 %)

2 *Über einen Zeitraum von einem halben Jahr begeht Carla Diebstähle.*

Erklären Sie Carlas Erleben und Verhalten (ab Z. 22) mithilfe des Instanzenmodells nach Freud. Gehen Sie dabei auch auf einen Abwehrmechanismus ein.

(Gewichtung: 45 %)

3 *Risikoverhalten und Schutzfaktoren beeinflussen Carlas Entwicklung.*

Verdeutlichen Sie Carlas Vulnerabilität und Resilienz.

(Gewichtung: 20 %)

AUFGABE II

Gustav, 17 Jahre, ist Schüler der Beruflichen Oberschule (FOS/BOS) und befindet sich gerade im Praktikum in einer Kindertageseinrichtung. Er erhält den Auftrag, die Kinder in verschiedenen Situationen zu beobachten. Dabei fällt ihm auf, dass einzelne Kinder wenig Interaktion mit den übrigen Kindern zeigen, sich oft zurückziehen und eher unsicher wirken. Andere Kinder werden dagegen schnell zornig und aggressiv.

Teilaufgaben

Beachten Sie, dass zur Bearbeitung der Teilaufgaben die Weiterentwicklung der oben beschriebenen Situation erforderlich ist.

1 *Die Kinder werden meist von ihren Eltern in die Kindertageseinrichtung gebracht.*

Verdeutlichen Sie am Beispiel einer solchen „Bringsituation" in einer Kindertageseinrichtung das unterschiedliche Erleben und Verhalten zweier Kinder aufgrund verschiedener Bindungserfahrungen.

(Gewichtung: 20 %)

2 Erläutern Sie Wahrnehmung als subjektiven Konstruktionsprozess mit biologischen, psychologischen und soziokulturellen Einflussfaktoren am Beispiel von Gustav. Beziehen Sie sich dabei auch auf die Anlage.

(Gewichtung: 35 %)

3 Entwickeln Sie im Rahmen eines verhaltensorientierten Konzepts auf Grundlage einer Lerntheorie zwei Vorgehensweisen, wie Gustav ein Kind in seiner Entwicklung unterstützen kann. Beschränken Sie sich auf die Schritte Planung und Verhaltensmodifikation.

(Gewichtung: 45 %)

Anlage zu Aufgabe II

Quelle: © dta international

Lösungsvorschlag

Aufgabe I

1 **TIPP**

In den einleitenden Gedanken sollten Sie die sozial-kognitive Theorie Banduras thematisch einordnen. Sie können hier auch bereits darauf eingehen, dass nicht das komplette Konzept, sondern lediglich ausgewählte Teilaspekte erläutert werden sollen. Dennoch ist es sinnvoll, in der Theorie eine knappe Beschreibung des Modells vorzunehmen, um die Aufmerksamkeitsprozesse und Erwartungshaltungen einordnen zu können. Es folgt die Bearbeitung der Aufgabe im Reißverschlussverfahren, d. h. die Bedingungen der Aufmerksamkeit und die zwei Erwartungshaltungen werden nacheinander **theoretisch dargelegt** und gleich **am Fallbeispiel belegt**. Eine weitere Möglichkeit ist die komplette Wiedergabe der Theorie und im Anschluss die Anwendung dieser am Fallbeispiel.

Einleitende Gedanken
Menschen lernen eine Vielzahl von Erlebens- und Verhaltensweisen durch die Beobachtung und Nachahmung von Vorbildern. Diese werden in der Psychologie Modelle genannt. In der sozial-kognitiven **Lerntheorie** nach A. Bandura wird der Prozess des Modelllernens beschrieben, bei dem Individuen als Folge der Beobachtung des Verhaltens anderer, ihr eigenes Verhalten und/oder Erleben relativ dauerhaft verändern. Das Ergebnis dieses aktiven, kognitiv gesteuerten Lernprozesses ist entweder die Aneignung neuer und/oder die Veränderung bereits bestehender Verhaltensmuster.

Allgemeine Fachkenntnisse zum Modelllernen
Lernen am Modell findet in zwei Phasen statt: der Aneignungsphase und der Ausführungsphase. Diese unterteilen sich in weitere Teilprozesse, wobei die erste Phase Aufmerksamkeits- und Gedächtnisprozesse umfasst und die zweite Phase durch Reproduktionsprozesse sowie Motivations- und Bekräftigungsprozesse gekennzeichnet ist. Bandura vertritt jedoch die Ansicht, dass die Motivation sich nicht nur in der Ausführungsphase niederschlägt, sondern auch die Aneignungsphase maßgeblich beeinflusst. Zum einen begünstigen verschiedene Bedingungen die Aufmerksamkeit für die Beobachtung des Modellverhaltens. Zum anderen geht es darum, dass schon das alleinige Erwarten der Bekräftigung zum Beobachten (und Nachahmen) des gezeigten Verhaltens motiviert. Im Folgenden soll nun der Fokus auf die **Bedingungen der Aufmerksamkeit** sowie zwei ausgewählte **Erwartungshaltungen** gelegt werden.

Begründung für die Modellwirkung der Influencerinnen auf Carla
Im Rahmen der Aneignungsphase treten die Aufmerksamkeitsprozesse ein, bei denen der Beobachter die Aufmerksamkeit auf die für ihn relevanten Bestandteile des Modellverhaltens legt. Die gezielte Beobachtung ist abhängig von der **Persönlichkeit des Modells**. Menschen, die als sympathisch empfunden werden, Ansehen genießen oder einen hohen Status aufweisen, ziehen Aufmerksamkeit auf sich. Im Fallbeispiel haben die Influencerinnen, denen Carla auf einem Videoportal folgt, Modellwirkung auf die Schülerin. Sie richtet ihre volle Aufmerksamkeit auf die Video-Tutorials, aus denen sie lernen möchte, um ihren eigenen erfolgreichen Beauty-Kanal zu erstellen. Die Influencerinnen gelten als attraktive Modelle für Carla, da sie die gleichen Interessen wie „Mode, Kosmetik und Lifestyle" (Z. 7) vertreten und „teilweise bereits Millionen Fans haben" (Z. 8). Sie genießen somit hohes Ansehen unter den Followern und haben durch „Preise und auch Gastrollen in Filmen oder Musikvideos" (Z. 9 f.) einen hohen Status erlangt. Dies zeigt sich auch durch die vielen „Likes" (Z. 11), die sie erhalten.
Zudem beeinflussen die **Persönlichkeitsmerkmale des Beobachters** den Erfolg des Modelllernens. Dabei spielen das Interesse des Lernenden und dessen Bedürfnisse nach Orientierung und Anerkennung eine entscheidende Rolle. In den Tutorials wird Carlas Interesse für „Mode und Make-up" (Z. 6) angesprochen und ihr Bedürfnis nach Orientierung und Anerkennung durch den dringlichen Wunsch, selbst „ein Internetstar [zu] werden" (Z. 16 f.) gestillt. So wird ihr in den Videos gezeigt, wie ein professionelles Video auszusehen hat. Die stellvertretende Bekräftigung der Modelle durch die Fans stellt ihr die Anerkennung in Aussicht, nach der sie strebt (Ergebniserwartung).
Damit Beobachtungslernen stattfinden kann, ist eine von Wertschätzung und Verstehen geprägte **Beziehung zwischen Modell und Beobachter** von Vorteil. Zudem muss dem Modell vom Beobachter eine erhöhte Aufmerksamkeit entgegengebracht werden, sodass das Verhalten sich begünstigend auf den Lernerfolg auswirken kann. Obwohl Carla die Influencerinnen noch nicht persönlich getroffen hat, empfindet sie diese fast als „echte Freundinnen", da sie die Videos sooft ansieht, dass die Stars ihr sehr vertraut geworden sind. Die gute Beziehung hat somit einen positiven Effekt auf die Aufmerksamkeit, mit der Carla ihre Vorbilder beobachtet, und wirkt sich günstig auf den Lernerfolg aus.
Zuletzt sind die **Situationsbedingungen** zu nennen. Diese beeinflussen die Wahrnehmung positiv, wenn das Verhalten des Modells stark auffällt, der Lernende sich Vorteile vom Beobachten verspricht, oder er sich in einem mittleren Erregungszustand befindet. Einige Influencerinnen sind bereits über die Branche der Schmink-Tutorials hinaus bekannt und sogar „in Filmen oder Musikvideos" (Z. 9 f.) zu sehen, was ihre Auffälligkeit bei Carla erhöht. Auch hat Carla die Möglichkeit, sich die Videos wiederholt anzusehen (vgl. Z. 12), und kann von ihnen lernen. Ihr mittlerer Erregungszustand, der sich aus dem eigenen Vorankommen durch Produktionen und dem Streben nach Erfolg mit dem Beauty-Kanal ergibt (vgl. Z. 16 ff.), begünstigt das genaue Beobachten ihrer Stars.
Die Aufmerksamkeit und Motivation zur Umsetzung des beobachteten Verhaltens wird auch erhöht, wenn das Modell sich Vorteile von der Nachahmung verspricht. Dabei spricht Bandura von **Erwartungshaltungen** des Beobachters und unterscheidet die Ergebniserwartung, Kompetenzerwartung und Aussicht auf Selbstbekräftigung.

Ergebniserwartungen werden all jene Konsequenzen genannt, die sich der Beobachter vom Nachahmen einer Verhaltensweise verspricht, wobei diese nicht unweigerlich eintreffen müssen. So erwartet sich Carla von dem exakten Beobachten der Influencerinnen, denen sie nacheifert, dass sie lernt, wie man ein Internetstar wird (vgl. Z. 16 f.) oder zumindest gute Beauty-Tutorials produziert, um damit später „ihren Lebensunterhalt [zu] verdienen" (Z. 17).
Schätzt der Beobachter seine eigenen Fähigkeiten und Fertigkeiten für die Reproduktion eines beobachteten Verhaltens als geeignet ein, so spricht man von einer hohen **Kompetenzerwartung**. Carla weist diese Erwartungshaltung auf, denn sie ist der Meinung, dass sie die „Fertigkeiten, wie beispielsweise der Umgang mit Videoschnittsoftware, die sie sich im „Video"-Arbeitskreis ihrer Schule aneignete" (Z. 14 f.) gut nutzen kann, um ihren eigenen Beauty-Kanal erfolgreich zu gestalten.

Hinweis: In ähnlicher Weise kann alternativ die Aussicht auf Selbstbekräftigung ausgearbeitet werden.

2 **TIPP**

In den einleitenden Gedanken sollten Sie das Instanzenmodell in die Lehre Sigmund Freuds einbetten. Im Theorieteil muss kurz auf die **Grundannahmen der Psychoanalyse** eingegangen werden (topografisches Modell, Trieblehre) und dann das **Instanzenmodell** beschrieben werden. Wichtig ist es im Folgenden, den **Zusammenhang** zwischen der Dynamik der Instanzen, der ICH-Schwäche, Angst und Abwehr **herauszuarbeiten**.
Die Gewichtung von 45 % weist darauf hin, dass diese Aufgabe die umfassendste Bearbeitung erfordert. Dennoch sind im Hinblick auf die Fallarbeit Schwerpunkte in der (fachtheoretischen) Ausführung zu setzen.

Einleitende Gedanken
Der Tiefenpsychologe Sigmund Freud hat mit der Psychoanalyse eine umfassende Theorie geschaffen, die neben Annahmen zum Unbewussten und der Trieblehre auch das Instanzenmodell, ein Persönlichkeitsmodell, umfasst.

Darstellung der relevanten Annahmen der psychoanalytischen Theorie
Freud geht davon aus, dass ein Großteil menschlichen Erlebens und Verhaltens durch unbewusste Vorgänge (Triebe, Ängste, Bedürfnisse …) beeinflusst wird. Der Mensch ist somit ein determiniertes Wesen, das danach strebt, die Triebwünsche zu befriedigen und somit durch Triebabfuhr seine inneren Spannungen zu vermindern.
Auch im **Instanzenmodell** spielen unbewusste Prozesse und Triebwünsche eine wesentliche Rolle und bestimmen die Konstitution der Persönlichkeit. Als Persönlichkeit wird die Gesamtheit der psychischen Eigenheiten einer Person bezeichnet, die sich im ES, ICH und dem ÜBER-ICH ausdrückt. Das Leben des Menschen besteht in einer ständigen Auseinandersetzung zwischen den drei Instanzen und der Realität.

Die Persönlichkeitsinstanzen entwickeln sich nacheinander in der frühen Kindheit, wobei das **ES** als älteste Instanz gilt und von Geburt an vorhanden ist. Sie wird von primären Bedürfnissen wie Schlaf, Hunger oder Sexualität beherrscht und verlangt nach sofortiger Befriedigung der Libido. Die Vorgänge können unmoralisch und irrational sein und dulden keinen Aufschub, sondern streben nach der lustvollen Spannungsabfuhr. Somit folgt das ES dem Lustprinzip.
Das **ICH** hat die Aufgabe, eine Beziehung zur Außenwelt herzustellen und leistet somit eine bewusste Auseinandersetzung mit der **Realität** (Beschaffenheit und Anforderungen der Außenwelt). Dabei entwickeln sich die dafür notwendigen kognitiven Fähigkeiten und Funktionen (Denken, Handeln, Urteilen ...). Ohne das nach dem Realitätsprinzip handelnde ICH würde das ES nur nach blinder Triebbefriedigung streben. Eine wichtige Aufgabe ist es dementsprechend, zwischen äußeren Reizen und inneren Impulsen zu unterscheiden.
Das **ÜBER-ICH** umfasst alle Wert- und Normvorstellungen und führt das ICH im Sinne der in einer Gesellschaft geltenden Moral. Das ÜBER-ICH verkörpert das Gewissen, seine Ansprüche gehorchen dem Moralitätsprinzip. Es legt einen strengen moralischen Maßstab an, vertritt Gesetze, Verbote, Gebote, Regeln und Normen mit dem Ziel der Vervollkommnung des ICH (ICH-Ideal).
Die drei Instanzen stehen in einer **dynamischen Beziehung** zueinander. Das **ES** kündigt seine Wünsche und Bedürfnisse beim ICH an. Das **ÜBER-ICH** bewertet diese und weist das ICH an, sie zuzulassen oder zu verwehren, wenn sie den moralischen Vorgaben nicht entsprechen. Je nach Stärke der Gefühle, die es entwickelt wie beispielsweise Gewissensbisse oder Schuldgefühle, entscheidet sich, ob das ICH die Wünsche des ES verwirklichen kann oder nicht. Das ICH hat somit die Aufgabe, die Triebimpulse unter Beachtung der Gebote und Verbote unter günstigen Umständen zu befriedigen. Dabei leistet es eine bewusste Auseinandersetzung mit der **Realität**, die zusätzlich vom ICH überprüft wird, um dann zu entscheiden, ob der Triebwunsch zugelassen werden kann. Gelingt es dem ICH auf Dauer, die Vorstellungen des ÜBER-ICHs und die Forderungen des ES mit den Erfordernissen der Realität weitgehend in Einklang zu bringen, kann sich eine ICH-Stärke entwickeln. Ist dies nicht möglich, liegt ein Ungleichgewicht der Instanzen mit der Realität vor, wodurch langfristig eine **ICH-Schwäche** hervorgerufen wird.
Eine ICH-Schwäche führt zu innerpsychischen Spannungen wie Unsicherheiten, Angespanntheit und Reizbarkeit, die seelische Fehlentwicklungen mit sich bringen und sich auf Dauer in Angst manifestieren. Je nachdem, ob das ES, das ÜBER-ICH oder die Anforderungen der Realität das ICH dominieren, unterscheidet Freud drei **Grundformen der Angst:** die Gewissensangst, die neurotische Angst und die Real-Angst. Bei der **neurotischen Angst** fürchtet das ICH, dass es von den Ansprüchen des ES überwältigt wird. Bei der **Real-Angst** besteht eine große Furcht vor den Konsequenzen der Außenwelt, die eine tatsächliche Bedrohung wie Ablehnung, Bestrafung oder Verurteilung darstellen können. Um bedrohliche Erlebnisinhalte abzuwehren und weitgehend unbewusst zu machen, um auf diese Weise die Angst zu verringern, setzt das ICH sogenannte **Abwehrmechanismen** ein. Als möglichen Abwehrmechanismus beschreibt Freud die **Identifikation**. Die Angstabwehr gelingt durch die Gleichsetzung

mit anderen Personen höheren Rangs wie beispielsweise Internetstars, was zur Erhöhung des eigenen Selbstwertgefühls führt.

Erklärung des Erlebens und Verhaltens von Carla mithilfe des Instanzenmodells und Verdeutlichung eines Abwehrmechanismus'

Am vorliegenden Fallbeispiel Carla kann die Dynamik der Persönlichkeit und die daraus resultierende Angst und Abwehr verdeutlich werden. Carlas **ES** meldet den dringenden Wunsch, „ein Internetstar [zu] werden" (Z. 16); dafür muss sie die teuren Kosmetikprodukte unbedingt besitzen und nutzen (vgl. Z. 23). Da Carla sich die Produkte in diesem Umfang jedoch nicht leisten kann, suggeriert ihr ES, diese zu stehlen, um das Bedürfnis schnell und kostengünstig stillen zu können. Carlas **ÜBER-ICH** verbietet dies, denn es sagt ihr, dass man „eigentlich […] nicht stehlen [sollte]" (Z. 30), doch kann sich gegenüber den Triebimpulsen nicht durchsetzen. Ihre Schuldgefühle sind nicht besonders stark ausgeprägt, da sie immer nur zwei bis drei Artikel gestohlen hat (vgl. Z. 26). Ihrer Ansicht nach stellt dies kein Problem für große Drogerieketten dar (vgl. Z. 31 f.). Auch eine Analyse der Realität nimmt Carlas ICH vor, bevor es eine Entscheidung fällt und im Anschluss danach handelt. Diese Analyse wirkt sich begünstigend auf den Diebstahl der Produkte aus, denn Carla erhält kein Sponsoring für die Kosmetikprodukte, weshalb sie hohe Ausgaben hat (vgl. Z. 24 f.). Zudem erwies es sich als sehr einfach, etwas zu stehlen, „weil nie Verkaufspersonal in der Nähe war" (Z. 33) und sie ein halbes Jahr ohne Konsequenzen davongekommen ist (vgl. Z. 33 f.). Somit geht Carla davon aus, dass sie auch weiterhin unbescholten mit dem Diebstahl leben würde. Ihr ICH ist zu schwach, sich gegenüber den Triebimpulsen durchzusetzen, was anhand ihrer Aussagen „Die Versuchung war so groß" (Z. 27), „konnte ich einfach nicht widerstehen" (Z. 27 f.), und „Ich wollte diese Produkte einfach unbedingt haben" (Z. 28) erkennbar ist. Zudem fällt es ihrem ICH schwer, einen Kompromiss zwischen dem Wunsch, die Produkte zu besitzen, und diese auf legale Weise zu erlangen, zu finden. Sie weist eine ICH-Schwäche auf, bei dem das ES dominiert.

Carla kann der Versuchung zu stehlen (Forderung des ES) nicht widerstehen, da sie die „Produkte einfach unbedingt haben [wollte]" (Z. 28). Dieser Wunsch wird also als übermächtig und somit bedrohlich empfunden. Da Carla unbewusst bedenkt, die Kontrolle über das ES zu verlieren, weist sie eine **neurotische Angst** auf. Als sie schließlich doch beim Stehlen erwischt wird, ist sie gezwungen, über ihr Verhalten und die Auswirkungen nachzudenken. Sie erkennt, welche Folgen der Diebstahl mit sich bringt, und entwickelt zusätzlich eine **Real-Angst**, denn sie muss sich bei einer Gerichtsverhandlung für ihre Taten verantworten (vgl. Z. 34 f.). Am liebsten würde sie „einfach davonlaufen" (Z. 36), weil ihr „das alles über den Kopf wächst" (Z. 36 f.). Damit Carla diese innerpsychischen Spannungen verdrängen kann und sich nicht eingestehen muss, eine Diebin zu sein, die die Anerkennung ihrer Follower nicht verdient, setzt das ICH Schutzmaßnahmen ein, in diesem Fall die **Identifikation**. Sie rechtfertigt ihren Diebstahl damit, dass auch „berühmte Internetstars schon geklaut [haben]" (Z. 32). Dadurch, dass Carla zu diesen aufsieht, verleiht sie ihrem Fehlverhalten Legitimation. So entschuldigt sie die Diebstähle vor sich und anderen, als „nichts Schlimmes" (Z. 38), das keine schwere Strafe verdient hätte. Auf diese Weise verdrängt sie ihre Angst ins Unbewusste.

Zusammenfassend kann festgehalten werden, dass Carlas Verhalten, der Diebstahl, von einem Ungleichgewicht der Persönlichkeitsinstanzen ausgelöst wird, bei dem sich das ICH nicht gegenüber den Wünschen und Bedürfnissen des ES durchsetzen kann. Das daraus resultierende Erleben von Angst, sich einer Gerichtsverhandlung stellen zu müssen und möglicherweise Ansehen bei ihren Followern zu verlieren, ist durch die Realität bedingt und damit wahrscheinlich sogar vorübergehend.

Hinweis: In ähnlicher Weise kann alternativ der Abwehrmechanismus des Widerstands oder der Identifikation sinnvoll am Fall belegt werden.

3 **TIPP**

Neben der Klärung der Begriffe **Resilienz** und **Vulnerabilität** müssen auch die **Schutzfaktoren** differenziert ausgeführt werden, derer es bedarf, um die Resilienz zu beschreiben. Für eine umsichtige Bearbeitung, bei der auch die Vulnerabilität Carlas beleuchtet wird, kann auch auf die Risikofaktoren eingegangen werden. Dies ist aber nicht in umfassender Weise erforderlich, da letztendlich auf eine recht hohe Resilienz Carlas geschlossen werden kann. Die aktuelle Belastung muss aber beschrieben werden. Die Aufgabe wird in einen **Theorie**- und einen **Anwendungsteil** unterteilt, da die zusammenhängende Argumentation v. a. in der Anwendung auf diese Weise besser umzusetzen ist.

Darlegung relevanter theoretischer Fachkenntnisse

Manche Menschen scheint trotz widriger Umstände nichts aus der Balance zu bringen. Sie zeichnen sich durch die Fähigkeit aus, belastende Lebensereignisse erfolgreich zu überstehen, indem sie ihre Funktionsfähigkeit erhalten oder wiederherstellen können. Diese psychische Widerstandsfähigkeit nennt man in der Psychologie **Resilienz**.
Resiliente Menschen zeichnen sich durch eine Vielzahl von **Schutzfaktoren** aus, die sie krisenfest machen. Zum einen besitzen sie **personale Schutzfaktoren**. Das sind Bedingungen, die in der Person selbst liegen. Dazu zählen bestimmte Persönlichkeitsmerkmale (Robustheit, Beständigkeit, Zähigkeit), eine hohe Intelligenz, mit der flexibel auf Umweltveränderungen reagiert und das eigene Verhalten angepasst werden kann, oder eine optimistische Lebensgrundeinstellung. Optimistische Personen lassen sich eher auf veränderte oder neue Lebenssituationen ein und versuchen das Beste daraus zu machen. Auch ein ausgeprägtes Selbstwertgefühl und eine hohe Selbstwirksamkeitserwartung tragen dazu bei, schwierige Situationen besser kontrollieren und somit bewältigen zu können. Zum anderen begünstigen **soziale Schutzfaktoren** die Resilienz. Eine sichere Bindung fördert das Explorationsverhalten des Kindes und bereitet somit besser auf den Umgang mit neuen Erfahrungen vor. Auch ein positives Erziehungsklima, das sich durch Wertschätzung, Echtheit und Verstehen auszeichnet, steigert die Resilienz. Stabile soziale Beziehungen und Unterstützungsnetzwerke sind weitere Faktoren, die helfen, das emotionale Wohlbefinden wiederherzustellen und/ oder zu erhalten.

Das Gegenstück zur Resilienz wird als „**Vulnerabilität**" bezeichnet. Darunter versteht man eine erhöhte psychische Verletzlichkeit, die eine unzureichende Widerstandskraft gegenüber erschwerenden Einflüssen und belastenden Lebensereignissen bewirkt. Kindbezogene Risikofaktoren, wie ein geringes Selbstwertgefühl, oder umweltbezogene, wie Streit in der Familie, begünstigen die Wahrscheinlichkeit, zu erkranken und gefährden eine gesunde Entwicklung. Jedoch weist ein Mensch immer beide Komponenten auf: Risiko- und Schutzfaktoren. Je nach Zusammenwirken dieser Faktoren verläuft die Entwicklung positiv oder negativ; ein kritisches Lebensereignis kann so gut gemeistert werden oder zu Beeinträchtigungen führen.

Verdeutlichung der Resilienz und Vulnerabilität Carlas
Carla sieht sich durch ihr Verhalten mit einer belastenden Lebenssituation konfrontiert; zum einen zeigt sie über längere Zeit das Risikoverhalten, Diebstähle zu begehen (vgl. Z. 26) und zum anderen muss sie sich mit den Folgen der Tat auseinandersetzen. Ihre Eltern sind zunächst wütend auf sie (vgl. Z. 40 f.) und es steht ihr eine Gerichtsverhandlung bevor (vgl. Z. 34 f.). Carla besitzt bei der Bewältigung herausfordernder Situationen eine eingeschränkte Problemlösefähigkeit. Dies zeigt sich durch den Diebstahl als Vorgehen der Wahl, um schnell an kostengünstige Kosmetikprodukte zu kommen, sowie der Aussage, dass sie „einfach davonlaufen [möchte], weil [ihr] das alles über den Kopf wächst" (Z. 36 f.). Auch verzerrt sie die Tatsachen, als sie behauptet, „eigentlich nichts Schlimmes verbrochen" (Z. 37 f.) zu haben, was kritisch im Hinblick auf das Reflexionsvermögen zu betrachten ist. Auf der anderen Seite erkennt Carla schließlich ihren Fehler und bereut die Taten (vgl. Z. 42), was ihre Fähigkeit zur Selbstreflexion und Einsicht demonstriert. Ihre Internetauftritte zeugen von Mut zur Selbstdarstellung und einem gewissen Selbstwertgefühl. Auch ist sie in der Lage, eigene Stärken zu erkennen (vgl. Z. 12 ff.) und bestrebt, weiterhin zielorientiert an ihrem Traum als Beauty-Bloggerin zu arbeiten. Ihre optimistische Lebensgrundeinstellung hilft ihr, neue Zuversicht zu schöpfen und sich trotz des Gerichtstermins nicht unterkriegen zu lassen (vgl. Z. 44 f.). Ihre Freunde kennen sie als „optimistische und positive Person" (Z. 45); so tritt sie auch in dieser schwierigen Zeit auf. Diese Persönlichkeitsmerkmale unterstützen Carlas Widerstandsfähigkeit. Neben diesen personalen Schutzfaktoren sprechen soziale Faktoren für eine starke Resilienz Carlas. Das positive, unterstützende Erziehungsklima durch die Eltern (vgl. Z. 41), sowie verlässliche Freundschaften (vgl. Z. 43) geben ihr Halt, um ihre Funktionsfähigkeit nach der Nachricht des Gerichtstermins wiederherzustellen.
Zusammenfassend kann also von einer hohen psychischen Widerstandskraft Carlas ausgegangen werden. Diese erlaubt es der Schülerin, noch vor der eigentlichen Sanktionierung vor Gericht wieder zuversichtlich in die Zukunft zu blicken.

1 **TIPP**

In den einleitenden Gedanken sollten Sie Bezug auf den Begriff **Bindung** bzw. die verschiedenen **Bindungstypen** nehmen. Man kann sich dabei etwa auf grundlegende Forschung zu diesem Thema beziehen. Von den vier möglichen Bindungstypen muss anschließend lediglich das Erleben und Verhalten zweier Kinder mit unterschiedlichen Bindungserfahrungen erläutert werden. Da in der Beschreibung der Situation Kinder erwähnt werden, die sich zurückziehen oder aggressives Verhalten zeigen, bietet es sich an, dies durch die Wahl des **unsicher- vermeidenden** und des **unsicher- ambivalenten Bindungstypen** aufzugreifen. In dieser Aufgabe ist kein ausführliches Beispiel, sondern lediglich eine Grundsituation vorgegeben, sodass es von Nöten ist, diese Beschreibung zu erweitern und kurz eine beispielhafte „Bringsituation" zu schildern. Je nach Länge der Schilderung können Zeilenangaben hilfreich sein. Dieses Beispiel kann dann im Laufe der Ausarbeitung bei Bedarf noch weiter ausgeführt werden. Achten Sie bei Ihren Ausführungen auf eine zusammenhängende Darstellung.

Einleitende Gedanken

Die Thematik der Bindung steht bereits seit geraumer Zeit im Interesse der Forschung. Die Psychologin Mary Ainsworth entwickelte an der Universität Baltimore den sogenannten „Fremde Situation Test". Dabei wurde die Balance zwischen Bindungs- und Explorationsverhalten des Kleinkindes beobachtet. Ainsworth differenzierte als Ergebnis ihrer Forschung drei Bindungsverhaltensstrategien: „sicher", „unsicher-vermeidend" und „unsicher-ambivalent". Erst später fügten Main und Salomon noch eine vierte Kategorie hinzu, die als „desorganisiertes und desorientiertes Muster" bezeichnet wurde. Im Folgenden sollen die unterschiedlichen Erlebens- und Verhaltensweisen zweier Kinder aufgrund verschiedener Bindungserfahrungen aufgezeigt werden.

Verdeutlichung unterschiedlicher Erlebens- und Verhaltensweisen zweier Kinder aufgrund verschiedener Bindungserfahrungen

Unter **Bindung** versteht man die besondere, enge, relativ dauerhafte und stark emotionale Beziehung zwischen einem Kind und seiner Bindungsperson, die es betreut. Die **Qualität der Bindung** spielt hierbei eine entscheidende Rolle, denn sie bestimmt das Sicherheitsgefühl und das Explorationsverhalten des Kleinkindes. Einer sicheren Bindung entspricht dabei ein aktives Explorationsverhalten eines Kindes, wohingegen eine unsichere Bindung eine Erforschung seiner Umwelt verhindert.

Zur Bestimmung eines Bindungstypen betrachtet man sowohl das Verhalten der Bezugsperson bezogen auf die Bindung als auch das Erleben und Verhalten des Kindes bei einer Trennung. Dies soll durch eine **Schilderung einer beispielhaften „Bringsituation"** in der Kindertageseinrichtung mit unterschiedlichem Erleben und Verhalten zweier Kinder nach dem Weggang der Bindungsperson anschaulich verdeutlicht werden:

*Gustav, 17 Jahre, ist Schüler der Beruflichen Oberschule (FOS/BOS) und befindet sich gerade im Praktikum in einer Kindertageseinrichtung. Am Morgen beobachtet er, wie der kleine Ben von seinem Vater in die Einrichtung gebracht wird. Ben weint sehr, als sein Vater wieder gehen möchte, dieser reagiert darauf jedoch eher unwirsch und sagt ihm, dass er sich nicht „so anstellen" solle, er wisse doch, dass sein Vater arbeiten gehen müsse. Ben weint weiter und da der Vater offensichtlich Schuldgefühle bekommt, versucht er seinen Sohn in den Arm zu nehmen und zu trösten. Ben lässt zwar zu, dass sein Vater ihn hochnimmt, beginnt aber unmittelbar damit, sich zu winden und mit den Füßen zu treten und auf diese Weise seinen Frust an seinem Vater auszuleben. Dieser setzt ihn deswegen irritiert wieder ab. Im Anschluss trifft die kleine Aylin mit ihrer Mutter ein. Obwohl Aylin durch ihre in die Höhe gehobenen Arme signalisiert, dass sie auf den Arm genommen werden möchte, winkt ihre Mutter ihr nur kurz zu und verlässt dann den Raum. Aylin zeigt keine weitere Reaktion auf das Verhalten ihrer Mutter. Sie weint nicht, sondern beginnt zu spielen. Dabei bleibt sie am liebsten für sich und ignoriert die Spielangebote der anderen Kinder oder der Erzieher*innen.*

Bindungserfahrungen eines unsicher-vermeidend gebundenen Kindes
Aylin ist **unsicher-vermeidend gebunden**. Die Reaktionen ihrer Bindungsperson auf Signale sind eher zurückweisend und ablehnend. Aylin versucht, ihrer Mutter zu signalisieren, dass sie auf den Arm genommen werden möchte (vgl. Z. 11). Diese reagiert jedoch ablehnend und winkt ihr nur kurz zu (vgl. Z. 12). Allgemein gibt es weniger feinfühlige, verlässliche und emotional angemessene Reaktionen der Bindungsperson als bei sicher gebundenen Kindern. Dem Kind wird gezeigt, dass es mit seinem Stress allein zurechtkommen muss und keineswegs durch Körperkontakt, wie etwa Aylin (vgl. Z. 11 f.), Unterstützung und Nähe erfahren kann.

Mögliche Erlebens- und Verhaltensweisen des unsicher-vermeidend gebundenen Kindes
Das Kind verhält sich bei der Verabschiedung von den Eltern (Bindungspersonen) abweisend, zeigt den Eltern gegenüber wenig Beachtung oder löst sich schnell von ihnen bzw. protestiert nicht, wenn die Eltern den Raum verlassen. Auch Aylin zeigt keine weitere Reaktion (vgl. Z. 13), auch keinen Protest gegenüber der Trennung von ihrer Mutter. Sie erscheint nach außen hin sehr stabil und stressresistent. Beim vorliegenden Bindungstyp verbirgt das Kind verbirgt gegenüber den Eltern, aber auch den Erzieher*innen und anderen Kindern seine emotionalen Reaktionen, da es gelernt hat, Signale für Stress wie beispielsweise Weinen zu verbergen und vermeintlich „cool" zu bleiben. Es unterdrückt gegebenenfalls auch natürlichen Kontakt, Zuwendungsbedürfnisse zu Gleichaltrigen und Erzieher*innen. Dies ist auch bei Aylin zu beobachten, die es vorzieht, für sich zu bleiben und die Spielangebote anderer Personen (Kinder und/oder Erzieher*innen) ignoriert (vgl. Z. 14 f.).

Bindungserfahrungen des unsicher-ambivalent gebundenen Kindes
Ben ist **unsicher-vermeidend gebunden**. Das Kind erlebt im ersten Lebensjahr eine Bindungsperson, die auf seine Bedürfnisse mit sehr wechselhaftem und widersprüch-

lichem Verhalten reagiert. Sie wechselt hierbei zwischen Feinfühligkeit und Zurückweisung Bens Vater reagiert zunächst unwirsch und zurückweisend, als sein Sohn nicht möchte, dass er geht, und sagt ihm, dass er sich nicht „anstellen solle“ (Z. 3 ff.). Kurz darauf bekommt er aber Schuldgefühle (vgl. Z. 6) und möchte ihn doch in den Arm nehmen und trösten (vgl. Z. 7). Als Ben sich daraufhin unruhig und abwehrend verhält, setzt der Vater ihn irritiert wieder ab (vgl. Z. 9 f.); er weist ihn somit wieder zurück. Das Verhalten der Bindungsperson erweist sich als nicht verlässlich für das Kind.

Mögliche Erlebens- und Verhaltensweisen des unsicher-ambivalent gebundenen Kindes

Auf diese Weise gebundene Kinder zeigen in Trennungssituationen deutlich ihre Angst. Sie weinen und lassen sich schwer beruhigen. Dies ist auch bei Ben der Fall: Er weint sehr, als sein Vater gehen möchte (vgl. Z. 3), und lässt sich auch nicht beruhigen (vgl. Z. 6). Ben zeigt danach ebenfalls widersprüchliches Verhalten: Zwar will er in den Arm genommen und getröstet werden, wehrt sich aber dagegen, indem er sich windet und mit den Füßen nach seinem Vater stößt (vgl. Z. 8 f.).

Hinweis: Alternativ könnten auch die Bindungstypen „sicher“ oder „unsicher-desorganisiert“ in ähnlicher Weise herausgearbeitet werden.

Abrundung

Die soeben aufgezeigten Bindungsmuster müssen nicht universell auftreten. Ein Kind kann zu seinen unterschiedlichen Bezugspersonen unterschiedliche Bindungsstile entwickeln. Die Bindungsmuster sind darüber hinaus situations- und kontextgebunden.

2 **TIPP**

Für die Bearbeitung von Teilaufgabe 2 muss das **Zusatzmaterial** in der Anlage herangezogen werden. Es erscheint sinnvoll, das angegebene Zusatzmaterial zunächst kurz zu **beschreiben** und anschließend auf **Gustavs Wahrnehmung** zu **beziehen**. Auch in dieser Teilaufgabe gilt das selbst verfasste Beispiel aus Teilaufgabe 1 als Grundlage für die weitere Anwendung. Dieses wird im Laufe der Ausarbeitung ergänzt. Alternativ kann ein weiteres Beispiel aus Gustavs Praktikum entworfen werden. Pro Einflussfaktor auf die Wahrnehmung muss für eine umfassende Bearbeitung jeweils mindestens ein Aspekt nur auf Gustav bezogen und mindestens ein Aspekt zusätzlich auf das Material bezogen erläutert werden. Es muss darauf geachtet werden, dass die Einflussfaktoren nicht nur beschrieben werden, sondern auch deutlich wird, dass eine Beeinflussung der Wahrnehmung stattgefunden hat.

Einleitende Gedanken

Wahrnehmung gehört als psychische Funktion zu den Grundlagen menschlichen Erlebens und Verhaltens. Sie erfüllt den primären Zweck, die momentane Situation eines

Menschen aufzunehmen. Im Folgenden soll Wahrnehmung als subjektiver Konstruktionsprozess unter Berücksichtigung der verschiedenen Einflussfaktoren am Beispiel von Gustav erläutert werden.

Erläuterung der Wahrnehmung als subjektiven Konstruktionsprozess mit biologischen, psychologischen und soziokulturellen Einflussfaktoren am Beispiel von Gustav unter Einbezug der Anlage

Wahrnehmung ist der Prozess und das Ergebnis der Informationsgewinnung und -verarbeitung von Reizen aus der Umwelt und dem Körperinneren. Im **Konstruktivismus** gehen die Forscher davon aus, dass das, was wir wahrnehmen, eine Schöpfung unseres Gehirns ist. Das menschliche Gehirn bildet die Welt also nicht ab, wie sie wirklich ist, sondern der Mensch entwirft und formt sich seine eigene Welt. Auch **Gustavs Wahrnehmung** ist subjektiv bzw. konstruiert, wie im Folgenden veranschaulicht wird. Bereits in der Anlage „Die Blinden und der Elefant“ wird deutlich, dass wir oft nur einen Teilbereich der Wirklichkeit wahrnehmen und uns der Blick für das Gesamtbild fehlt.

Zudem sind wir in unserer Wahrnehmung verschiedenen **Einflussfaktoren** ausgesetzt. Dazu gehören **biologische Faktoren:** Von den Reizen, die auf unsere Sinnesorgane treffen, werden nur diejenigen wahrgenommen, die eine bestimmte **Reizschwelle** überschreiten; sie müssen also eine gewisse Stärke haben und die **absolute Schwelle** überschreiten, damit sie überhaupt wahrgenommen werden können. Diese Schwelle ist abhängig von den Sinnesorganen. Außerdem existiert eine **Schmerzschwelle**, die die obere Grenze der Wahrnehmung darstellt. Demnach kann beispielsweise zu starkes Licht oder zu großer Lärm Schmerzempfindungen hervorrufen und somit die Wahrnehmung verfälschen. Gustav kann z. B. nur Äußerungen eines Kindes, die eine bestimmte **Schwelle überschreiten**, wahrnehmen, z. B. leises Schluchzen. Gustav ist darüber hinaus zahlreichen Reizen ausgesetzt und kann aufgrund der **begrenzten Kapazität** der Informationsaufnahme nicht alle Reize gleichzeitig aufnehmen und verarbeiten, sondern beschränkt sich zumeist auf hervorstechende und persönlich relevante Reize. Gustav könnte deshalb eventuell ein schüchternes und zurückhaltendes Kind wie Aylin leicht übersehen, wohingegen ein besonders auffälliges Verhalten eines anderen Kindes wie das Weinen und „Mit-den-Füßen-Treten“ bei Ben sofort bemerkt wird. Bezogen auf das Material in der Anlage lässt sich sagen, dass auch hier die **Einschränkung der Sinnesorgane** (im vorliegenden Fall das Auge) die Wahrnehmung beeinflusst. Die Aufmerksamkeit jeder Einzelperson beschränkt sich nur auf einen Teilbereich der Wirklichkeit (im vorliegenden Fall auf den Elefanten), was subjektiv sehr unterschiedliche Wahrnehmungen (bezogen auf die Körperteile des Elefanten) bedingt; der Gesamtzusammenhang (der Elefant in seiner Ganzheit) wird nicht gesehen bzw. nicht integriert.

Zu den **psychologischen Faktoren** gehören beispielsweise die Erfahrungen, die eine Person gemacht hat und die die Wahrnehmung des Individuums deutlich beeinflussen. Aufgrund **persönlicher Erfahrungen** werden Empfindungen, die von bestimmten Reizen auf Sinnesorgane bzw. Rezeptoren treffen, bewertet. Ähnliches gilt für Gefühle bzw. Stimmungen, Triebe und Bedürfnisse, Einstellungen bzw. Vorurteile, Intelligenz und Begabung sowie Fähigkeiten und Fertigkeiten, die die Wahrnehmung verändern.

Gustav hat eine jüngere Schwester im Alter der Kinder in der Einrichtung (Erweiterung des Fallbeispiels). Diese wird ebenso wie Ben oft schnell zornig. Aus diesem Grund entspricht die Wahrnehmung, dass Kinder rasch aggressiv werden, seinen **Erfahrungen/Erwartungen**. Dies lässt sich auch auf das Bild des Elefanten übertragen: Wenn man einen Teil des Elefanten, z. B. sein Ohr, kennt, erwartet man, dass alles an ihm so ist wie ein „welkes Blatt", also auch alle Kinder schnell zornig werden. Da Gustav oft nicht weiß, wie er sich verhalten soll, wenn seine Schwester aggressiv ist, nimmt er die Reaktionen der Erzieher*innen besonders aufmerksam wahr. Es entspricht seinem **Bedürfnis/Interesse**, mehr über den Umgang mit aggressiven Kindern zu erfahren. Die **Stimmung** beeinflusst die Wahrnehmung ebenfalls: Eigentlich hätte Gustav lieber eine Praktikumsstelle mit älteren Kindern erhalten (Erweiterung des Fallbeispiels), weshalb er besonders genervt ist, dass er sich nun mit aggressiven Kindern „herumschlagen" muss.
Auch **soziokulturelle** Faktoren, also Besonderheiten, die außerhalb der wahrnehmenden Person liegen, beeinflussen die menschliche Wahrnehmung. Dazu zählen gesellschaftliche/kulturelle Gegebenheiten, soziale Wert- und Normvorstellungen sowie andere Personen bzw. Personengruppen oder Medien. Gustavs Wahrnehmung der Aggressionen der Kinder wird durch verschiedene **Personen/Personengruppen** geprägt: Gustavs Eltern etwa bewerten Aggressionen negativ (Erweiterung des Fallbeispiels), was seine Wahrnehmung beeinflusst. Gustav nimmt streitende Kinder schneller und viel stärker wahr und bewertet ihr Verhalten als unpassend. Seine Anleitung hingegen empfindet auch den Ausdruck negativer Emotionen als wichtig und verurteilt das aggressive Verhalten nicht per se. Dies kann ebenfalls Gustavs Wahrnehmung leiten. Hier wird wiederum deutlich, dass jede Person verstärkt ihre eigene Perspektive wahrnimmt, also im übertragenen Sinne nur das ihr bekannte Körperteil des Elefanten (aus der Anlage) sieht und es zur Urteilsbildung heranzieht. Zudem werden die jeweiligen **Wert- und Normvorstellungen** dieser Personen/-gruppen deutlich: In Gustavs Familie werden negative Emotionen wie Aggressionen nach Möglichkeit unterdrückt. (Erweiterung des Fallbeispiels). Beherrschung ist demnach eine wichtige Norm in Gustavs Familie. Deshalb nimmt er aggressive Kinder besonders bewusst wahr. Darüber hinaus liegen **gesellschaftliche/kulturelle Gegebenheiten** vor: In Deutschland stehen extrovertierte Menschen im Mittelpunkt der Medien, weshalb Gustav Kinder, die wenig mit anderen interagieren, bewusster wahrnimmt. Sie entsprechen noch nicht dem Bild einer durchsetzungsfähigen, charismatischen Person und fallen Gustav somit negativ auf.

Hier ist jeweils auch die Darstellung anderer Faktoren und Beispiele denkbar.

Abrundung
Die Einflussfaktoren, die die Wahrnehmung einer Person steuern, sind so individuell wie die Wahrnehmungsergebnisse selbst. Jedes Individuum erlebt somit die Wirklichkeit anders und konstruiert sich sein eigenes Weltbild.

3 **TIPP**

In den einleitenden Gedanken sollten Sie Bezug auf das **verhaltensorientierte Handlungskonzept** und die zugrunde liegende **Theorie** nehmen (im vorliegenden Lösungsvorschlag wird das operante Konditionieren veranschaulicht, aber auch die Verwendung des klassischen Konditionierens wäre möglich). Sie können an dieser Stelle bereits darauf eingehen, dass nicht das komplette Konzept, sondern lediglich der Schritt der **Planung** und **zwei Verfahrensweisen** der Verhaltensmodifikation erläutert werden sollen. Auch wenn die Verhaltensmodifikation noch weitere Schritte umfasst, sind primär die Verhaltensformung (Shaping) und die differentielle Verstärkung als Verfahrensweisen im eigentlichen Sinne zu verstehen, weshalb diese hier erläutert werden. Im Folgenden müssen wesentliche **Begriffe des operanten Konditionierens** je nach Wahl der jeweiligen Verfahrensweise allgemein geklärt werden, z. B. auch Verstärker oder Verstärkung. Bei diesen Vorgehensweisen genügt es nicht, darzulegen, dass das Kind verstärkt wird, sondern ist notwendig, zu erklären, wie die Verstärkung erfolgt. Im Sinne einer Weiterführung des selbst erstellten Beispiels sollten Sie sich in dieser Teilaufgabe auf eines der in Teilaufgabe 1 beschriebenen Kinder beziehen. Im Folgenden wird sich als exemplarische Ausführung auf das zurückhaltende Kind Aylin beschränkt.

Einleitende Gedanken

Lerntheorien wie das operante Konditionieren legen die Annahme zugrunde, dass jedes Verhalten erlernt wurde und somit auch wieder verlernt werden kann. Aus diesem Grund bietet diese Theorie eine gute Basis für ein verhaltensorientiertes Konzept. Das verhaltensorientierte Handlungskonzept ist ein Konzept der Einzelfallhilfe und gliedert sich in die Schritte Analyse, Planung, Handlung und Bewertung. Im Folgenden werden die Schritte Planung und zwei Vorgehensweisen der Handlung/Verhaltensmodifikation erläutert.

Entwicklung zweier Maßnahmen eines verhaltensorientierten Konzepts auf Grundlage einer Lerntheorie zur Unterstützung der Entwicklung eines Kindes

Zu Beginn müssen Informationen, zum Beispiel mithilfe eines Beobachtungsbogens, zur Interaktion der Kinder gesammelt werden. Nach einer ausführlichen Analyse der erhobenen Daten findet auf Basis deren Auswertung und Interpretation die **Planung** eines sinnvollen Vorgehens statt. In einer Kindertageseinrichtung führen die Erzieher*innen – und in unserem Fall auch der Praktikant Gustav – eine Verhaltensanalyse durch, sodass ein Vorgehensplan für die Verhaltensmodifikation ausgearbeitet werden kann. Dieser Plan wird schriftlich dokumentiert.

Gemeinsam im Team werden der **Ist-Zustand** und die Veränderung zum **Soll-Zustand** besprochen. Der Ist-Zustand entspricht dem problematischen Verhalten. In unserem Fall bedeutet dies, dass Aylin – das Kind, das sich zu stark zurückzieht – keinen Kontakt zu anderen Kindern bzw. den Erziehern und Erzieherinnen aufnimmt. Unter dem Soll-Zustand versteht man das erwünschte Verhalten. Dieses umfasst, dass Aylin zukünftig vor allem mit anderen Kindern interagiert.

Handlung/Verhaltensmodifikation auf Basis des operanten Konditionierens:
Exemplarische Weiterentwicklung der Situation:

*Aylin zieht sich in der Freispielzeit von der Gruppe zurück und sitzt immer alleine an einem Tisch. Daraufhin erhält sie die Aufmerksamkeit der Erzieher*innen und vor allem des Praktikanten Gustav, der ihr immer wieder Spielangebote unterbreitet. Aylin nimmt an Tischspielen oder Bastelangeboten weiterhin ungern teil, geht jedoch gerne in den Turnraum und tobt sich dort aus. Auf Lob des pädagogischen Personals spricht das Kind gut an.*

Um Aylin vom Ist- zum Soll-Zustand zu steuern, können verschiedene Methoden eingesetzt werden. Zwei geeignete **Verfahrensweisen** der Verhaltensmodifikation sind das Shaping und die differentielle Verstärkung.
Shaping bezeichnet den schrittweisen Aufbau eines Verhaltes, indem man bereits kleine Schritte in Richtung des Endverhaltens systematisch verstärkt. Das erwünschte Endverhalten bei Aylin besteht in der Interaktion mit anderen Kindern. Dieses soll in fünf Schritten aufgebaut werden.
Zunächst wird jedes Verhalten, das dem gewünschten Endverhalten in jeglicher Art und Weise ähnelt, sofort und regelmäßig verstärkt. Beispielsweise spielt Aylin allein, sitzt aber mit anderen Kindern am Tisch. Dieses Verhalten ähnelt dem gewünschten Endverhalten und wird sofort und regelmäßig durch ein Lob von Gustav verstärkt.
Erst allmählich wird das Verhalten verstärkt, das innerhalb der gewünschten Verhaltenssequenz einen Fortschritt bedeutet. Aylin gelingen die ersten Schritte der Annäherung an das Endverhalten schon sicher: Sie spielt gemeinsam mit dem Personal mit anderen Kindern; dies stellt den erwünschten Fortschritt in der Verhaltenssequenz dar und wird nun durch Anerkennung und Lob durch Gustav und die anderen Erzieher*innen verstärkt.
Im nächsten Schritt werden nur noch die Verhaltensweisen verstärkt, die der letztlich erwünschten Verhaltensweise nahezu entsprechen, bis schließlich das Endverhalten gezeigt wird.
Nur dann, wenn Aylin auch ohne Unterstützung von Gustav oder den Erziehern und Erzieherinnen mit anderen Kindern spielt und interagiert, entspricht dies der letztlich erwünschten Verhaltensweise und wird mit Lob belohnt.
Eine Zeit lang wird das Endverhalten, nämlich, dass Aylin mit anderen Kindern allein spielt, kontinuierlich, d. h. immer, verstärkt. Die Erzieher*innen loben das Kind regelmäßig. Langsam wird zu einer **intermittierenden Verstärkung** (= gelegentliche Verstärkung) durch Lob übergegangen, bis die Belohnung schließlich ganz überflüssig wird und das Verhalten aufgrund von Gewöhnung gezeigt wird. Im vorliegenden Fall spielt Aylin dann allein mit anderen Kindern.
Das erwünschte Endverhalten wird durch Übung und Wiederholung in Form von regelmäßigen Interaktionen und Spielen zwischen den Kindern als Teil des Alltags der Kindertageseinrichtung gefestigt.
Die **sozialen Verstärker**, die zur Verhaltensänderung eingesetzt werden (Lob und Anerkennung), müssen dem Bedürfnis des Kindes entsprechen. Das heißt, Aylin muss

einen Wunsch nach Lob und Anerkennung von Gustav und den Erziehern und Erzieherinnen haben, wie es hier der Fall ist; andernfalls handelt es sich nicht um eine zielführende Verstärkung.

Hinweis: Auch andere Verstärker, z. B. ein Token-System oder andere Beispiele für das verstärkte Verhalten wären hier denkbar.

Eine weitere Möglichkeit stellt die **differentielle Verstärkung** dar. Diese meint das Ignorieren unerwünschten Verhaltens bei gleichzeitigem Verstärken von erwünschten Verhaltensweisen. So wird beispielsweise ignoriert, dass sich Aylin zurückzieht und viel allein spielt. Wendet sie sich allerdings den Erziehern und Erzieherinnen, Gustav oder den anderen Kindern zu und interagiert mit ihnen, wird sie belohnt; dies geschieht beispielsweise dadurch, dass sie (am besten mit anderen Kindern) zum Toben in die Turnhalle darf. Da Aylin sich sehr gerne im Turnraum aufhält, ist dies eine treffende Verstärkung, da sie Aylins Bedürfnissen gerecht wird.

Hinweis: Sollte als Beispiel ein aggressives Kind wie Ben gewählt worden sein, ist darauf zu achten, dass aggressives Verhalten nur insoweit nicht beachtet werden kann, dass kein Schaden an Personen oder Sachen entsteht.

Abrundung

Durch die präzise Planung der Verhaltensmodifikation kann der Soll-Zustand festgelegt und schrittweise erreicht werden. Mithilfe von angenehmen Konsequenzen, die auf das erwünschte Verhalten folgen, wird das Sozialverhalten des Kindes gezielt gefördert.

AUFGABE I: FALLBESCHREIBUNG

Text **Fallbeschreibung „Josi"**

Sie absolvieren ein Praktikum an einer staatlichen Grundschule, wo Sie der Klasse 3b zugeteilt sind. Dort bekommen Sie die Aufgabe, insbesondere die achtjährige Josi, die sehr verschlossen ist, zu unterstützen. Die Klassenleitung berichtet Ihnen, dass Josi zwar im Laufe ihrer Grundschulzeit schon etwas offener geworden ist, sich aber im Vergleich zu ihren Mitschülerinnen und Mitschülern immer noch recht zurückhaltend verhält. Ihre Auffassungsgabe geht hingegen weit über die anderer Kinder gleichen Alters hinaus.

Im Rahmen Ihrer Praktikumstätigkeit beobachten Sie bei Josi Folgendes:

Während des Unterrichts arbeitet sie aufmerksam und konzentriert, sie folgt den Arbeitsanweisungen der Lehrkräfte unverzüglich. Wenn sie morgens das Klassenzimmer betritt, setzt sie sich direkt an ihren Platz, holt ihre Arbeitsmaterialien heraus und beschäftigt sich still, bis der Unterricht beginnt. Josis Heftführung ist meist sauber und vollständig. Nur selten kommt es vor, dass das Mädchen seine Hausaufgaben vergisst. Auf Fragen der Lehrkraft meldet sich Josi kaum, obwohl sie Ihrer Vermutung nach die korrekten Antworten weiß. Auch bei Gruppenarbeiten bringt sich das Mädchen wenig ein und lässt lieber anderen Kindern den Vortritt. Dies fällt besonders dann auf, wenn es um das Präsentieren von Ergebnissen geht. Daher sind Sie auf das Referat gespannt, das Josi am folgenden Tag im Heimat- und Sachunterricht halten soll. Von der Lehrkraft wissen Sie, dass Josi bereits in der vergangenen Woche nachdrücklich, aber erfolglos darum gebeten hatte, das Referat nicht halten zu müssen. Einen weiteren Versuch unternahm Josi nicht.

Am Tag des Referatstermins erkennen Sie schon am Morgen an Josis Gesichtsausdruck, dass sie sich unwohl fühlt. Sie wirkt angespannt und ihre Hände zittern. Immer wieder zerknüllt sie ein Taschentuch zwischen ihren Händen, um sich den Schweiß abzuwischen. Sie registriert nicht einmal, dass ihre Freundin Daniela ihr „Du schaffst das schon!" zuflüstert, weil sie hastig in ihren Sprechkarten blättert. Vor Beginn des Unterrichts fragt Josi, ob sie kurz nach draußen gehen könne, da sie Bauchschmerzen habe. Sie begleiten das Mädchen und nutzen die Gelegenheit für ein Gespräch unter vier Augen. Josi erzählt Ihnen: „Ich habe solche Angst vor der Klasse zu sprechen. Die anderen Kinder machen sich über mich lustig. Das sehe ich an ihrem komischen Grinsen, wenn ich etwas sage." Sie erwidern: „Ein Grinsen kann viele Ursachen haben. Ich habe den Eindruck, dass du eigentlich bei deinen Mitschülern ganz beliebt bist." Doch Josi schüttelt nur den Kopf und bittet Sie, sich aufgrund ihrer Bauchschmerzen abholen lassen zu dürfen. Nach Rücksprache mit der Lehrkraft wird die Mutter informiert und Sie warten daraufhin mit Josi im Sekretariat, bis sie abgeholt wird. Der Referatstermin wird um eine Woche verschoben.

Als Josi in der nächsten Woche ihr Referat nachholen soll, wird sie morgens von ihren Eltern krankgemeldet, denn sie klagt über Bauchschmerzen. Als Josi wieder in die Schule kommt, verkündet sie bereits zu Beginn einer Gruppenarbeit, dass sie die Ergebnisse nicht präsentieren könne. Ihre Bauchschmerzen seien immer noch nicht ganz verschwunden. Daraufhin erklärt sich ein anderes Gruppenmitglied bereit, die Präsentation zu übernehmen.

Teilaufgaben zur Fallbeschreibung „Josi“

1 *Wissenschaftliche Psychologie versucht das Konstrukt „Persönlichkeit“ zu erfassen.*

a Zeigen Sie am Beispiel von Josi die zentralen Merkmale des Begriffs „Persönlichkeit“ auf.

b Erläutern Sie zwei Dimensionen der „Big Five“ nach Costa/McCrae am Beispiel von Josis Persönlichkeitsstruktur.

(Gewichtung: 35 %)

2 Erklären Sie die Entstehung und Aufrechterhaltung von Josis Verhalten, über Bauchschmerzen zu klagen, mithilfe relevanter Annahmen des operanten Konditionierens nach Thorndike und Skinner.

(Gewichtung: 40 %)

3 Verdeutlichen Sie die Komponenten von Emotion am Beispiel von Josis Angst vor dem Referat.

(Gewichtung: 25 %)

AUFGABE II

Ihre künstlerisch begabte Freundin Kim besucht die 13. Klasse der Fachoberschule in der Ausbildungsrichtung Sozialwesen. Schon seit einiger Zeit fällt Ihnen auf, dass Kim nur noch zu Hause sitzt und stundenlang lernt, um keine schlechte Note zu schreiben. Kims Eltern sind beide Ärzte und erwarten von ihr, dass sie ebenfalls Medizin studiert, um später einmal deren Praxis übernehmen zu können. Sie wissen, dass Kim eigentlich lieber Erzieherin werden möchte, doch ihre Eltern wollen von diesem Berufswunsch nichts hören.
Sie machen sich einerseits Sorgen um Ihre Freundin, andererseits beschweren Sie sich auch bei ihr darüber, dass sie gar keine Zeit mehr für gemeinsame Unternehmungen hat.

Teilaufgaben

Beachten Sie, dass zur Bearbeitung der Teilaufgaben die Weiterentwicklung der oben beschriebenen Situation erforderlich ist.

1 Zeigen Sie den Prozesscharakter von Motivation am Beispiel von Kims Leistungsmotivation auf.

(Gewichtung: 25 %)

2 *Die Bildung des Selbstkonzepts steht in engem Zusammenhang mit dem Verhalten von Bezugspersonen.*

Erklären Sie mithilfe relevanter Annahmen der personenzentrierten Theorie nach Rogers das Erleben und Verhalten von Kim. Verdeutlichen Sie dabei, wie sich ein starres Selbstkonzept von Kim entwickelt haben könnte.

(Gewichtung: 50 %)

3 Erläutern Sie die drei Entwicklungsbedingungen anhand Kims Lebenssituation. Gehen Sie dabei auch auf das Zusammenwirken von zwei Entwicklungsbedingungen ein.

(Gewichtung: 25 %)

Lösungsvorschlag

Aufgabe I

1 **TIPP**

Diese erste Teilaufgabe ist in die Bereiche „Merkmale des Begriffs Persönlichkeit" und „Dimensionen der Big Five" unterteilt. Aus diesem Grund ist es sowohl möglich, eine ausführliche Einleitung an den Anfang zu stellen und im Anschluss bei Aufgabe 1 b lediglich eine kurze Überleitung zu diesem Teilbereich einzufügen – wie im vorliegenden Lösungsvorschlag –, als auch jeweils eine passende Einleitung zu schreiben. In der Teilaufgabe 1 a werden lediglich die Merkmale Einzigartigkeit, Stabilität und Veränderbarkeit ausgeführt. Es wäre jedoch auch möglich, die Auswirkungen der Persönlichkeitsstruktur auf Erleben und Verhalten sowie die Betrachtung einer Persönlichkeit als gedankliches Konstrukt miteinzubeziehen. In der Teilaufgabe 1 b werden anschließend zwei Dimensionen exemplarisch näher ausgeführt, auch andere Dimensionen – vor allem der Faktor Extraversion – könnten hier in ähnlicher Qualität dargestellt werden. Die Wahl der Dimension der Offenheit ist wenig geeignet, da es sich dabei um die Aufgeschlossenheit gegenüber Erfahrungen handelt und im Text primär die Offenheit/Verschlossenheit gegenüber anderen Menschen behandelt wird.
Die Bearbeitung kann entweder so aufgebaut werden, dass zunächst lediglich die Theorie dargestellt wird und diese anschließend am Fallbeispiel veranschaulicht wird oder, dass sie – wie im Folgenden – der Struktur des Reißverschlussverfahrens folgt.

Einleitende Gedanken
Verschiedenste Theorien beschäftigen sich in der Psychologie mit dem Thema Persönlichkeit. Auch wenn diese oft sehr unterschiedliche Perspektiven aufzeigen, was Persönlichkeit beeinflusst, besteht eine gewisse Einigkeit darüber, welche Merkmale die Persönlichkeit eines Menschen umfasst. Diese sollen im Folgenden am Beispiel Josi verdeutlicht werden.

Aufzeigen der zentralen Merkmale des Begriffes „Persönlichkeit" am Beispiel Josi
Um **Persönlichkeit** prägnant zu umschreiben, kann man sie folgendermaßen definieren: Persönlichkeit ist die einzigartige und von außen nicht wahrnehmbare Struktur von relativ konstanten und doch sich verändernden Merkmalen einer Person – sogenannten Persönlichkeitsmerkmalen –, die ein beständiges Verhaltens- und Erlebensmuster zur Folge hat.
Auch Josis Persönlichkeit ist von verschiedenen **Persönlichkeitsmerkmalen** gekennzeichnet. Sie wird als „verschlossen" (Z. 3) und „recht zurückhaltend" (Z. 5) beschrieben. Deshalb meldet sie sich selten (vgl. Z. 14) und lässt anderen den Vortritt, z. B.

beim Präsentieren (vgl. Z. 16 f.). Außerdem ist sie angespannt und ängstlich beim Referat (vgl. Z. 23, 29 f.). Sie fällt in der Schule dennoch positiv auf, denn sie ist „aufmerksam und konzentriert“ (Z. 9) bei der Arbeit. Zudem zeichnet sie sich durch Gewissenhaftigkeit aus: Sie setzt sich morgens unmittelbar an ihren Platz und holt die benötigten Materialien hervor (vgl. Z. 10 f.), ihre Heftführung ist „meist sauber“ (Z. 12) und sie vergisst die Hausaufgaben normalerweise nicht (vgl. Z. 13). Darüber hinaus besitzt sie eine hohe Auffassungsgabe (vgl. Z. 6).
Diese Persönlichkeitsmerkmale sind **relativ konstant** und **situationsübergreifend**, aber nicht starr, sondern auch **veränderbar**.
Stabilität bzw. Veränderbarkeit tritt auch bei Josi zutage, da sie eine relativ **konstante Ängstlichkeit** zeigt. Dies wird daran deutlich, dass sie sich am Tag des Referates „unwohl fühlt“ (Z. 23) und „angespannt“ (Z. 23) erscheint. Sie leidet an Bauchschmerzen (vgl. Z. 27 f.) und berichtet von ihrer „Angst vor der Klasse zu sprechen“ (Z. 29 f.). Trotz der Verschiebung des Referates um eine Woche (vgl. Z. 36) erscheint Josi wegen Bauchschmerzen dann wieder nicht (vgl. Z. 37 f.). Bevor die nächste Gruppenarbeit beginnt, kündigt Josi dann an, nicht präsentieren zu wollen, da ihre Bauchschmerzen „noch nicht ganz verschwunden [seien]“ (Z. 40 f.) Josis Ängstlichkeit, die in ihren Bauchschmerzen Ausdruck findet, tritt also **situationsübergreifend** bei jeder Art von Ergebnispräsentation, also Gruppenarbeit oder Referat, bei ihr auf. Auch ihre **Verschlossenheit** ist **relativ konstant**. Zwar zeigt sie seit Beginn der Grundschulzeit bereits etwas mehr Offenheit (vgl. Z. 4), weshalb hier zumindest eine gewisse **Veränderung** erkennbar ist, jedoch ist sie immer noch „recht zurückhaltend“ (Z. 5) und meldet sich im Unterricht selten (vgl. Z. 14). Demnach ist diese Zurückhaltung insgesamt eher beständig.
Die Persönlichkeitsmerkmale stehen in einer bestimmten Anordnung zueinander, was als **Struktur einer Persönlichkeit** bezeichnet wird. Deren Kombination und Ausprägungsgrad machen die **Einzigartigkeit** und Unverwechselbarkeit eines Menschen aus. Jeder Mensch vereint also eine Reihe verschiedener Persönlichkeitsmerkmale in sich, die von Individuum zu Individuum unterschiedlich stark entwickelt und ausgeprägt sind, sodass interindividuelle Unterschiede herrschen.
Bei Josi lässt sich ihre **Persönlichkeitsstruktur** in der Kombination ihrer unterschiedlich ausgeprägten Merkmale veranschaulichen. So zeigt sie hohe Konzentration und eine sehr gute Auffassungsgabe bei Arbeitsanweisungen (vgl. Z. 6 f.). Zudem ist sie sehr gewissenhaft bei der Erledigung von Aufgaben, denn sie folgt den Anweisungen der Lehrkräfte unverzüglich und erledigt Hausaufgaben zuverlässig (vgl. Z. 9 f., 13). Sie weist darüber hinaus eine hohe Verschlossenheit und Zurückhaltung auf (vgl. Z. 3 ff.). Ihre Anspannung und Ängstlichkeit bei Präsentationen und Referaten (vgl. Z. 23 ff.) können als ausgeprägt bezeichnet werden.
Vor allem in den Bereichen der Zurückhaltung und im Bereich der Auffassungsgabe weicht Josi deutlich von ihren Mitschülerinnen und Mitschülern ab, die deutlich weniger verschlossen sind (vgl. Z. 4 ff.) und nur eine altersgerechte Auffassungsgabe besitzen (vgl. Z. 6 f.). Folglich wird offensichtlich, dass Josi eine **einzigartige Persönlichkeit** darstellt, die sich nicht mit der Persönlichkeit anderer Personen gleichsetzen lässt.

Abrundung
Betrachtet man also die einzelnen, relativ stabilen Persönlichkeitsmerkmale eines Individuums in ihrer Ausprägung, ist man in der Lage, die unverwechselbare Person weitgehend umfassend zu umschreiben und in ihrem Wesen zu erfassen.

Überleitende Gedanken
Um die Persönlichkeit einer Person noch genauer beschreiben zu können, wurden im Laufe der Zeit einige Theorien aufgestellt. Eine Möglichkeit zur Erfassung der Persönlichkeit bietet eine **Faktorenanalyse**, wie sie auch Costa und McCrae (1985) erstellt haben. Eine solche Analyse ist ein statistisches Verfahren, mit dem eine große Anzahl von Wesenszügen/Eigenschaften auf eine kleine Anzahl grundlegender Dimensionen/Faktoren zurückgeführt werden.

Erläuterung zweier Dimensionen der „Big Five" nach Costa/McCrae am Beispiel von Josis Persönlichkeitsstruktur
Im sogenannten **„ocean-Modell"** nach Costa/McCrae wurden fünf stabile und kulturunabhängige Dimensionen/Faktoren der menschlichen Persönlichkeit beschrieben. Diese in der folgenden Tabelle dargestellten Dimensionen wurden auch unter dem Begriff **„Big Five"** in der Psychologie bekannt. Zu jeder Dimension werden hier die jeweiligen Gegenpole betrachtet.
Die unten aufgeführten Dimensionen sollten zwar vollständig genannt werden, aber nur die beiden von Ihnen gewählten ausführlich verdeutlicht werden:

	Gegensatzpole	
Dimension/Faktor	**Typische Wesenszüge/ Eigenschaften**	**Typische Wesenszüge/ Eigenschaften**
„**o**penness (to new experience)" (= Maß an Offenheit)	**Offenheit für Erfahrungen** zielstrebig, wissbegierig, aufgeschlossen, neugierig, fantasievoll/kreativ, unternehmenslustig	**Verschlossenheit für Erfahrungen** unbeweglich, engstirnig, beharrlich, traditionsbewusst, fantasielos, nüchtern, gleichgültig
„**c**onscientiousness" (= Maß an Gewissenhaftigkeit)	**Gewissenhaftigkeit** sorgfältig, diszipliniert, zuverlässig, umsichtig/vorsichtig, strukturiert, ordentlich, pflicht-/verantwortungsbewusst, beharrlich	**Nachlässigkeit** Leichtfertig, unüberlegt, gleichgültig, unzuverlässig, unüberlegt, planlos, chaotisch, unordentlich
„**e**xtraversion" (= Maß an Extraversion)	**nach außen gewandt** aktiv, freundlich, offen, heiter, fröhlich, gesellig, gesprächig	**nach innen gewandt** passiv, ruhig, zurückhaltend, schüchtern, distanziert, unfreundlich, ernst, verschlossen, reserviert

„**a**greeableness“ (= Maß an Verträglichkeit)	**Verträglichkeit** mitfühlend, kooperativ, hilfsbereit, gutmütig, entgegenkommend, verständnisvoll, arglos	**Unverträglichkeit** teilnahmslos, auf sich selbst bezogen/egoistisch, unkooperativ, misstrauisch, hartherzig, feindlich
„**n**euroticism“ (= Maß an Neurotizismus)	**Emotionale Stabilität** ausgeglichen, mutig, angstfrei, resilient, belastbar, stressresistent	**emotionale Instabilität** (Labilität) unausgeglichen, angespannt, mutlos, ängstlich vulnerabel, empfindlich

Erläuterung von zwei Dimensionen, z. B.: Gewissenhaftigkeit und Neurotizismus
Die Dimension **Gewissenhaftigkeit** ist bei Josi **hoch** ausgeprägt. Dies lässt sich wiederholt im Text erkennen. Josi ist diszipliniert, da sie sich direkt morgens an ihren Platz setzt, die Materialien herausholt und sich still damit auseinandersetzt (vgl. Z. 10 ff.). Diese Disziplin zeigt sich auch darin, dass sie „aufmerksam und konzentriert“ (Z. 9) arbeitet und den Arbeitsanweisungen der Lehrkräfte nachkommt (vgl. Z. 9 f.). Darüber hinaus ist Josi sorgfältig und ordentlich, da ihre Heftführung „meist sauber und vollständig [ist]“ (Z. 12 f.). Ihr Pflichtbewusstsein und ihre Zuverlässigkeit manifestieren sich darin, dass sie nur selten ihre Hausaufgaben vergisst (vgl. Z. 13).
Die Dimension **Neurotizismus** ist bei Josi **eher stark** ausgeprägt, **emotionale Instabilität** ist also vorhanden. Dies äußert sich darin, dass Josi angespannt ist, wenn sie zum Beispiel ein Referat halten soll (vgl. Z. 23). Sie ist auch ängstlich, wenn sie vor der Klasse sprechen soll (vgl. Z. 29 f.), was sich auch in ihren Bauchschmerzen bei Referaten zeigt (vgl. Z. 27 f.). Außerdem ist Josi unsicher, was man in Z. 14 f. erkennen kann, da sie sich kaum meldet, obwohl sie die korrekte Antwort weiß. Sie ist darüber hinaus vulnerabel/empfindlich, wie man in Z. 30 sieht, als Josi denkt, die anderen Kinder machten sich über sie lustig.

Hinweis: Hier ist auch die Veranschaulichung anderer Dimensionen, vor allem der Extraversion, denkbar.

Abrundung
Zusammenfassend lässt sich festhalten, dass man mithilfe der Dimensionen des „Big Five“-Modells von Costa/McCrae in der Lage ist, eine Persönlichkeit relativ einfach zu erfassen. Die so gewonnenen Erkenntnisse können dann zum Beispiel etwa von Pädagogen und Pädagoginnen, wie Josis Lehrerin und der Praktikantin in der Grundschule, genutzt werden, um Kinder wie Josi zielgerichtet zu fördern.

2 **TIPP**

Der Begriff „Lernen am Erfolg“ sollte für eine vollständige Darstellung der relevanten Theorie allgemein bestimmt werden, muss aber selbst nicht am Beispiel aufgezeigt werden, da die wesentlichen Merkmale durch die Gesetze dieser Lerntheorie veranschaulicht werden. Das „Lernen durch Verstärkung“ umfasst neben der negativen Verstärkung noch weitere Aspekte, die aber im Fall von Josi keine wesentliche Rolle spielen und deshalb nicht erläutert werden müssen. Es ist allerdings denkbar, den Verstärker noch genauer zu bestimmen und aufzuzeigen (z. B. primärer, sekundärer Verstärker; sozialer Verstärker, Aktivitätsverstärker etc.). Da das „Lernen durch Erfolg“ grundlegend für das „Lernen durch Verstärkung“ ist, sollte sich die Strukturierung der Aufgabe auch daran orientieren.
Auch bei dieser Aufgabe kann die Bearbeitung entweder so aufgebaut werden, dass zunächst lediglich die Theorie dargestellt und diese anschließend am Fallbeispiel veranschaulicht wird oder, dass sie – wie im Folgenden – der Struktur des Reißverschlussverfahrens folgt.

Einleitende Gedanken:
Das Lernen durch Verstärkung, geht auf Burrhus F. Skinner zurück, doch baute er auf den Ergebnissen der Untersuchungen von Edward Thorndike mit seinem Lernen am Erfolg auf. Beide heben die Bedeutung der Konsequenzen eines Verhaltens auf das Lernen hervor und können somit dem Behaviorismus zugeordnet werden.

Erklärung der Entstehung und Aufrechterhaltung von Josis Verhalten, über Bauchschmerzen zu klagen, mithilfe relevanter Annahmen des operanten Konditionierens nach Thorndike und Skinner
Die erste Theorie, die hier betrachtet werden soll, ist das „**Lernen am Erfolg**“. Damit werden alle Lernprozesse bezeichnet, in deren Ablauf ein zufällig erfolgreiches Verhalten beibehalten wird, während erfolglose Verhaltensweisen allmählich abnehmen und schließlich gar nicht mehr gezeigt werden.
Thorndike stellte in dieser Theorie drei Gesetze auf, die den Lernprozess beschreiben. Grundlegend ist das **Gesetz der Bereitschaft**. Dieses besagt, dass nur gelernt wird, wenn ein Individuum zum Lernen motiviert ist. Dies ist dann der Fall, wenn ein Bedürfnis vorliegt: Wenn das Individuum einen angenehmen Zustand herstellen bzw. aufrechterhalten oder einen unangenehmen Zustand beseitigen, vermeiden bzw. beenden will.
Dieses Gesetz findet auch bei Josi Anwendung. Josi lernt das Klagen über Bauchschmerzen (vgl. Z. 27 f., Z. 38 und Z. 40), da sie eine Bereitschaft zum Lernen hat. Dies ist der Fall, da bei Josi das Bedürfnis vorliegt, den angstauslösenden Zustand, vor der Klasse zu sprechen (vgl. Z. 29 f.), zu vermeiden.
Josi zeigte dieses Verhalten jedoch nicht von Anfang an, sondern hat gemäß des **Prinzips von Versuch und Irrtum** verschiedene Verhaltensweisen ausprobiert, um an ihr Ziel zu kommen. Das **Effektgesetz** erklärt hierbei, warum sie schlussendlich immer wieder über Bauchschmerzen klagt. Aus einer Anzahl von verschiedenen Verhaltensweisen werden demnach langfristig nur solche wieder gezeigt, die für den Organismus

befriedigende Konsequenzen nach sich ziehen; diejenigen Verhaltensweisen, die keine befriedigenden Konsequenzen zur Folge haben, werden nicht wieder gezeigt. Josi probiert zunächst verschiedene Verhaltensweisen aus: Josi bittet nachdrücklich darum, das Referat nicht halten zu müssen (vgl. Z. 19 f.) und klagt dann über Bauchschmerzen (vgl. Z. 33 f.). Mit dem Verhalten des Bittens hatte Josi keinen Erfolg und unternimmt keinen weiteren Versuch (vgl. Z. 20 f.). Das Klagen über Bauchschmerzen zieht bei Josi jedoch befriedigende Konsequenzen nach sich: Der Referatstermin wird verschoben und Josis Mutter holt sie ab (vgl. Z. 34 ff.). Eine Woche später melden Josis Eltern ihre Tochter wegen Bauchschmerzen krank (vgl. Z. 37 f.). Das Verhalten, über Bauchschmerzen zu klagen, wird also nun öfter gezeigt.

Für die Beständigkeit eines erlernten Verhaltens spielt das **Frequenzgesetz** eine entscheidende Rolle, denn das zum Erfolg führende Verhalten wird erst durch eine gewisse Häufigkeit an Übung bzw. Wiederholung erlernt. Durch mangelnde Übung und Wiederholung wird es abgebaut und verlernt. Das zum Erfolg führende Verhalten, das Klagen über Bauchschmerzen (vgl. Z. 33 f.), wird also erst durch eine gewisse Häufigkeit an Übung und Wiederholung erlernt. Josi klagt in zwei weiteren Situationen erneut über Bauchschmerzen (vgl. Z. 38 und Z. 40 f.). Sie baut ihr Vorgehen vor mündlichen Prüfungen sogar aus, indem sie „bereits zu Beginn einer Gruppenarbeit“ (Z. 39) sagt, dass sie die Ergebnisse aufgrund der Bauchschmerzen nicht präsentieren kann. Ein Lernprozess hat also stattgefunden.

Neben dem „Lernen durch Erfolg“ ist auch das „Lernen durch Verstärkung“, das eben eine Weiterentwicklung dieser Lerntheorie ist, sehr gut geeignet, um Josis Verhalten zu erklären. Unter „**Lernen durch Verstärkung**“ versteht man einen Prozess, in dessen Verlauf Verhaltensweisen aufgrund ihrer Konsequenzen häufiger gezeigt werden.

Von besonderer Relevanz im Fall Josi ist die **negative Verstärkung**. Darunter versteht man einen Prozess, der dazu führt, dass ein Verhalten vermehrt gezeigt wird, weil dadurch unangenehme Konsequenzen verringert, vermieden oder beseitigt werden können.

Josi zeigt das Verhalten, das Klagen über Bauchschmerzen, immer häufiger (vgl. Z. 34, Z. 38 und Z. 40 f.), weil durch das Zeigen dieses Verhaltens unangenehme Konsequenzen, nämlich das Halten des Referats oder die Präsentation der Ergebnisse der Gruppenarbeit, vermieden werden können. Das Halten des Referats wird durch Verschiebung des Referats (vgl. Z. 36) und die Übernahme der Präsentation durch ein anderes Kind (vgl. Z. 41 f.) vermieden. Dabei handelt es sich demnach um einen Lernprozess, in dessen Verlauf Josi das Verhalten, über Bauchschmerzen zu klagen, immer häufiger zeigt und aufrechterhält. Bei jeder Verstärkung spielen die Konsequenzen, die auf ein Verhalten folgen und die Auftretenswahrscheinlichkeit dieses Verhaltens erhöhen, die sogenannten Verstärker, eine besondere Rolle. Analog zur Art der Verstärkung muss hier der **negative Verstärker** genauer betrachtet werden. Negative Verstärker sind alle Verhaltenskonsequenzen, welche die Auftretenswahrscheinlichkeit eines Verhaltens erhöhen, weil durch ihre Entfernung bzw. Vermeidung ein unangenehmer Zustand beendet, vermieden oder vermindert werden kann. Der Zustand, der aus Josis Sicht als unangenehm bewertet wird und den Josi umgehen möchte, ist, wie bereits beschrieben, bei Josi das Sprechen vor anderen während eines Referats (vgl. Z. 19 ff.) oder bei einer Gruppenarbeit (vgl. Z. 15 f.). Die erfolgreiche Vermeidung dieses unangenehmen Zustands erhöht die Auftretenswahrscheinlichkeit von Josis Verhalten, über Bauchschmerzen zu klagen (vgl. Z. 27 f., Z. 38 und Z. 40). Sie wurde also verstärkt.

Abrundung
Beide Lerntheorien können also schlüssig erläutern, wie Josis unerwünschtes Verhalten, über Bauchschmerzen zu klagen, aufgebaut und aufrechterhalten wurde: Sie erlebte mit diesem Verhalten den Erfolg, den gefürchteten Aufgaben, wie etwa dem Referat oder der Präsentation, entgehen zu können.

3 **TIPP**

Um eine Emotion sachgerecht beschreiben zu können, ist es sinnvoll, sich an die unten angegebene Struktur zu halten und zunächst die organische, im Anschluss die psychische und abschließend die konative Komponente auszuführen. In der Erläuterung der Theorie am Fallbeispiel von Josis Angst sollten auch die Zusammenhänge zwischen den einzelnen Komponenten deutlich werden.

Einleitende Gedanken:
Emotionen, Triebe und Bedürfnisse zählen zu den psychischen Kräften. Damit werden alle Antriebsformen des Menschen bezeichnet, die Erleben und Verhalten aktivieren und steuern. Eine grundlegende Emotion ist Angst. Diese kann als eine beklemmende, bedrückende und unangenehme Erlebensweise bezeichnet werden, die mit physiologischen und psychischen Vorgängen verbunden ist, für das Individuum eine Bedrohung darstellt und das Verhalten beeinflusst.

Verdeutlichung der Komponenten von Emotion am Beispiel von Josis Angst vor dem Referat
Zur allgemeinen Beschreibung kann man **Emotionen** (Gefühle) als subjektive Erlebensweisen bezeichnen, die sich in körperlichen Veränderungen und psychischen Vorgängen äußern und das Verhalten eines Menschen beeinflussen. Diese Beschreibung soll im Folgenden genauer ausgeführt werden. Die Merkmale des Emotionsbegriffs beziehen sich hierbei auf drei wesentliche Aspekte.
Emotionen umfassen zum einen **körperliche Veränderungen** (z. B. Muskelanspannung, Zittern, erhöhte Herzfrequenz, Erweiterung oder Verengung der Pupillen, Magen-Darm-Tätigkeit o. ä.). Man spricht hier von der **organischen Komponente**. Die eben geschilderten körperlichen Veränderungen können unterschiedlich intensiv sein und als Erregung bzw. Spannung oder als Beruhigung bzw. Entspannung erlebt werden. Josi zeigt solche körperlichen Veränderungen, als „ihre Hände zittern" (Z. 23) und sie sich ihren Schweiß abwischt (vgl. Z. 25). Die körperlichen Veränderungen gehen einher mit der Aktivierung verschiedener Intensitäten, die auch als Grad der körperlichen Erregung bezeichnet werden. Josi weist im Fallbeispiel einen hohen Grad

an körperlicher Erregung und Spannung auf. „Sie wirkt angespannt“ (Z. 23) und zerknüllt immer wieder ein Taschentuch (vgl. Z. 23 f.), womit sie dieser Anspannung Ausdruck verleiht.
Zudem äußern sich Emotionen in **psychischen Vorgängen**, also in einer **psychischen Komponente**. Man wird sich des eigenen Zustandes, wie beispielsweise des Herausgerissenseins aus dem Normalzustand, bewusst. Die Wahrnehmung und das Denken verändern sich. Die körperliche Erregung wird z. B. als Angst, Trauer oder etwa Verliebtsein interpretiert. Diese Befindlichkeiten werden qualitativ unterschiedlich erlebt und jeweils mehr oder weniger deutlich als angenehm/unangenehm bewertet, also von Lust bzw. Unlust begleitet. Auch Josi erlebt eine psychische Veränderung: Während sie normalerweise „aufmerksam und konzentriert“ (Z. 9) arbeitet, zerknüllt sie nun nervös (psychische Veränderung) ein Taschentuch (vgl. Z. 24). Sie nimmt den Zuspruch ihrer Freundin nicht wahr und reagiert deshalb nicht darauf, sondern fokussiert sich nur auf ihre Sprechkarten (vgl. Z. 25 f.). Ihr Denken kreist darum, dass sie glaubt, die anderen Kinder würden sich über sie lustig machen (vgl. Z. 30). Schließlich bewertet der psychische Apparat die körperliche Erregung als Gefühl. Josi beurteilt die körperliche Erregung als Angst. So sagt Josi wörtlich: „Ich habe solche Angst vor der Klasse zu sprechen“ (Z. 29 f.). Emotionen gehen dabei auch mit dem Erleben unterschiedlicher Qualitäten einher, d. h., eine Emotion wird als angenehm oder unangenehm empfunden. Josi fühlt sich nicht wohl (vgl. Z. 23), d. h., das Erleben ihrer Emotion Angst ist für sie unangenehm.
Schlussendlich gilt es, die **konative Komponente** von Emotion zu betrachten, denn Emotionen beeinflussen stets das **Verhalten** des Menschen. Sie aktivieren und beeinflussen Verhalten und führen zu Annäherungs- oder Vermeidungsverhalten, Aktivität oder Passivität. Josis Angst aktiviert im Fallbeispiel Verhaltensweisen wie das Zerknüllen eines Taschentuchs (vgl. Z. 24) sowie das eilige Blättern in den Sprechkarten (vgl. Z. 26). Außerdem wird ein Vermeidungs- und Fluchtverhalten in Bewegung gesetzt, da Josi das Klassenzimmer verlässt (vgl. Z. 27 f.) und sie im Anschluss die Abholung durch ihre Mutter organisieren lässt (vgl. Z. 33 ff.).

Abrundung

Anhand der ausführlichen Beschreibung der Emotion Angst bei Josi wird sehr deutlich, dass alle drei Ebenen – die körperliche, die psychische und die Verhaltensebene – eng miteinander verknüpft sind und erst so ein Gefühl umfassend beschrieben werden kann.

*Hinweis: Diese Aufgabe II enthält kein Zusatzmaterial, dafür aber eine relativ ausführliche Beschreibung der **Fallsituation**, die **weiterentwickelt** werden muss. Es genügt in allen drei Teilaufgaben nicht, sich nur auf die bereits angegebenen Informationen zum Fall zu beschränken. Aus diesem Grund wurde die Fallsituation aufgabenspezifisch – in jeder Teilaufgabe extra – weiterentwickelt. Alternativ wäre es auch möglich, ein komplexes Fallbeispiel voranzustellen, auf das die Teilaufgaben Bezug nehmen.*

1 TIPP

In den einleitenden Gedanken können Sie eine Einbettung des Begriffs „Motivation" als psychische Kraft vornehmen. Da der Prozesscharakter der Motivation dargestellt werden soll, kann sich die Bearbeitung **entweder** auf die vier Merkmale der Motivation stützen (diese Option wurde im Folgenden gewählt) **oder** auf das Rubikon-Modell der Motivation. Bezüglich der Strukturierung ist es möglich, erst die gesamte Theorie wiederzugeben und dann in einem Anwendungsteil die entsprechenden Fallbezüge darzulegen. Ebenso kann eine Bearbeitung im Reißverschlussverfahren vorgenommen werden. Diese Option wurde im Folgenden gewählt.

Einleitende Gedanken

Die **Motivation** gehört als Antriebsform menschlichen Erlebens und Verhaltens zu den **psychischen Kräften**. Sie ist ein Prozess, der ein Verhalten in Gang setzt und dieses hinsichtlich seiner Richtung, Intensität und Ausdauer so lange steuert, bis ein gesetztes Ziel erreicht wurde. Am folgenden Beispiel soll verdeutlicht werden, wie es zur Entstehung und Aufrechterhaltung von Kims Leistungsmotivation kommt.

Aufzeigen des Prozesscharakters von Motivation am Beispiel von Kims Leistungsmotivation

Der **Leistungsmotivation** liegt das Motiv zugrunde, eine bestimmte Anforderung bzw. eine Aufgabe mit Anstrengung zu bewältigen. Dieses **Motiv** ist ein von außen nicht erkennbarer Beweggrund, der menschliches Erleben und Verhalten aktiviert.
Eines der **Motive** für Kims intensives Lernverhalten ist u. a. der Wille, ihren Eltern zu gefallen. Sie weiß, dass es ihre Eltern stolz macht, wenn sie zu den Klassenbesten gehört und sie genießt die Anerkennung, wenn sie mit mindestens 12 Punkten nach Hause kommt. Die Zielvorgabe ihrer Eltern, Medizin zu studieren ist ein weiterer Beweggrund für ihr Lern- und Leistungsverhalten. Auch wenn für Kim noch nicht feststeht, ob sie dieses Berufsziel oder den eigenen Wunsch, Erzieherin zu werden, anstrebt, möchte sie sich auf dem Gebiet der Pädagogik/Psychologie weiterbilden. Zudem hat Kim ein hohes intrinsisches Interesse am Fach Pädagogik/Psychologie, für das sie besonders viel lernt und auch weiterführende Literatur liest. So zeichnet sich Kims **Leis-**

tungsmotivation dadurch aus, dass sie mindestens 12 Punkte in allen Fächern zur Erfüllung des Gütemaßstabes anstrebt. Weicht sie von diesem Ziel ab, analysiert sie ihre Fehler gründlich und holt sich Hilfe bei der Lehrkraft, um ihre Leistung zu optimieren.
Der Begriff der Motivation lässt sich anhand von vier Merkmalen näher beschreiben. Im Prozess der Motivation kommt es immer zur **Aktivierung** eines Verhaltens, das in Bewegung gesetzt wird.
Das Verhalten, das im Zuge von Kims Leistungsmotivation aktiviert wird, zeigt sich beispielsweise in einer präzisen Lernzeitplanung in Vorbereitung auf die Leistungsnachweise. Sie stellt ihre Lernmaterialien zusammen, ergänzt sie mit Zusatzmaterial und erstellt sich einen Plan, nach dem sie die Lerninhalte abarbeitet.
Die Aktivität wird in eine bestimmte **Richtung** gesteuert und bleibt meist so lange bestehen, bis dieses Motiv erreicht ist oder ein anderes vorrangig wird.
Kim verfolgt in dem Bestreben, sehr gute Noten zu schreiben, den Berufswunsch, den ihre Eltern vorgeben, das Medizinstudium. Hierfür braucht sie exzellente Noten in allen Fächern. Es liegt jedoch ein Zielkonflikt vor, da Kim präferiert, Erzieherin zu werden. Die hohe Leistungsmotivation ist somit momentan in Richtung Medizinstudium gesteuert, könnte jedoch nachlassen, wenn sich Kims Berufsziel doch noch in Richtung ihrer eigenen Interessen ändert.
Von der **Intensität** der Leistungsmotivation hängt ab, ob die Aktivität mehr oder weniger gründlich, kräftig oder stark ausgeführt wird. Kims Intensität ist sehr hoch. Sie lernt konzentriert und gründlich, mit allen Sinnen. Sie organisiert den Lernstoff, indem sie ihn als Skript zusammenfasst und Strukturierungshilfen wie Mind-Maps einsetzt. An verschiedenen Beispielen wiederholt und übt sie die Lerninhalte und achtet auf eine Steigerung des Schwierigkeitsgrades bei den Aufgaben. Bei Verständnisproblemen holt sie sich Hilfe bei ihrem Onkel, der selbst Lehrer ist, oder schaut unterstützende Lernvideos auf YouTube.
Die **Ausdauer** beschreibt, wie beständig das zielstrebige Verhalten ist. Dabei wird die Aktivität in der Regel auch dann bestehen bleiben, wenn Schwierigkeiten auftreten.
Kim lernt täglich viele Stunden, obwohl sich ihre beste Freundin beklagt, dass sie keine Zeit mehr für sie hat. Trotz des schlechten Gewissens ihrer vernachlässigten Freundin gegenüber lässt sich Kim nicht von ihrer Lerntätigkeit abbringen und zeigt das Verhalten über Tage und Wochen hinweg.

Abrundung
Durch das Zusammenspiel der einzelnen Merkmale wird der Prozess der Motivation am Beispiel von Kims Leistungsmotivation gut verdeutlicht. Ohne eine Richtung wäre die Aktivierung eines Verhaltens nicht zielführend, ohne Intensität und Ausdauer würde ein Individuum selten ein befriedigendes Ergebnis erreichen.

2 **TIPP**

Die kurze Situationsbeschreibung vorab stellt den inneren Konflikt heraus, den Kim aufgrund des von den Vorstellungen ihrer Eltern abweichenden Berufswunsches durchlebt. Die Entstehung dieses Konflikts sowie Kims exzessives Lernverhalten auf Kosten ihrer Freizeit, gilt es zu erklären. Die Aufgabenstellung weist darauf hin, dass der Konflikt mit einem starren Selbstkonzept in Zusammenhang steht.
Die Teilaufgabe ist mit 50 % genauso stark gewichtet wie Teilaufgabe 1 und 3 zusammen. Dies ist auch nötig, um die Einbettung des starren Selbstkonzepts in die personenzentrierte Theorie, sowie dessen Entwicklung fundiert erläutern zu können. Im Folgenden werden die Inhalte so gegliedert und im Reißverschlussverfahren dargelegt, dass die Bezüge innerhalb der personenzentrierten Theorie präzise dargestellt werden können. Denkbar ist es auch, erst die Theorie als Ganzes und dann die Anwendung darzulegen.

Einleitende Gedanken

Der Begründer der personenzentrierten Theorie, Carl Rogers, vertritt ein positives Menschenbild. Er geht davon aus, dass der Mensch im Grunde positiv ist und danach strebt, zu wachsen und sich zu einer gesunden Persönlichkeit zu entwickeln. Bei ungünstigen Entwicklungsbedingungen, die u. a. Erziehungseinflüsse beinhalten, können jedoch auch irrationale und entwicklungshemmende Kräfte im Menschen wirksam werden. Am Fallbeispiel Kim soll verdeutlicht werden, wie solche hinderlichen Erziehungseinflüsse die gesunde Persönlichkeitsentwicklung einschränken können.

Erklärung des Erlebens und Verhaltens von Kim und Verdeutlichung der Entwicklung eines starren Selbstkonzeptes

Im Zentrum der personenzentrierten Theorie steht die **Aktualisierungstendenz**. Diese ist das grundlegende, menschliche Bestreben, seine Entwicklungsmöglichkeiten zu erhalten und zu entfalten, um Unabhängigkeit und Selbstbestimmung zu erlangen. Dabei werden Erfahrungen vom menschlichen Organismus aufgenommen und bewertet. Fördern die Erfahrungen die Selbstverwirklichung, so werden sie als positiv eingestuft und weiterhin angestrebt. Ist dies nicht der Fall, werden sie als negativ bewertet und vermieden. Diesen Vorgang bezeichnet Rogers als **organismischen Bewertungsprozess**.
Kims Streben nach Selbstverwirklichung und **Aktualisierung** wird auf vielen Ebenen deutlich. Sie weiß um die Bedeutung eines sehr guten Schulabschlusses und den Wert von Bildung, und kommt ihren schulischen Anforderungen stets gewissenhaft nach. Zudem ist Kim eine gesellige und musikalische Person, die es ebenso liebt, gestalterisch tätig zu sein. Daher hat sie Musikunterricht genommen, den Malkurs besucht und führt zuhause Handarbeiten aus. Ihr Berufswunsch ist es, Erzieherin zu werden, wobei sie ihre Talente und Interessen einbringen kann. Sie nimmt zahlreiche Möglichkeiten wahr, um ihre Bildung voranzutreiben und ihre Persönlichkeitsentwicklung in viele Richtungen optimal zu entfalten (**Aktualisierungstendenz**). Sie realisiert aber auch, dass ihre Eltern diesen Berufswunsch nicht gutheißen. Kim bewertet diese Erfahrung

negativ. Intuitiv erkennt sie, dass diese Ablehnung ihre Selbstverwirklichung einschränkt, da sie den eigenen Berufswunsch „Erzieherin" nicht weiterverfolgt (**organismisches Bewerten**). Die erfolgreiche Teilnahme bei einem Musikwettbewerb, bei dem Kim den ersten Platz belegte, bewertet sie hingegen als positiv, da dies ihr musikalisches Talent würdigt.
Wesentlich für die Aktualisierung ist die Entwicklung des Selbst bzw. Selbstkonzeptes. Der Teil der Aktualisierungstendenz, der für diese Persönlichkeitsentwicklung von Bedeutung ist, wird als **Selbstaktualisierung** bezeichnet. Dabei entsteht durch die äußeren Erfahrungen mit und über die eigene Person das **Selbstkonzept**, das durch Meinungen und Bewertungen eines Menschen über sich selbst und über seine Umwelt geprägt ist. Das Selbstkonzept untergliedert sich in das **Real-Selbst**, wobei es sich um das realistische Selbstbild, das eine Person von sich hat (also, wer sie ist und was sie kann) handelt, und in das **Ideal-Selbst**. Dies beschreibt Rogers als idealistische Sichtweise darüber, wie eine Person gerne sein möchte und wie andere sie gerne erleben würden. Die Erwartungen der Mitmenschen, insbesondere derer, die einer Person am nächsten stehen, haben starken Einfluss auf die Bildung des Selbstkonzepts, v. a. auf das Ideal-Selbst. Sind die Ansprüche an das Ideal-Selbst zu hoch und für das Real-Selbst nicht erreichbar, herrscht eine **Inkonsistenz**. Der Mensch erlebt diesen Zustand als unangenehm und anspannend.
Kim macht unterschiedliche Erfahrungen in Bezug auf das eigene Selbst. Einerseits merkt sie, dass sie gewissenhaft, kreativ, musikalisch, bei den Mitschülerinnen und Mitschülern beliebt und in der Schule erfolgreich ist. Andererseits spürt sie einen unterschwelligen Konflikt zwischen ihren eigenen Wünschen und den Ansprüchen der Eltern, denen sie ebenfalls gerecht werden möchte. Ihre **Selbstaktualisierung** ist durch fehlende Stärke, den eigenen Berufswunsch zu realisieren, eingeschränkt. So nimmt Kim zwar wahr, dass sie große Stärken in kognitiver und schulischer Hinsicht hat, zielstrebig und ausdauernd an den unterrichtlichen Herausforderungen arbeiten kann und gute kreative, musikalische und soziale Fähigkeiten besitzt, sie weiß aber auch, dass sie außerordentlich gut mit Kindern umgehen kann. Dies hat sie während ihres Praktikums der 11. Klasse zurückgemeldet bekommen. All diese Erfahrungen prägen Kims **Real-Selbst**. In ihrem **Ideal-Selbst** sind jedoch die Annahmen gespeichert, dass sie von ihrer Umwelt, v. a. von ihren Eltern, geliebt und angenommen werden möchte, dass sie die Erwartungen der Eltern, Medizin zu studieren, erfüllen sollte, um eine gute Tochter zu sein und dass sie es vermeiden muss, die Eltern zu enttäuschen. Gleichzeitig sieht sie sich aber als hervorragende Erzieherin. Auch möchte sie eine gute Freundin sein, die Zeit für gemeinsame Unternehmungen aufbringt und Gesprächspartnerin ist. Das Ergebnis ist eine **Selbstinkonsistenz**, die sich aus dem Widerspruch zwischen den elterlichen und Kims eigenen Wünschen, die nicht vereinbar sind, ergibt.
Hat ein Mensch in seiner Kindheit negative Zuschreibungen und negative Beziehungsbotschaften, sowie **Bewertungsbedingungen** erfahren und nur dann Zuneigung und Wertschätzung erhalten, wenn er den vorgegebenen Wertmaßstäben entsprach, so kann das die Entwicklung des Selbstkonzeptes negativ beeinträchtigen. Erfüllt er die Bewertungsbedingungen nämlich nicht, erlebt er sich als jemand, der nicht liebenswert ist. Um die Anerkennung der Eltern zu sichern, wird das Kind seine eigenen Bedürfnisse verdrängen und die damit verbundenen Gefühle nicht mehr wahrnehmen. Das

Ergebnis ist eine Geringschätzung der eigenen Gefühle und Bedürfnisse, die in eine geringe Selbstachtung mündet. Diese beeinflusst wiederum die Entwicklung des Selbstkonzeptes. Menschen mit einer überwiegend hohen Selbstachtung besitzen meist ein flexibles Selbstkonzept und sind in der Lage, dieses neuen Erfahrungen anzupassen. Hingegen entwickeln Menschen mit **geringer Selbstachtung** ein eher **starres Selbstkonzept**. Personen, die über ein starres Selbstkonzept verfügen, sind nicht in der Lage, Erfahrungen, die von ihrem bestehenden Selbstkonzept abweichen, in dieses zu integrieren bzw. das Selbstkonzept anzupassen.

Kims Selbstkonzept wurde von negativen Zuschreibungen geprägt. Die Eltern finden nicht, dass Kims Einfühlungsvermögen gegenüber Kindern sonderlich ausgeprägt ist, und halten sie für ungeeignet im Erzieherberuf. In Bezug auf den Arztberuf erfährt sie jedoch positive Zuschreibungen, denn die Eltern schätzen sie als fähig ein, ein Medizinstudium zu absolvieren. Sie ist fleißig und strebsam und kann es weit bringen. Auch sind einige Beziehungsbotschaften, die Kims Eltern ihrer Tochter senden, negativ, wenn es um ihren Berufswunsch geht. Sie bemerken abfällig, dass sie nicht gedacht hätten, dass ihre Tochter so dumme Ideen entwickeln würde und sie sich mehr „Grips" von ihr erwarten würden. Auch ist Kims Selbstkonzept von **Bewertungsbedingungen** geprägt. Sie erfuhr keine bedingungslose Liebe und Wertschätzung, sondern die Zuneigung der Eltern war an Leistung geknüpft. Kam Kim mit guten schulischen Noten nach Hause, gewann einen Preis beim Geigenvorspiel oder dem Malwettbewerb, wurde sie mit Tagesausflügen in den Zoo oder zum Erlebnisspielplatz belohnt. Wehrte sie sich gegen Zusatzaufgaben, die die Eltern ihr stellten, oder zog sie es vor, statt Geige zu üben, mit Freunden zu spielen, ignorierten sie die Eltern über Tage. So nahm Kim die Annahmen „Nur wenn ich Mama und Papa stolz mache, haben sie mich lieb" und „Nur wenn ich Mamas und Papas Wünsche erfülle, bekomme ich ihre Unterstützung" in ihr Selbstkonzept (Ideal-Selbst) auf. In ihrem Selbstkonzept verankerte sich, dass sie leistungsstark sein muss, um zu genügen. Kim lernte als Kind, ihre eigenen Bedürfnisse zurückzustellen und nach den Vorgaben der Eltern zu leben. Befolgte sie diese nicht, fühlte sich das Mädchen schlecht, nicht nur, weil ihre Eltern sie dann ablehnten, sondern auch, weil sie Geringschätzung der eigenen Person durch das Verinnerlichen der Bewertungsbedingungen empfand. So geht es ihr heute noch. Kim hat eine **geringe Selbstachtung** entwickelt vor den eigenen Bedürfnissen und Wünschen. Sie kann Erfahrungen, wie das Erleben eines individuellen Berufswunsches, der von den Erwartungen der Eltern abweicht, oder dem Bedürfnis, sich mit einer Freundin zu treffen, anstatt pausenlos zu lernen, nicht in ihr Selbstkonzept integrieren. Zu groß ist die Angst, Ablehnung zu erfahren, und die Unsicherheit, eigene Entscheidungen zu treffen. Kim weist ein **starres Selbstkonzept** auf.

Jeder Mensch wird im Laufe seines Lebens mit unterschiedlichen Erfahrungen konfrontiert, die sich im organismischen Erleben widerspiegeln. Wenn das organismische Erleben weitestgehend mit dem wahrgenommenen Selbst(konzept) übereinstimmt, herrscht Kongruenz. **Inkongruenz** besteht dann, wenn das organismische Erleben deutlich vom Selbstkonzept abweicht und keine Übereinstimmung hergestellt werden kann. So kann die Unstimmigkeit zwischen den aktuellen Erfahrungen und dem Selbstkonzept nicht überwunden und der inkongruente Zustand nicht beseitigt werden. Jede

Erfahrung, die das Selbstkonzept gefährdet und infrage stellt, wird als bedrohlich wahrgenommen und abgewehrt.
Da Kim eine gute Tochter sein will, stellt sie die Anforderungen ihrer Eltern bezüglich des Berufswunsches über ihren eigenen, erlebt dabei aber eine gewisse Unzufriedenheit. Sie möchte wieder etwas mit ihrer besten Freundin unternehmen und nach Langem richtig ausgelassen lachen können. Auch merkt Kim, dass sie das ständige Lernen anstrengt und müde macht. Bei dem Gedanken, eine liebevolle Erzieherin zu sein und den Kindern Neues beizubringen, kommt sie ins Träumen und fühlt sich glücklich. Doch diese (organismischen) Erlebensweisen weichen von den Annahmen und Vorgaben ihres Selbstkonzeptes ab. Bei Kim besteht eine **Inkongruenz** zwischen ihrer Sehnsucht nach Ausgleich und Freizeit und der Erwartung, Höchstleistungen in der Schule erzielen zu müssen sowie zwischen ihrem eigenen Berufswunsch und der Erfahrung, dass ihre Eltern den Erzieherberuf belächeln, abtun und die bessere Alternative für sie im Medizinstudium sehen. Wegen ihres starren Selbstkonzeptes schafft es Kim nicht, den inkongruenten Zustand durch eine Anpassung ihres Selbstkonzeptes zu beenden. Es ist zu starr, um aufzunehmen „Ich darf mein Berufsziel verfolgen und bin trotzdem eine gute Tochter/liebenswert/erfolgreich". Stattdessen stellt Kim eine scheinbare Kongruenz her, indem sie ihre realistischen Wünsche verleugnet und die Ziele der Eltern verfolgt.

Abrundung
Der Fall zeigt deutlich, wie die Bewertungsbedingungen aus der Kindheit die Persönlichkeitsentwicklung beeinflussen und das Erleben und Verhalten nachhaltig lenken können. Wenn Kim diesen Zustand der scheinbaren Kongruenz langfristig aufrechterhält, wird sich die tatsächliche Inkongruenz in ansteigender, innerer Spannung äußern, die zu psychischen Beeinträchtigungen führen kann.

3 **TIPP**

In den einleitenden Gedanken empfiehlt es sich, mit einer Definition des Entwicklungsbegriffs einzusteigen und möglichst schnell auf die Entwicklungsbedingungen überzuleiten, da die Aufgabe sehr klar abgesteckt und inhaltlich begrenzt ist (drei Entwicklungsbedingungen und Wechselwirkung zwischen zweien). Für die exemplarische Bearbeitung dieser Aufgabe wurde das Reißverschlussverfahren gewählt, da sich die einzelnen theoretischen Teilaspekte klar voneinander trennen und nacheinander abarbeiten lassen. Bei der Erläuterung des Zusammenwirkens zweier Entwicklungsbedingungen wurde die Anlage und die Umwelt gewählt, wobei eine andere Wechselwirkung genauso möglich ist. Es muss allerdings darauf geachtet werden, dass der Einfluss wechselseitig (d. h. von A nach B und von B nach A) beschrieben wird.

Einleitende Gedanken

Der Begriff „Entwicklung" im psychologischen Sinn umfasst eine Reihe zusammenhängender Veränderungen des Erlebens und Verhaltens, die ein Mensch im Laufe seines Lebens durchschreitet. Dabei nehmen drei Entwicklungsbedingungen maßgeblich Einfluss auf die Entfaltung des Potenzials, das in einem Menschen steckt: Anlage, Umwelt und Selbststeuerung. Von einem günstigen Entwicklungsverlauf spricht man, wenn die drei Faktoren in einer positiven Wechselwirkung zueinander stehen.

Erläuterung und Veranschaulichung der Entwicklungsbedingungen und ihrer Wechselwirkung

Der Entwicklungsfaktor **Anlage (endogener Faktor)** umfasst die genetische Ausstattung eines Lebewesens, die bei der Befruchtung der Eizelle festgelegt wird. Dazu zählen sowohl die physischen Merkmale wie Größe oder Konstitution einer Person, als auch die psychischen Merkmale wie Begabungen oder Intelligenz, die das „Programm" der Entwicklung bilden. Schädigungen oder Störungen des genetischen Materials beeinflussen die Entwicklung negativ.

Kims Anlagen zeichnen sich durch eine hohe Intelligenz und eine überdurchschnittliche Merkfähigkeit aus. Auch die Ausdauer, mit der Kim die schulischen Herausforderungen meistert, können der genetischen Ausstattung zugeschrieben werden. Diese Eigenschaften hat das Mädchen von ihren Eltern geerbt, die beide Ärzte sind und auf dem Weg zu ihrem Berufsziel von hoher kognitiver Leistungsfähigkeit und Durchhaltevermögen profitiert haben.

Zum Faktor **Umwelt (exogener Faktor)** zählen alle Einflüsse, denen ein Lebewesen von der Befruchtung der Eizelle bis zu seinem Tod von außen ausgesetzt ist. Dabei umgeben verschiedene Umwelten das Individuum. Bei der „natürlichen" Umwelt handelt es sich um die belebte und unbelebte Natur, in der der Mensch lebt. Die „kulturelle" Umwelt ist die vom Menschen geschaffene bzw. veränderte Umwelt und die „ökonomische" umfasst alle wirtschaftlichen Gegebenheiten. Die „soziale" Umwelt umgibt den Menschen in seinen verschiedenen Organisationsformen und Beziehungen.

Kim wächst in einem Haus am Stadtrand auf, das unmittelbar an einen großen Park angrenzt. Dieser ist Teil ihrer natürlichen Umwelt, in der sie sich nach der Schule mit ihren Freundinnen zum Federballspielen oder zum Spazierengehen trifft. Ihre kulturelle Umwelt umfasst u. a. das Freizeitangebot der Stadt, wie die Musikschule oder Sportangebote im Park, die Kim wahrnehmen kann. Zudem besucht sie die 13. Klasse der FOS und hat als Akademikerkind Zugriff auf kulturelle Güter wie Bücher und Zeitungen und besucht verschiedene Museen. Die ökonomische Umwelt zeichnet sich durch die gute wirtschaftliche Situation der Eltern aus, die als Ärzte ein hohes Einkommen haben. So wächst Kim in einem großen Haus mit eigenem Zimmer, vielen Büchern und anregenden Spielsachen auf. Sie wurde schon ab dem Kindergarten mit Geigenunterricht und Malstunden gefördert. Da die Eltern viel Wert auf Kims Bildung legen, leisten sie es sich, Kim in den Sommerferien auf die Sprachschule nach London zu schicken. Kims soziale Umwelt erstreckt sich von ihren Eltern über ihre Freundinnen und Freunde in der Schule bis hin zu den sozialen Organisationsformen der Musikschule und des Malkurses.

Der dritte bedeutende Faktor ist die **Selbststeuerung (autogener Faktor)**. Hiermit sind alle Kräfte gemeint, mit denen das Individuum Entwicklungsprozesse aktiv herbeiführt und somit seine Entwicklung beeinflusst.
Im Fall von Kim äußert sich ihre Selbststeuerung in dem Streben nach Wissen und guten Noten. Kim möchte sich weiterentwickeln und äußert den Wunsch, Erzieherin zu werden. Doch möchte sie auch die Erwartung der Eltern erfüllen und strebt danach, ein gutes Abitur zu schreiben, um später eventuell Medizin zu studieren. Sie schafft es somit, ihre kognitive Entwicklung zielgerichtet voranzutreiben.
Anlage, Umwelt und Selbststeuerung lassen die Entwicklung im Zusammenspiel voranschreiten. Das lässt sich an Kims Beispiel z. B. anhand der Wechselwirkung zwischen ihrer **Umwelt** und ihrer **genetischen Ausstattung** verdeutlichen.
So ist es möglich, den **Einfluss der Umweltbedingungen auf die Anlagen** folgendermaßen zu beschreiben: Die Wirkung der kulturellen, ökonomischen und sozialen Umwelteinflüsse wie die Lernangebote der FOS und die Förderung der Eltern, die Kim mit zahlreichen Bildungsangeboten unterstützen, treiben die Entwicklung Kims nur voran, weil sie über die entsprechenden Anlagen wie hohe Intelligenz und gute Merkfähigkeit verfügt. Der Einfluss der **Anlagen auf die Umwelt** wiederum kann wie folgt dargestellt werden: Die anlagebedingten Entwicklungspotenziale wie ihre Intelligenz, ihre Ausdauer und Leistungsbereitschaft können sich wiederum nur dadurch optimal entfalten, dass diese von ihrer sozialen Umwelt, den Eltern und Lehrkräften, erkannt wurde. Kims kognitives und kreatives Potenzial fiel ihren Eltern und ihren Lehrkräften auf. Diese wurden dahingehend beeinflusst, dass sie soziale und kulturelle Anregung schafften, um die kognitive Entwicklung voranzutreiben.

Abrundung/Fazit
Die Wechselwirkung v. a. zwischen Kims sozialer Umwelt, also ihren Eltern, und der Anlage, ihrer Intelligenz, kann als entwicklungsfördernd beschrieben werden. In Bezug auf ihre Selbststeuerung und ihr aktives Streben nach einem erfüllten Beruf, wirkt die soziale Umwelt jedoch eher hinderlich, wenn die Eltern ihre Selbstbestimmtheit bei der Berufswahl nicht akzeptieren möchten.

Um Ihnen die Prüfung 2022 schnellstmöglich zur Verfügung stellen zu können, bringen wir sie in digitaler Form heraus.

Sobald die Original-Prüfungsaufgaben 2022 freigegeben sind, können sie als PDF auf der Plattform **MyStark** heruntergeladen werden (Zugangscode vgl. Umschlaginnenseite).

Prüfung 2022

www.stark-verlag.de/mystark